KB143296

# 섬 안의 대륙

# 섬 안의 대륙

실용의 재발견 05

## 제주도와 중국은
## 어떻게 연결되어 있는가

김용민 지음

글항아리

# 차 례

지금 이 책을 펼쳐든 독자들은 어떤 이들일까? 우선, 제주에 관심 있는 이들일 수 있다. 제주가 이제 변했느니 좋아졌느니, 어쩌니 저쩌니 해도 매년 1300만 명의 한국인이 제주를 찾는다. 2017년에도 전년에 비해 100만 명이 훨씬 넘게 늘어났다.

자꾸 찾다보면 알고 싶어지는 법이라, 큰 서점에 가면 제주에 관한 책들이 넘쳐난다. 그림보다 더 그림 같은 멋진 사진들과 알록달록한 디자인으로 눈길을 끄는 '제주 소개서'들이 서점 한쪽을 차지하고 있다. 제주 여행 정보를 '예쁘고 친절하게' 알려주는 콘셉트가 있다면, 제주 토박이들 또는 젊은 이주민들의 '제주생활 예찬'이 또 다른 콘셉트다. 아마도 제주에 관심 있는 독자들은 그런 책들을 눈으로 지나치다가 우연히 아니면 '이건 또 뭐지?' 하는 마음으로 이 책을 집어 들었을 것이다.

제주도는 물론 좋아하지만, 중국에 관심이 더 많은 독자들이 한 쪽 한 쪽 넘겨보고 있을 수도 있다. 이들은 제주에 중국 관광객이 엄청나게 늘어나고 있고, 중국 기업의 투자도 많이 들어왔다는 소식쯤은 알고 있을 가능성이 많다. 그 중국 관광객·중국 기업과 제주의 구체적인 얘기 혹은 뒷얘기에 관심이 있어 이 책에 손이 갔을 것이다.

제주에 관심 많은 독자들을 대상으로 책을 써야 할까? 아니면 좀더 중국에 포커스를 맞추어야 할까? '충분한 자료를 가지고 객관적인 시각으로 제주와 중국의 관계를 다뤄야' 한다는 것이 책을 쓰는 내내 가장 큰 고민이었다면, 책의 전체적인 관점을 어디에 두어야 할지, 어떤 독자를 대상으로 얘기를 풀어나가야 할지가 그에 못지않은 어려움이었다.

제주와 중국. 둘 다 요즘 뜨고 있는 단어지만, 그 둘의 접점이 많지는 않다고 여겨질 것이다. 특히 제주도민이 아닌 98.7퍼센트의 '내국인'에게는 말이다. 그저 제주도가 좋아서 놀러 오는 이들에게 '중국과의 관계'는 좀 먼 이야기이고, 중국에 관심 있는 이들에게 제주도는 너무 작은 존재다. 책을 내면 과연 얼마나 팔릴 수 있을 것인가 하는 약간의 두려움도 여기에서 비롯되었다.

즐겁고 재미있고 희망적인 얘기만 쓸 수도 없다. 그럴 능력도 없지만, 그렇게는 안 된다. '먼 곳에서 친구가 오는 것이 어찌 기쁘지 않겠는가'마는, 짧은 시간에 중국과의 접촉면이 크게 증가하다보니 제주도의 입장에서는 해결해야 하는 문제가 많아진 것 또한 사실이다. 중국과 제주도의 이야기를 다룬다며 드러난 현안을 외면하고 구름 잡는 얘기만 할 수는 없다.

책의 구성을 보자면, 제주와 중국의 과거 인연을 다룬 앞부분은 인문서에 가깝다. 중국인 관광객의 증가와 중국계 자본의 투자, 한중FTA를 다룬 중간 부분은 경제·경영서 스타일이다. 문화와 평화를 다룬 뒷부분은 사회과학서와 비슷한 분위기다. 제주와 중국의 이런저런 분야와 영역의 얘기를 모두 다루다보니, 책이 전체적으로 필자가 좋아하는 제주도의 해물짬뽕을 닮게 되었다.

책의 뒷부분에는 '제주와 중국'과는 별 관계가 없는 듯한 내용도 있다. 제주가 가지고 있는 문화적 자산이나 제주 4·3사건, 강정항 등을 다룬 부분이 그렇다. 그러나 중국, 일본, 북한을 포함하는 동북아시아의 평화와 '세계 평화의 섬'을 얘기하면서 제

주 4·3사건과 강정항을 모른 체하고 넘어갈 수는 없었다. 제주와 중국 간의 문화 교류 확대를 주장하기 위해 필자는 제주가 얼마나 커다란 문화적 자산을 가지고 있는지 말하고 싶었다. 우리는 타인에 대해 잘 모른다는 것은 곧잘 인정하지만, 오히려 자신에 대해서는 잘 모르고 있고 때때로 스스로를 잘 모른다는 사실 자체마저 모를 때가 있다. 그것은 제주에 살고 있는 이들도 마찬가지다.

책의 뼈대를 만들고 작업을 시작할 때부터 한창 자료조사와 글을 써 나가던 때, 마무리를 짓고 출판사에 넘길 때까지 한중 관계는 롤러코스터를 탔다. 그 한가운데 사드 배치가 있었다. 시기적으로는 우리 정부가 평범하지 않은 방식으로 교체되는 과정에 있던 2017년 봄에 사드가 경북 성주에 배치되었다. 참으로 '기묘한 이야기'였다.

기묘한 이야기는 나라 전체의 이슈였지만, '직격탄을 맞은' 곳은 제주도였다. 단체 관광객이 자취를 감추면서 전체 중국인 관광객 수가 2016년 한창 때의 10퍼센트 수준으로 떨어졌다. 중국인을 대상으로 영업하던 제주도 내 일부 호텔이 매물로 나왔다는 소식도, 중국 정부의 자금 규제로 제주에 투자한 일부 중국계 기업의 프로젝트가 중단되었다는 뉴스도 들렸다. 중국에 대한 관광 의존도를 낮춰야 한다, 인바운드 관광의 질적 수준을 높이는 계기로 삼아야 한다, 제주도의 해외투자 유치 전략을 돌아봐야 한다 등 논의가 많았지만, 이 상황이 오래 지속되기를 원하는 제주인은 많지 않다.

'봄이 오면 강물이 따뜻해져 오리가 먼저 안다春江水暖鴨先知.' 중국 송나라 문인 소동파蘇東坡의 시구다. 필리핀의 아세안 정상회의에서 만난 문재인 대통령에게 중국의 리커창 총리가 한중 관계의 개선 신호로 이렇게 화답했다. 그 변화를 가장 민감하게 받아들이는 '오리'가 바로 제주도다. 한중 관계가 얼어붙으면 제주도가 가장 먼저 몸을 움츠리고, 한중 관계가 풀리면 제주도가 가장 먼저 활발히 움직이게 될 터다. 중국에 관심이 많은 독자라면, 한중 관계의 미래를 알기 위해서라도 제주도에 좀 더 관심을 가져야 하는 이유가 여기에 있다.

제주도를 사랑해 제주도를 자주자주 찾는 독자들이라면, 제주도가 가지고 있는 아픔과 고민에도 관심을 가져주십사 감히 말씀드린다. '중국'이라는 키워드를 가지고 제주도를 살펴본 저의 조그마한 노력이 전해지기를 기원한다.

'선무당이 사람 잡는다'던데, 전공도 아닌 여러 분야를 건드리다보니 '여러 사람 잡았겠다'는 걱정도 든다. 혹시 사실의 오류가 있거나 현안을 보는 관점에서 심각한 문제가 있다면 알려주시기 바란다. 사실의 오류는 확인해 정정하고, 관점의 차이는 먼저 말씀을 듣고 토론하면 좋겠다.

인터뷰에 응해주신, 아름다운 사진을 제공해주신 모든 분께 감사드린다. 지면 관계상 한 분 한 분 열거해드리지 못함을 넓은 마음으로 이해해주시기 바란다.

3년 전 제주도에 정착하며, '중국에서 공부하고 일한 조금의 경험과 지식이 있으니, 제주도와 중국의 관계를 한번 정리해보자'고 스스로에게 내린 숙제를 기어이 마무리하게 되었다. 부끄럽지만 이 작은 선물을 제주도에 바친다.

2018년 10월

김용민

* 제주를 지칭하는 단어로 본문에 제주, 제주도가 섞여 나온다. 한자를 병기하지 않아 바로 구분되지는 않지만, 제주도는 또한 제주도濟州道와 제주도濟州島로 나뉠 수 있다. 행정구역임을 분명히 해야 하는 경우에는 제주도濟州道로, 섬이라는 정체성을 강조할 때는 제주도濟州島로 써야 마땅하다. 그럼 어느 경우에 그냥 제주라 써야 하는가? 어려웠다.

글을 이어나갈 때마다 개별 문맥에서 그 구별이 어려웠던 경우가 많았고, 행정구역이라는 특성이나 섬이라는 정체성을 나타내려 할 때마다 한자를 병기해야 하니 그 또한 곤혹스러웠다. 결과적으로 필자는 대부분 한자 없이 제주, 제주도를 편하게 섞어 표기했다.

필자가 제주라 하든, 제주도라 하든, 어제도 오늘도 그리고 내일도 애월 바다에 바람이 부딪친다. 뭉게구름 사이를 뚫고 쏟아지는 햇빛 사이로 비행기가 내려앉는다.

★

## 제1부

제주와 중국의

과거

# 첫 번째
# 만남

## 1                        서귀포 지명의 **유래**

서귀포西歸浦라는 지명으로 이야기를 시작하는 것이 재미있을 것 같다. 제주濟州는 건널 제濟+고을 주州이니, 육지의 관점에서 보자면 바다 건너에 있는 고을이다. 그렇다면 서귀포라는 지명 은 어떻게 생긴 것일까?

　서귀포시 홈페이지를 본다. "서귀포라는 명칭은 중국 진나라 때의 방사方士인 서복徐福이 삼신산三神山의 하나인 영주산을 찾 으러 왔을 때, 정방폭포에 서불과지徐市過之라는 글을 새겨놓고 서쪽으로 돌아간 데서 유래한다"라고 적혀 있다. 무슨 말인가?

## 제주도는 진시황이 불로초를 찾았던 곳

중국을 통일한 진시황은 늙지 않고 영원히 살고자 불로장생의 명약을 구하고 싶었다. 중국의 역사서인 『사기史記』「진시황본기秦始皇本記」에 따르면, 기원전 219년 진시황이 중국을 통일한 후 불로초를 구하려 할 때, 서복이라는 인물이 나타난다. 『사기』는 서복을 방사方士라 소개했는데, 이는 '도사道士' '신선의 술법을 닦는 사람'의 뜻이라 하니, 당시 사회에서 박학다식한 일종의 '사기꾼'이었던 것 같다. 서복은 동쪽 바다로 나아가면 봉래蓬萊, 방장方丈, 영주瀛州라는 세 개의 산에 신선이 산다고 진시황에게 글을 올리고, 불로장생약을 구한다는 명목으로 수천의 젊은이와 3년간 그들을 먹여 살릴 양식, 의복, 농기구를 비롯한 생필품을 얻어 동쪽 바다로 출항한다.

서복이 진짜 진시황을 위해 불로장생약을 구하러 중국의 해안과 일본, 제주를 찾아왔는지, 아니면 그저 해외여행 자금을 얻기 위해 진시황을 속여 세상을 주유周遊했는지는 모를 일이다. 현재까지 중국의 정통 역사서에는 서복이 언제 태어나서 언제 죽었는지, 바다로 나아가서 어디로 갔고, 무엇을 했는지에 관한 기록은 없기 때문이다.

서복에 관한 기록과 사적史蹟이 좀더 많이 남아 있는 곳은 일본이다. 20세기 초중반 중국과 홍콩에서 활약했던 학자 위정생衛挺生이 쓴『서복입일본건국고徐福入日本建國考』에 따르면, 일본의 초대천황인 진무천황神武天皇이 바로 서복이다. 그리고 수렵 채집의 신석기 조몬繩文시대에서 농경이 시작되는 철기문명인 야요이彌生시대로 넘어가는 과정에서 서복 일행이 가져온 중국의 선진 문물이 기폭제 역할을 했다고 주장한다. 규슈를 비롯한 일본의 여러 지역에 서복과 관련된 지명, 유적이 존재하고 있는 것 또한 사실이다. 1994년에는 하타 쓰토무羽田孜 전 일본 수상이 "일본의 초대 천황은 진시황의 후예"이며, 자신은 "서복을 따라왔던 사람의 자손"이라고 공개적으로 말한 바 있다.

서복과 일본의 관계를 우리가 깊이 연구할 필요는 없을 듯하다. 그건 일본인들에게 맡기자. 다만『사기』에는 서복이 한 번에 불로장생약을 구하지 못하고, 최소 두 번은 바다 항해를 했다고 적혀 있다. 일부 학자는 서복이 일본에 정착했다가 다시 중국으로 돌아갈 때 제주를 거쳤을 것이라 주장한다. 만약 서복이 실제로 일본에서 다시 중국으로 배를 몰아갔다면 제주를 거쳐 갔을 가능성이 있다.

## 서귀포는 서복이 서쪽으로 돌아간 항구?

서복이 진시황의 명을 충실히 받들었다면 제주도에 와서 불로장생약을 열심히 찾아 다녔을 것이다. 제주 향토사학자 김봉현金奉鉉은 『제주지명고濟州地名考』에서 진시황의 명에 따라 제주도에 온 서복 일행이 한라산에 올라 '영지버섯'을 따다가 진시황에게 바쳤다고 주장했다. 그때 서복 일행이 서귀포를 떠나면서 현재의 서귀포시 동홍동에 있는 정방폭포 절벽에 새긴 글자가 바로 서귀포시 홈페이지에 소개된 '서불과지徐市過之' 네 글자로 알려진다. '불市'이라는 글자는 중국 발음으로 '푸fu', 실제로는 '福fu'와 같은 글자다. '서불과지' 네 글자는 '서복이 이곳을 지나가다'라는 뜻이다. 그러니 '서복이 돌아간 항구徐歸浦'가 '서쪽으로 돌아간 항구西歸浦'로 되었다는 것도 아주 억지주장은 아니라 할 만하다. 또 한라산의 옛 이름 중 하나가 영주산瀛州山이기도 하니, 서복이 진시황에게 소개한 세 개의 산 중의 하나가 한라산이라고 볼 수도 있다.

다시 한 번 간추리면 이런 스토리다. 진시황이 기원전 221년에 중국을 통일했다. 그 권력을 한없이 누리기 위해 늙지 않고 영원히 살고 싶었는데 마침 서복이라는 인물이 나타난다. 서복은 동쪽의 영험한 산에 가서 불로장생약을 구해주겠다고 진시

정방폭포

황을 꼬드겨 수천 명의 젊은이와 식량, 의복, 농기구 등을 얻어 동쪽 바다, 지금의 황해로 나온다. 서복은 아마도 한반도와 제주도를 거쳐 일본으로 갔다가 다시 제주도를 거쳐 중국으로 돌아갔을 것이다. 그러던 중 한라산 어느 자락에서 불로장생약으로 보이는, 또는 불로장생약이라 속일 만한 식물을 채집했고, 돌아가는 길에 정방폭포 어딘가에 '나 여기 다녀간다徐市過之'라고 새겨놓았다. 그리고 서쪽, 즉 중국으로 돌아갔다. 서쪽西으로 돌아간歸 포구浦, 그래서 서귀포가 되었다.

1장 첫 번째 만남

서복이라는 인물이 2200년 전에 정말로 수천 명의 젊은이 무리를 이끌고 제주에 왔을까? 정사正史로 남긴 기록이 없으니 서복이 실제로 제주에 왔는지는 정확하지 않다. 또 만약 왔다면 수행원 수십 명과 단출하게 왔는지, 아니면 『사기』에 적혀 있는 대로 수천 명의 젊은이와 함께 왔는지도 알 수 없다.

결정적으로 아쉬운 건, 현재 정방폭포 어디에도 '서불과지徐市過之'라는 글자가 없다는 것이다! 엄밀히 말하면 '서불과지'로 읽혀질 수도 있는 글자 모양의 탁본이 정방폭포 옆에 있는 서복

서귀포 서복전시관

전시관에 전시되어 있을 뿐이다. 그 글자의 형태는 1950년대까지 정방폭포에 남아 있었으나 지금은 찾을 수 없고, 제주에 유배왔던 추사 김정희가 탁본을 만들어놓았다는 것이 『제주지명고』의 설명이다.

그런데 이 탁본을 '徐市過之'로 읽는 것이 정확한가? 학자들마다 의견을 달리한다. 우주인이 그려놓은 듯한 형태의 이 글자들은 중국 춘추전국시대 제나라의 도문刀文이라고 한다. 도문이란 춘추전국시대에 칼 모양의 화폐에 새겨진 글자체를 말한다. 그러니 그 글자체를 사용했던 서복이 '나 여기 다녀간다'라고 새겨놓았다는 것이다.

조선 후기인 1880년대에 제주목사(지금으로 치면 제주도지사)로 온 백낙연白樂淵도 서복의 전설이 궁금했나 보다. 제주도 이곳저곳을 순행하다가 정방폭포 인근을 지나면서 서복의 이야기와 그가 새겼다는 글자에 대해 듣게 되었다. 직접 줄을 매고 내려가 살펴보니 올챙이 같이 생긴 글자 12자가 있는데 알아볼 수 없었다고 『파한록』에 전해진다.

서귀포시 홈페이지에는 '徐市過之'라고 소개되어 있지만 어떤 이는 '徐市過此'로, 또 어떤 이는 '齊臣西市遷王過地'로 읽어낸다. 네 글자로, 여덟 글자로, 또 백낙연 목사는 열두 글자로

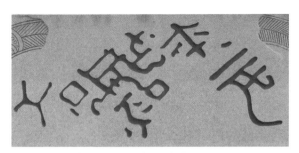

정방폭포에 서복이 새겼다고 전해지는 글자 탁본

본 것이다. 한 마디로, 아직 그것이 몇 글자인지도 모른다는 것!

서복을 연구하는 학자들은 서복의 존재와 서복의 한국(제주도), 일본 진출 가능성을 높게 보고 있는 반면, 중국 난카이南開 대학 중문과의 왕지후이 교수는 조금 다르게 설명한다. 첫째, 진시황이 중국을 통일하고 서복을 만난 것이 기원전 219년이다. 이 시기의 기술력으로 수천 명을 배에 태워 한국, 일본까지 먼 뱃길을 여행했다는 것은 불가능하다. 한국과 일본을 방문하고 심지어 새로운 문명 탄생의 기폭제가 되었다는 얘기는 후대인들이 지어냈을 가능성이 높다는 것이다. 둘째, 서귀포시 정방폭포에 서복이 제나라 도문으로 새겼다는 '글자'를 '서불과지'로 읽을 수 있는가가 의문이다. 누구도 확실하게 해석해내지 못하고 있다. 마지막으로, 진짜 '서불과지'라는 글자라면, 그것이 무엇을 의미하는가를 확인해보아야 한다. 현대 중국어로 해석하면 '서복이 이곳을 지나가다'라는 뜻이 맞다. 하지만 그 글자가 씌어졌을 2000년 전이라면, '과過'는 '경과하다' '지나가다'의 뜻보다는 '잘못' '과오'로 해석되어야 맞다는 것이다. 따라서 서복이 자신이 지나갔다는 표시로 '서불과지' 네 글자를 새겨놓았다는 건 말이 안 된다는 주장이다.

듣고 보니 그럴 듯하다. 결론적으로 오늘을 살고 있는 우리는 서복이 2200년 전에 진짜 제주에 와서 불로초를 찾았는지, 제주에 정착해서 얼마나 살았는지, 정말로 '서불과지'라는 글자를 새겨놓고 갔는지 정확히 알 길이 없다. 다만 수천 년 전에 중국 대륙에서 태어난 서복이라는 인물이 제주도와 어떤 인연을 맺었다는 기록이 남아 있는 것이 흥미로울 뿐이다.

3                          소중한 유산+@

전설처럼 전해 내려오는 서복과 제주도의 만남. 분명하게 남아 있는 것은 딱 두 가지 사실이다. 하나는 서복이 진시황에게 말한 삼신산三神山 중의 하나가 '영주瀛洲'인데, 우연치 않게도 한라산의 옛 지명과 일치한다는 점이다. 검은 화산석이 가득한, 완만하고 품이 깊으면서도 때때로 구름에 가려 그 봉우리가 보이지 않는 한라산은, 10만 년쯤 살아 허연 눈썹과 수염이 얼굴을 덮고 있는 지팡이 든 노인이 가벼운 구름 한 조각을 타고 소리 없이 나타났다 사라지는 그림을 떠올리게 한다. 그 당시 사람들의 눈에는 한라산 깊은 곳 어디쯤에 불로초가 숨어 있을 법하였으리라.

또 하나는 서복이 썼다는 '글자'처럼 보이는 탁본 한 장과 그것을 둘러싼 기록들이다. 공식 역사서는 아니지만, 서복과 '글자'에 관한 얘기는 여러 문헌 자료에서 볼 수 있고, 일부 자료에는 옛 제주목사뿐만 아니라 제주에 유배 왔던 추사 김정희도 언급되어 있다.


## 서복 이야기는 제주와 중국 교류에 관한 가장 오랜 기록

지금 남아 있는 것은 이 두 가지지만, 서복은 제주도에 크고 작은 유형·무형의 자산을 남겨주었다. 서복은 우선 중국과 제주의 연결고리 역할을 톡톡히 해내고 있다. 2000년 전의 얘기가 아니다. 현재 중국의 최고 권력자인 시진핑 주석도 2005년 저장성 당서기 시절 제주를 다녀갈 때 서복전시관에 왔다. 중국 당내 서열 5위인 리창춘, 류윈산 전 상무위원도 서복전시관을 방문했다. 원자바오 전 총리는 친필 휘호를 보내주기도 했다. 지난 2015년 시진핑 주석이 서울대학교에서 강연했을 때에는 한중 교류를 대표한 인물로 서복을 가장 먼저 언급하기도 했다.

믿거나 말거나, 서복전시관을 방문한 중국의 고위급 인사들은 중국으로 돌아간 뒤 모두 승진했다 하니, 우연이라 해도 당사자뿐만 아니라 우리 제주에도 즐거운 우연이다. 명분이 없어 제주 방문을 망설이는 중국 인사들에게 제주도는 할 말이 있다. "제주는 2200년 전 양국 간 평화적인 교류의 시발점이 되었던 곳이오. 중국의 지도자라면 서복의 자취를 찾아 한 번은 와볼 필요가 있소!"라고 말이다. 그리고 비공식적으로 한마디 귀띔해주는 것은 어떤가? '여기 다녀간 사람은 모두 승진했다던데…….'

영토 쟁탈이나 전쟁이라는 방식 말고, 바다를 통한 한중 양국 간 문물 교류의 시초가 제주도일지도 모른다는 것, 서복이 우리에게 남겨준 고마운 선물 중 하나다.


## 서복전시관이 있다

서복이 글자를 새기고 갔다는 정방폭포 옆에는 4174제곱미터 규모의 서복전시관이 남아 있다. 서복전시관은 이세기 전 국회의원이 문화관광부와 서귀포시를 설득해 2003년 설립된 것으로 알려졌다. 이후 중국의 원자바오 전 총리가 보내준 '徐福公園' 휘호를 이용한 석상이 전시관 입구에 세워졌다. 서복이 한반도를 향해 출발한 곳으로 알려진 중국의 친황다오秦皇島시는 중국의 중앙미술학원의 협조를 얻어 높이 2.6미터, 너비 4.3미터의 '서복동도도徐福東度圖' 부조를 만들어 보내주었다. 서복전시관 내부에는 서복의 제주 도착을 그려낸 그림과 조형물, 안내 자료가 있고 한쪽에는 중국 시안西安의 진시황릉에서 보내온 병마용兵馬俑이 서 있다. 전체적으로 전시관의 형태, 전시물 간의 분위기가 맞지 않아 어색한 면이 있다. 조금 과장하자면, 한복 저고리에 면바지, 농구화에 골프 모자를 착용한 느낌이다.

서복전시관을 지을 때 중국 정부에서도 여러 도움을 주었고 우리 돈 92억 원이 투입되었다는데, 전시관의 전체적인 구성과 예술적 가치가 그에 못 미친다 싶은 것은 사실이다. 유명한 미술평론가는 "황당하고 눈앞이 캄캄해지는 징그러운 서불이센터"라고 표현하기도 했다. 서복전시관은 개관 이후 입장료를 받아오다가 2011년에 무료관람으로, 2012년에 다시 유료관람으로 바꿔 '성인 500원'을 받고 있다. 이는 서복전시관이 무료로

중국의 원자바오 전 총리가 보내준 '徐福公園' 휘호가 새겨진 석상. 중국의 친황다오秦皇島시가 중앙미술학원의 협조를 얻어 제주에 선사한 '서복동도도 徐福東度圖' 부조

개방할 만한 공적인 가치와 지위를 획득하지도 못했고, 그렇다고 자신 있게 내놓을 만한 볼거리와 즐길 거리를 제공하지도 못하는 현실을 반영하고 있다.

그러나 현재를 스스로 부끄러워하거나 외면하는 식은 좋을 게 없다. 10여 년 전 제주도에 서복전시관을 세울 때 우리의 문화적 감수성과 문화유산을 형상화하는 총체적인 능력이 그 정도였음을 우선 솔직하게 인정하자. 그다음에는 기회를 보아 개선 보완하거나 새로 만들어내기 위해 지혜를 모으면 된다.

어쨌든 99.9퍼센트의 한국인과 99.99퍼센트의 중국인이 서복과 제주의 인연에 대해 전혀 모르는 상황에서 서복전시관은 최소한 제주도에서 서복의 존재를 나타내는 가장 중요한 물적 인프라로 주목받고 있다. 1999년에는 제주에 남아 있는 서복 문화를 연구하고 서복의 스토리를 가치 있게 발전시키고자 하는 뜻에서 '제주서복문화교류협회'가 설립되었고, 2001년부터 매년 서복의 유적과 기록이 남아 있는 일본과 중국의 학자, 전문가들을 초대하여 국제학술토론회도 개최해오고 있다.

## 서복, 대단히 흥미로운 캐릭터

2005년 관객 1200만 명을 모은 「왕의 남자」라는 영화가 있었다. 영화는 연산군 11년(1505) 12월 29일을 기록하고 있는 『연산군일기』 60권 22장의 공길孔吉에 관한 아래와 같은 짧은 이야기에 근거하고 있다.

배우 공길이 늙은 선비 장난을 하며 아뢰기를, "전하는 요·순 같은 임금이요, 나는 고요皐陶 같은 신하입니다. 요·순은 어느 때나 있는 것이 아니나 고요는 항상 있는 것입니다"하고, 또 『논어』를 외어 말하기를, "임금은 임금다워야 하고 신하는 신하다워야 하고, 아비는 아비다워야 하고 아들은 아들다워야 한다. 임금이 임금답지 않고 신하가 신하답지 않으면 아무리 곡식이 있더라도 내가 먹을 수 있으랴"하니, 왕은 그 말이 불경한 데 가깝다 하여 곤장을 쳐서 먼 곳으로 유배했다. 先是優人孔吉, 作老儒戱曰: 殿下爲堯舜之君, 我爲皐陶之臣. 堯舜不常有, 皐陶常得存. 又誦論語曰: 君君臣臣父父子子. 君不君臣不臣, 雖有粟, 吾得而食諸? 王以語涉不敬, 杖流遠方.

2012년 역시 1200만 명 넘는 관객을 모은 「광해, 왕이 된 남자」란 영화도 있다. 이 영화가 기대고 있는 역사적 사실은 광해군 8년의 15일간 기록이 『조선왕조실록』에 공백으로 남아 있다는 것뿐이다. 영화는 아무 기록도 없는 역사의 빈 공간에 새로운 이야기를 채워 넣는다. 정치적 혼란 속에 생명의 위협을 느낀 광해군은 자신과 똑같이 생긴 광대를 찾아 잠시 허수아비 왕으로 내세운다. 처음에는 어수룩하던 가짜 왕은 도승지의 도움으로 점차 왕의 모습을 갖춰나간다. 그는 15일 동안 백성을 위해 대동법을 시행하고, 실리외교를 펼치고자 한다. 가짜 왕은 쫓겨나듯 궁궐을 빠져나오지만, 다시 광대가 되어 더욱 실감나게 왕을 흉내 내고 풍자한다. 있어야 할 15일간의 기록이 없다는 것, 그 하나의 사건을 실마리로 삼아 작가와 감독은 이렇듯 다채로운 이야기를 꾸며냈다.

이러한 소재로 천만 관객을 모았는데, 서복의 스토리로 한중 합작 영화를 만들어 중국과 한국에서 개봉한다면 1억 명을 모을 수 있지 않을까? 제주도의 재미있는 이야기를 충분히 되살려내지 못하는 것이 아쉬울 따름이다.

서복의 전설이 우리에게 남겨준 가장 큰 유산은 전설 그 자체다. '2200년 전 고조선 시기, 중국의 유명한 전략가 서복이 불로초를 구하러 수십 척의 배를 몰고 바다 건너 제주에 온다. 수천 명의 젊은 남녀, 기술자도 함께 도착했다. 불로초를 찾아오라고 지시한 자는 다름 아닌 중국을 통일한 진시황제. 서복은 불로초를 찾아 한라산을 오른다. 영지버섯과 같은 귀한 약재를 채취한다. 정방폭포에 이른다. 서불과지 네 자를 새긴다. 배를 타고 다시 떠난다. 사람들은 서쪽으로 돌아갔다 하여, 그곳을 서귀포라 부른다' 얼마나 재미있는 스토리인가? 이 정도 뼈대가 있는 이야기라면 살을 붙여 10권짜리 대하 역사소설도 쓸 수 있겠다. 50부작 TV 역사드라마를 제작할 수도 있지 않을까?

## 제주 신화 속의 '강남천자국'은 중국?

제주도 굿판에서 심방들에 의해 구송口誦되어온 몇몇 제주 신화에는 '강남천자국'이 등장한다. 오래전부터 전해온 신화 내용이므로 강남천자국이 구체적으로 중국의 진나라를 얘기하는지 수나라나 당나라를 얘기하는지는 알 수 없다. 그러나 신화 속의 맥락으로 볼 때 이곳이 한반도 서쪽에 위치한 중국 고대사 속의 어떤 정치적 실체를 가리킨다는 해석은 설득력이 있다.

강남천자국이 스토리의 배경으로 가장 뚜렷하게 나타나는 신화는 송당리 금백주와 김녕리 궤내기또의 이야기다. 금백주는 본시 강남천자국에서 왔다. 송당마을에서 사냥하며 살던 소천국과 결혼하여 여덟 아들을 낳는데, 마지막 여덟 번째 아들이 제주 신화 속의 영웅 '궤내기또'다.

아버지 소천국의 미움을 받아 무쇠석함에 갇힌 채 바다에 내던져진 궤내기또는 바다 속 용왕의 환대를 받고 용왕의 셋째 딸과 결혼한다. 얼마간 용궁에 머문후 다시 무쇠석함에 실려 망망대해를 떠돌다 강남천자국에 도착한 궤내기또는 황제의 신임을 얻어 대장군에 임명된다. 이후 궤내기또는 전장에 나아가 머리가 여럿 달린 반란국의 우두머리를 제압하고 국경 인근의 적들을 소탕하여 강남천자국의 영웅이 된다.

궤내기또는 벼슬과 땅을 주고 나라를 함께 다스리자는 강남천자국 황제의 청을 거절하고 수백 척의 함대와 수천 명의 병사를 거느리고 제주도로 금의환향한다. 그러나 아들을 미워하여 바다에 내다버렸던 아버지 소천국은 아들의 귀향 소식에 놀라 숨을 거두고, 어머니 금백주마저 심장이 멈춰 죽고 말았다. 대장군 궤내기또는 소천국을 사냥꾼의 수호신으로, 금백주를 송당마을의 본향당신으로 좌정坐定시키고, 자신은 김녕마을의 궤내기동굴에서 백성의 제를 받았다.

이처럼 궤내기또의 신화는 부모에게 버림받은 후 타지에 나가 대성해서 귀향한다는 전형적인 영웅설화의 요소를 가지고 있다. 궤내기또가 오래전 실재했던 어떤 역사적 인물인지, 그의 행적을 묘사한 어떤 부분이 어떤 역사적 사실에 부합하는지는 알 도리가 없다. 다만 오래전 제주인이 '강남천자국'으로 상징되는 중국과 어떤 형태로든 왕래가 있었다는 내용이 제주 신화에 담겨 지금까지 전해 내려온다는 사실이 흥미롭다.

# 두 번째
# 만남

## 1___고려의 대몽 항쟁, 삼별초, **원나라의 제주 식민**

유라시아 대륙 전체로 볼 때 13세기는 기마민족 몽골의 전성시
대였다. 1206년, 몽골의 수십 부족 가운데 하나인 보르지기드
족 추장의 아들로 태어난 테무진은 몽골족 전체 회의에서 칸(황
제라는 뜻의 몽골어)으로 추대되었다. 바로 몽골의 영웅 칭기즈칸
의 등장이다. 몽골족은 사냥과 유목으로 단련된 민족이었다. 농
경을 위주로 한 정착생활 중심의 당시 주변 국가들은 물론 서아
시아, 남아시아, 러시아, 중동, 동유럽까지 모두 몽골 기병에게
무릎을 꿇었다.

오늘날의 지명으로 살펴볼 때, 몽골은 동쪽으로는 고려를 침략했고, 남쪽으로는 중국 대륙 전체와 미얀마 북부, 티베트와 베트남을 거쳐 인도네시아까지 침공했다. 서남쪽으로는 중앙아시아 전역과 이란, 이라크를 거쳐 시리아의 다마스쿠스까지, 서북쪽으로는 러시아를 깨뜨리고 우크라이나의 키예프를 거쳐 헝가리와 폴란드까지 침공했다. 몽골(이후 원나라)의 초대 칭기즈칸부터 5대 쿠빌라이칸까지 약 90년 동안 유라시아 대륙 전역에 걸쳐 수십 개의 크고 작은 국가를 조공국으로 만들어버린 것이다. 날랜 말을 탄 용맹한 몽골군에게 중세 유라시아 국가들은 속수무책으로 당할 수밖에 없었다. 중고등학생용 지리부도를 보면, 13~14세기의 중국 서부와 중앙아시아는 킵차크칸국, 우구데이칸국, 일칸국, 차가타이칸국으로 나뉘어 있는 것을 확인할 수 있다. 칭기즈칸이 아들들에게 나누어준 땅덩어리였다.

## 한반도까지 들어온 몽골 세력

13세기 초반, 몽골의 칭기즈칸이 중앙아시아 지역에서 세력을 넓히고 있을 무렵, 한반도의 고려에는 최씨 성을 가진 무신들이 득세하고 있었다. 정중부의 쿠데타로 시작된 무신정권은 최충헌 집권 이후 안정되었다. 무신들이 집권하고 있었지만 나라의 무력이 강한 것은 아니었다. 문신들에 대한 불만으로 야기된 쿠데타 정권이기 때문에 무신정권은 외적으로부터 국가를 지키기보다는 정권의 안위를 보살피는 것이 우선이었다. 그들은 사병私兵이었지 국군國軍이 아니었다고 역사가들은 말한다.

몽골군이 처음으로 고려 땅에 발을 들여놓은 것은 1231년이었다. 중앙아시아와 호레즘Khorezm(현재의 우즈베키스탄 서남쪽) 정벌을 성공적으로 마친 몽골군의 다음 타깃은 중국의 남부와 금나라, 고려였다. 불세출의 영웅 칭기즈칸은 1227년 서부전선에서 죽었지만, 그의 셋째 아들 우구데이(오고타이)가 '칸'에 오른 이후 장수 사르타크(철리탑)를 파견하여 고려로 쳐들어왔다.

몽골의 세력이 한반도로 내려오던 시기, 최씨 무신정권의 고려 전역에서는 도적떼가 들끓고 농민군의 반란이 이어졌다. 삼별초는 원래 이들로부터 개경을 지키기 위해 조직된 군대였다. 주로 밤에 경비를 했으므로 야별초夜別抄로 불렸다가, 규모가 커지자 좌별초左別抄와 우별초右別抄로 재편되었다. 또 몽골에 잡혀 있다가 도망쳐온 군인들을 신의군神義軍으로 편성하고 좌우별초와 합류토록 했다. 삼별초는 이들을 통틀어 가리키는 호칭이다.

삼별초는 농민 반란군과 도적떼에 대응하기 위해 만들어졌지만, 한편으로는 농민군과 지방군을 이끌고 몽골군과 맞서 싸우기도 했다. 그러나 1270년 고려왕조가 원나라와 강화를 맺고 개경 환도를 결정하자 몽골군과 싸우던 삼별초는 존립 기반이 흔들리게 되었다. 결국 원나라와의 강화에 반기를 든 삼별초는 배중손과 노영희 등의 지휘에 따라 전라남도 진도로 대몽 항쟁의 근거지를 옮겼다가, 1271년 제주도로 들어왔다.

## 삼별초의 항쟁과 원나라의 제주 직할 통치

몽골의 세력이 제주에까지 이르게 된 것은, 삼별초의 '항쟁'을 진압하기 위해 고려와 몽골이 대규모 연합군을 파견하면서다. 1273년 고려 장군 김방경과 몽골 장수 흔도가 이끄는 여몽 연합군 1만 여 명이 삼별초 마지막 세력과 그 우두머리 김통정을 제압했다는 게 사실史實이다. 제주도에 상륙한 여몽 연합군에 대항해 삼별초 군사들은 애월 부근 해안선이 내려다보이는 요충지에 성을 쌓고 최후까지 저항했지만, 고려 정부군과 세계 최강 몽골군을 막아내기에는 역부족이었을 것이다. 삼별초를 제압한 원나라는 제주도를 직할지로 삼고 '탐라국군민도다루가치총관부耽羅國君民都達魯花赤摠管府'를 설치했다. 그리고 직접 통치하기 위해 최고 사령관인 다루가치를 파견했다.

원나라가 육지의 고려에 자국 공주를 시집보내 부마국으로 삼는 선에서 강화를 맺은 반면, 탐라를 직할지로 삼은 이유는 무엇이었을까? 우선 본토 밖에서 말을 기르기에 제주도가 최적의 장소라고 판단했을 것이다. 제주도에는 풀어놓은 말을 해칠 맹수가 없고, 바다로 둘러싸여 있어 말이 달아날 수도 없었다. 더욱이 나지막한 오름들을 따라 목초지가 형성되어 있으니 그야말로 승용마, 전투마 사육을 위한 최상의 '인프라'가 갖춰진 셈이었다.

육지의 고려는 부마국으로 삼아 정치적으로 원나라의 영향권 아래 두면 족하다 싶었을 테고, 제주도에서 말을 상시적으로 공출해 가기 위해서는 직접 관할이 필요했을 것이라 추측할 수 있다. 특정 품목을 꾸준히 빼앗아가기 위해서는 일상적인 장악과 통제 시스템이 필요하기 때문이다.

13세기 초 고려를 침략한 것은 몽골이 맞지만, 1271년 제주로 들어온 것은 쿠빌라이칸이 1260년에 세운 원나라의 병사들이다. 그러니 현재의 관점에서 본다면, 제주와 만난 세력은 중국이라고 해도 틀린 말은 아니다.

항몽유적지

항몽유적지

출처: VISIT JEJU

제주마 방목지

## 탐라는 무엇이고, 제주는 무엇인가?

제주도에서는 매년 이른 봄 탐라입춘굿을 한다. 제주일고 앞에는 탐라도서관이 있고, 2010년까지 서귀포시 하원동에는 탐라대학교가 있었다. '탐라'가 제주도의 옛 명칭일 것으로 추측하면서도 언제부터 언제까지 탐라로 불렸으며 또 지금 제주도라 불리게 된 이유는 무엇인지, 명확히 알고 있는 사람은 많지 않을 것이다.

탐라는 한자로 '耽羅'라고 쓰지만 뜻글자는 아니다. 고대부터 제주는 담라, 탐모라, 담모라, 섭라 등으로 사서에 등장한다. 담, 탐 모두 '섬'과 비슷한 발음이다. '나'는 나라羅로서, 결국 탐라는 '섬나라'라는 뜻이다. 탐라라는 지명은 『삼국사기』에 처음 등장한다. 476년 "탐라국이 토산물을 백제왕에게 바쳤다"라는 기록이다. 탐라는 고구려, 백제, 신라와 같은 고대 왕국으로 성장하지는 못했으나, 독자적인 권력체계를 갖춘 소국이었던 것으로 보인다.

그렇다면 지금의 제주濟州는 또 무슨 뜻이고, 언제부터 쓰이게 되었을까? 한자 '제濟'에는 '건너다'라는 뜻이 있고, '주州'는 전주, 원주, 충주에서 보듯 '큰 고을'이라는 뜻이다. 따라서 제주는 건너편에 있는 큰 고을이다. 한반도 육지의 관점에서 보면 그렇다. 따라서 고려 고종 10년(1223) '탐라'에서 '제주'로의 지명 변화는 제주의 위상 변화를 보여준다. 한반도의 고대왕국들과 조공 관계를 유지하던 독자적인 '정치체政治體'가 고려의 일개 행정구역으로 편입된 것이다. 반대로 고려에 대한 제주의 종속관계를 인정하고 싶지 않은 원나라는 '탐라'라는 명칭을 고수했다. '탐라국군민도다루가치총관부'라 명명한 것이 그런 이유다.

## 제주濟州는 중국어로 어떻게 발음해야 하나?

일반적으로 한자어로 된 한국어의 고유명사를 중국어로 읽을 때는, 중국어사전에서 해당하는 글자를 찾아 발음기호대로 읽으면 된다. 문제는 '제濟'가 'ㅈ jǐ'와 'ㅈ jì' 두 가지로 발음된다는 점이다. 예를 들면, 우리나라와 가까운 중국 산동성의 행정중심지인 제남濟南은 '지난jǐnan'이다. 옛 이름 산동 지역의 옛 하천 濟水jǐshui를 따왔기 때문에 '지난'이라고 발음해야 한다.

반면 제주의 제濟가 '건너다'라는 뜻이라면, 'ㅈ jì'로 발음해야 한다. 외국어 표기법에 따르면 제남과 제주는 '지난' '지저우'가 되지만, 실제 제주濟州의 중국어 발음은 '찌'를 짧고 강하게 발음하는 '찌저우'에 가깝다. 참고로 제남濟南은 '지＼난／'이라는 발음에 가깝다.

## 2 _____원나라의 지배가 **제주에 남긴 것**

고려를 괴롭혔던 원나라는 명나라를 건국한 주원장에 의해 1368년 만리장성 바깥으로 쫓겨 갔다. 그러나 1273년 삼별초의 저항을 제압하기 위해 제주로 들어온 이후 약 100년간 제주에 살았던 몽골인은 당시의 제주 사회에 많은 영향을 끼쳤다. 물론 원나라가 정치적으로 제주도를 100년간 지배했다고 볼 수는 없다. 삼별초가 스러진 1273년부터는 원나라에서 파견된 다루가치가 제주도를 '직할' 통치했지만, 고려가 제주의 통치권을 원나라로부터 되찾은 1295년 이래 제주에 남은 몽골인은 군사용 말을 기르던 목호牧胡들이 대부분이었다. 고려는 원나라의 독촉으로 끊임없이 말을 길러 공납을 했으니 그 말들을 기르던 목호들의 목소리가 작지 않았을 것이나, 직접적으로 제주도의 행정에 간여하지는 않았다.

주로 남성이었을 목호들은 제주도 여인들과 가정을 이루고 약 100년간 당시 제주 사회를 구성하는 '제주도민'의 일부가 되었다. 그리고 제주, 아니 당시 탐라 사회에 적지 않은 변화를 가져왔을 것으로 짐작된다.

첫째, 몽골인이 남긴 가장 뚜렷한 흔적은 목마牧馬와 관련된 기술, 언어, 문화다. 물론 원나라의 제주 지배 이전부터 제주도는 말을 기르기에 적합한 환경을 가지고 있었으며, 실제로 말을 길러 고려 조정에 진상했다는 기록이 있다. 그러나 말을 타고 달리며 유라시아 대륙을 제패했던 몽골족은 선진 목마 기술을 가진 민족이었다. 원나라가 제주도를 직할지로 삼으면서, 제주도는 원나라의 14개 국영 목장 중의 하나가 되었다. 몽골인이 말을 대량 사육하면서 사육지는 중산간 지대와 그 위쪽까지 확대되었고, 전투마로 쓰일 대형 우량종자를 키우기 위한 거세술도 발달했다.

말의 공급이 늘어나자 말을 이용하는 계층도 확대되었다. 서인庶人 때로는 천민들도 말을 타고 다녔다 한다. 그들은 농사를 짓거나 장사에 성공해서 재부를 축적한 소수 부류였겠지만, 기본적으로 말의 공급이 늘지 않으면 불가능한 일이다. 말을 지칭하는 단어, 말과 관련된 여러 도구들을 가리키는 많은 단어가 몽골어에서 차용借用되었음이 연구를 통해 드러났다. 얼럭몰(얼룩말), 달구지, 노새 같은 우리 귀에 익숙한 단어들이 몽골어의 영향을 받았다.

둘째, 몽골어의 영향은 말馬과 관련된 단어에 그치지 않는다. 제주도의 지명, 옛 관직명, 군사 관련 용어, 음식 등에도 많은 유산을 남겼다. '한라산'의 '한라'가 '크고 위엄 있는'이라는 몽골어 'hara黑'에서 왔다는 주장도 제기되었다. 정말 그렇다면 필자가 자주 찾는 한라도서관도, 즐겨 마시는 한라산 소주도 모두 몽골어의 영향을 받은 고유명사인 것이다. 또한 한라산 등반 코

오름

스 중 하나인 어리목, 제주 시내의 오라동, 아라동, 사라오름 등의 많은 지명이 몽골어의 영향을 받은 것이라고 학계는 보고하고 있다. 삼별초의 항전 기지였던 '항파두리' 항몽 유적지도, 당시 삼별초를 제압한 몽골 장군 홍다구洪茶丘의 '홍'과 몽골어로 영웅이라는 뜻을 가진 '바가투르Bagatur'가 결합한 것이라는 주장도 있다.

사람이 섞여 살면 언어가 섞이기 마련이다. 몽골인이 제주도에 100년이나 살았다면 당연히 문화와 언어의 융합이 이루어졌을 것이다. 몽골어의 영향으로 제주의 언어, 나아가 우리말이 풍성해졌다고 보는 관점이 바람직하다.

셋째, 제주도와 중국의 두 번째 만남은 유물로도 남아 있다. 제주도에 들어온 삼별초의 흔적을 대표하는 항파두리 항몽 유적지(사적 제396호)와 관련 유적물들이 대표적이다. 신제주 쪽에서 자동차로 10분 남짓 달리면 애월읍 고성리의 항몽 유적지에 닿는다. 전시관의 유물 그리고 흙으로 쌓아 복원한 약 1킬로미터의 방어벽이 800년 전의 전쟁 흔적을 전하고 있다. 전시관 안에는 750년 전 삼별초군이 사용했던 유물의 일부와 삼별초의 항쟁 과정을 그려놓은 '민족기록화'를 볼 수 있다. 방문객이 적어 전시장 내외부가 썰렁하고 유물의 전시 상태도 썩 훌륭하지는 않지만, 고려−몽골 연합군과 최후까지 항전했던 삼별초를 기억해내기에 충분한 소재를 제공하고 있다.

항몽 유적지를 찾는 방문객은 많지 않아 보였다. 필자가 찾았던 2017년 가을, 날씨 좋은 주말 오후에도 항몽 유적지 내의 전시관을 찾는 사람은 손에 꼽을 정도였다. 유적지의 볼거리가 충분하지 않아서인지, 중국어 가이드의 역사 지식이 부족해서인지, 시내 상권과 떨어져 있어 일정 잡기가 어려워서인지, 중국인 관광객도 보이지 않았다. 연간 300만 명의 중국 관광객이 제주를 찾는데, 중국과 관련된 대표적인 유적지를 찾는 중국인이 없다는 점이 아이러니하다.

## 몽골의 영향을 받은 제주도민의 성씨

조선 전기에 간행된 인문지리서인 『신증동국여지승람新增東國與地勝覽』을 보면, 원나라의 영향을 받은 성씨는 모두 14개로 나타난다. 원나라에서 조趙, 이李, 석石, 초肖, 강姜, 정鄭, 장張, 송宋, 주周, 진秦 등 10개 성씨가 왔고 양梁, 안安, 강姜, 대對의 4개 성씨는 중국의 운남에서 왔다고 기록되어 있다.

물론 현재 제주에 살고 있는 모든 이씨가 원나라에서 왔다는 것은 아니다. 당시 한반도에도 이씨, 강씨 등이 있었지만 위의 14개의 성씨의 원나라인이 제주도로 건너왔다는 뜻이다. 그 줄기가 다르다.

## 제주와 중국의 우연한 만남1 – 최부의 『표해록漂海錄』

어떤 만남은 때로 우연이 만들어낸다. 조선 초기 우연한 계기를 통해 제주와 중국이 조우하게 된 작은 사건이 있었고, 그 사건이 글로 남겨져 오늘날 전해지는 책이 있다. 1488년(성종 19)에 조선의 관리 최부崔溥가 쓴 『표해록』이 그것이다. 표해록이란 '바다를 떠다닌 기록'이란 뜻으로, 제주에서 출발한 배가 표류하여 명나라에 닿은 뒤 다시 조선으로 돌아오기까지 약 6개월간의 견문을 엮은 책이다.

최부는 1487년 제주도의 행정을 감독하고 도망 다니는 노비를 찾아내는 추쇄경차관推刷敬差官으로, 제주도에 임시 파견되어 근무하던 중 부친의 부음을 듣는다. 한시바삐 부친의 장례에 참석해야 하는 상황. 당시 제주도와 육지는 험한 뱃길이었다. 날씨가 편안해야만 배를 띄울 수 있었다. 그러나 부친상을 당한 처지에 마냥 기다릴 수는 없었다. 사흘째 되는 날인 1488년 윤정월 3일, 최부는 튼튼한 배를 빌려 자신의 수하와 제주도의 관리 등 일행 42명을 태우고 고향 나주羅州를 향해 배를 띄웠다.

하늘의 일은 알 수 없는 법. 최부 일행이 탄 배는 추자도에도 닿지 못하고 풍랑에 밀려 서쪽으로 표류하게 된다. 바다에서 고래를 만나기도 하고, 먹을 물과 음식이 없어 죽을 고생을 한다. 바람과 파도에 밀려 표류한 지 13일 만에 중국 절강성 동쪽의 해안에 닿았다.

구사일생으로 중국 해안에 도착했으나, 강도를 만나 그나마 지니고 있던 물건들을 대부분 빼앗기기도 하고, 절강성의 지방 관리들로부터 왜구로 오인받기도 했다. 그러나 최부의 의연한 언행과 유학자의 풍모를 알아본 중국 관리들은 최부 일행을 예우하여 수도 연경燕京으로 안내하고, 명나라 황제를 만나게 했다.

제주에서부터 수백 킬로미터를 표류하고 절강성 대주臺州에 도착, 영파-항주-소주-양주-회안-덕주-천진을 거쳐 명나라의 수도 연경에 도착했고, 다시 북쪽으로 산해관-요동-의주를 통해 조선으로 돌아오는 장장 1500리의 여정이었다. 최부는 강과 산과 마을을 거치면서 문화와 풍습, 지형과 기후를 기록으로 남겨두었다.

그 기록이 『표해록』이다.

일반인에게는 많이 알려지지 않은 제주와 중국을 잇는 매우 소중한 기록유산이다.


## 제주와 중국의 우연한 만남2-완당의 제주 유배

완당阮堂 또는 추사秋史 김정희金正喜는 요즘말로 하면 '국민서예가'다. 자신의 호를 딴 서체를 가지고 있는 유일한 한국인이다. 미국 소설가 마크 트웨인Mark Twain은 "고전은 누구나 알고 있지만 아무도

2장 두 번째 만남

읽지 않는 책"이라 했다는데, 추사 김정희에 대한 한국인의 이해가 비슷한 수준이 아닌가 싶다. '김정희'라는 이름과 추사체를 알고 있거나, 좀더 '우리 자신'에 대해 관심 있는 이들이라면 「세한도歲寒圖」라는 명작 정도를 기억하고 있을 것이다.

부끄럽게도 필자 역시 제주에 내려온 지 한참이 지나서야 조선 후기 대학자이며 예술가인 추사 김정희가 55세인 1840년(헌종 6년)부터 8년 넘게 대정현(서귀포시 대정읍)에서 유배 생활을 지냈다는 사실을 알게 되었다. 조선 후기 금석학金石學과 고증학考證學의 최고 석학이자, 시와 문장의 대가이며, 그림과 글씨의 최고봉이었던 김정희도 사화士禍는 피하지 못했던 것이다.

유배지로서 제주도는 최악이었다. 한양에서 가장 먼 전라남도 완도까지 내려온 뒤 바다를 건너야 하는데, 운이 나쁘면 건너는 도중에 풍랑을 만나 물고기 밥 신세가 되기도 한다. 게다가 대정현은 한라산 건너편에 있는 마을로, 식재료도 넉넉지 않고 육지로부터 서책을 공수받기도 만만치 않다. 그러나 때로는 옥살이나 유배 생활이 학문과 예술에 깊이를 더해주는 모양이다. 추사체는 제주 유배 기간에 완성되었다는 것이 전문가들의 견해다.

유배 중에도 추사는 당시 청나라 학자들과의 교류를 멈추지 않았다. 추사는 젊은 시절부터 청나라의 대학자들과 학문적 교류를 이어왔지만, 특히 제주에서 완성한 「세한도」와 그 뒷이야기는 추사와 중국학자 간의 교류를 상징하는 대표적인 사례로 유명하다. 늘 최신 학문과 서적에 목말라했던 추사를 위해 수천 리 떨어진 청나라 수도 연경의 새로운 서책을 제주 대정으로 공수하는 노고를 아끼지 않았던 이는 역관譯官으로 청나라를 여러 차례 드나들던 제자 우선藕船 이상적李尚迪이었다. 그런 이상적에게 추사는 제주 유배 4년 만인 1844년에 「세한도」를 선사했다. 그림 발문跋文에 "날이 차가워진歲寒 뒤에야 소나무가 뒤늦게 시든다"는 공자의 말씀을 적어 넣음으로써 제자 이상적에게 고마움을 표시했다.

뜻하지 않은 추사의 선물에 감격한 이상적은 「세한도」를 품고 다시 연경으로 갔다. 1845년 정월, 「세한도」를 감상한 청나라 학자 16명은 크게 감탄하며 「세한도」에 대한 소감과 김정희에 대한 그리움, 정한情恨을 시와 문장으로 덧붙였다. 국경을 넘나든 양국 대학자들

2010년 서귀포시 대정읍 추사 유배지에 건립된 추사기념관. 「세한도」 속의 초막을 모티프로 해서 건축가 승효상이 설계했다.

간의 교류라 할 수 있다.

2010년 서귀포시 대정읍의 추사 유배지에 추사기념관이 새로 건립되었다. 「세한도」 속의 작은 집을 모티프로 건축가 승효상이 설계한, 기품 있고 단정한 외양이다. 당시 제주에서 보낸 8년 여 세월은 추사에게 큰 고통이었겠지만 그로 인해 오늘의 제주는 또 하나의 커다란 보물을 얻은 셈이다.

제2부

★

# 제주와 중국의 현재

-세 번째 만남

# 제주를 찾는 중국인

14세기 중엽, 제주에서 말을 기르던 마지막 목호들이 제주에서 쫓겨 간 후 700년 만에 제주는 다시 중국인을 만나게 된다. 2010년대 중반 제주도 주민들은 거리에서, 식당에서, 공항에서, 관광지에서 일상적으로 중국인과 마주친다. 곳곳에서 중국어 간판과 메뉴판을 볼 수 있고 중국말을 들을 수 있다. 최근 수년간 제주를 찾는 중국인이 크게 늘어났기 때문이다. 해외여행을 막 시작한 13억 중국인이 가장 먼저 찾는 곳 중의 하나가 한국이다. 그리고 연간 300만의 중국인이 서울을 거쳐 제주도를 방문하고 있다.

중국인 관광객뿐만 아니라 중국인 유학생도 적지 않다. 제주도의 5개 대학에 약 600여 명의 중국인 유학생이 재학 중인 것으로 파악된다. 제주도에 중국인 관광객과 중국 투자기업이 몰리고 있기 때문에 이들 중국인 유학생들은 제주도에서의 활동을 기대하고 있다. 서귀포의 영어교육도시에 있는 네 개의 국제학교에도 수백 명의 중국 학생이 재학하고 있다.

5억 원 이상을 투자하면 영주권을 얻을 수 있는 제도를 이용, 중국인을 타깃으로 한 호텔과 리조트도 속속 들어서고 있다. 제주도에 휴양형 빌라를 마련해 머무르는 중국인도 생겼다. 이래저래 제주도를 찾는 중국인은 앞으로도 꾸준히 증가할 것으로 보인다. 중국인과의 700년 만의 재회다.


1_____제주에 반한 **중국인들**


**제주 관광에 타격을 입힌 '사드'**

2017년 봄, 급증하던 중국인의 제주 방문에 브레이크가 걸렸다. 한국 정부의 사드 배치 결정으로 2016년 하반기부터 중국 내 한국 투자기업들에 대한 보복 조치가 시작되더니, 사드 배치 부지가 결정된 2017년 2월 이후부터는 중국 단체 관광객의 한국 방문이 사실상 중단되었다. 최근 수년간 중국인으로 붐비던 제주도 관광지가 갑자기 한산해졌다.

통계에 따르면 2017년 제주를 방문한 중국인은 2016년에 비해 4분의 1 수준으로 줄어들었다. 단체 관광객이 자취를 감춘 2017년 3월부터 계산해보면 전년 대비 10퍼센트 수준이다. 단체 관광객은 거의 사라졌고 일부 개별 관광객만이 제주도를 찾고 있는 형편이다. 성산일출봉 등 주요 관광지에선 중국인을 태운 관광버스를 보기 어렵고, 중국인이 많이 찾던 면세점과 도내 요식업체에서 아르바이트하던 중국인 유학생은 일자리를 잃고 있다.

다행히 최근 한중 양 정상이 사드 문제 '봉인'封印에 합의했다. 한중 관계도 천천히 회복되면서 2018년 5월 하순부터는 제주도에 중국인 단체관광객도 다시 들어오고 있다. 속도는 더디지만 중국인의 제주 방문이 꾸준히 증가하여 예전 수준을 회복할 수 있을 것으로 기대된다.

## 지난 10년간 급증한 요우커

최근 제주를 찾는 중국인이 크게 줄었다 해도 제주공항은 여전히 전 세계에서 가장 바쁜 공항중의 하나다. 평균 1분 40초마다 비행기 한 대가 뜨고 내린다고 한다. 시내버스도 아닌데 활주로에 비행기가 밀린다. 터미널은 아침 6시부터 밤 11시까지 들고나는 관광객들로 하루 종일 바쁘다. 지연출발과 지연도착도 예사롭게 받아들여야 한다. 대부분의 시간대에서 국내 여러 지역을 왕복하는 여객기는 대부분 만석이다. 2016년 제주 방문객이 1500만 명을 넘었으니 왕복으로 3000만 명인데, 제주공항의 연간 여객 수용능력이 2500만 명이라 하니, 글자 그대로 포화 상태가 되었다.

내외국인을 불문하고 지난 10년간 제주 방문객은 크게 늘었다. 2000~2005년까지 5년간 100만 명이 늘어났으나, 2005년부터는 2년마다 100만 명, 2010년부터는 매년 100만 명 이상 증가하고 있다. 한국과 중국의 관계 회복이 좀더 빨라진다면 2020년 제주도 방문객은 2000만 명을 가뿐히 넘어설 것으로 보인다. 성산읍 지역에 제주공항과 같은 규모의 신공항을 구상한 데는 향후 이와 같은 관광객 증가세가 지속되리라는 전망에 근거한 것이다. 물론 현재 입지타당성 재검증 조사가 진행 중이지만 말이다.

2000년대 중반 이후 제주를 찾는 내국인 수도 크게 증가했지만, 가장 드라마틱한 변화는 역시 '요우커遊客'의 증가라 할 수 있다. 필자가 10여 년 전 처음 제주도에 왔을 때도 중국인은 그리 눈에 띄지 않았다. 그러나 2006년 이후 10년간 전체 방문객 수가 3배로 증가하는 동안 요우커는 21배로 늘어났다. 외국인 방문객의 88퍼센트는 중국과 홍콩, 대만 등 중화권에서 들어오고 있는데, 그중에서도 중국인이 압도적으로 많다. 같은 기간 일본인 방문객이 15만 명에서 6만 명으로 감소한 것과는 대조적이다.

※제주도 방문 관광객 수(단위 : 만 명)

|  | 2000년 | 2005년 | 2010년 | 2012년 | 2014년 | 2016년 | 2017년 |
|---|---|---|---|---|---|---|---|
| 내국인 | 382 | 464 | 680 | 801 | 894 | 1,225 | 1,352 |
| 외국인 | 29 | 38 | 78 | 168 | 333 | 360 | 123 |
| 중화권<br>· 중국인<br>· 대만인<br>· 홍콩인 | 9 | 16 | 46<br>41<br>4<br>1 | 117<br>108<br>5<br>4 | 292<br>286<br>3<br>3 | 314<br>306<br>4<br>4 | 83<br>75<br>3<br>5 |
| 일본 | 15 | 15 | 19 | 18 | 10 | 5 | 6 |
| 기타 아시아 | 5 | 7 | 8 | 24 | 24 | 27 | 20 |
| 기타 외국 |  |  | 5 | 9 | 7 | 14 | 15 |
| 총계 | 411 | 502 | 758 | 969 | 1,227 | 1,585 | 1,475 |

주 : 중화권은 중국, 대만, 홍콩을 포함
자료 : 제주관광공사, 제주특별자치도관광협회

제주도를 찾는 중국 관광객이 이슈가 된 계기는 지난 2011년 중국의 바오젠保健 그룹의 연수단 방문이었다. 일종의 직원 단합대회를 제주도에서 개최한 것이다. 1400명씩 8번에 걸쳐 모두 1만1200명이 제주 시내를 비롯해 성산일출봉과 주상절리, 천지연폭포 등을 찾았다. 한 번에 1000여 명의 중국인이 지나다니니 언론의 이목을 끌 수밖에 없었다. 당시 우근민 제주도지사가 환영만찬에 참석했고, 이들이 휩쓸고 지나간 제주시 연동의 로데오 거리는 지금까지 바오젠 거리로 불리고 있다.

바오젠 거리 곳곳에는 중국어 간판, 안내판이 걸린 식당, 옷가게, 화장품점, 식품점 등이 즐비하고, 대부분의 점포에는 중국어가 가능한 종업원과 중국어 안내문 및 메뉴판이 준비되어 있다. 2018년 초, 중국의 특정 기업명을 언제까지 도로명으로 사용할 것이냐 하는 비판 속에서 관광시장 다변화를 위한 거리명 공모가 있었다. 결국 바오젠 거리는 '누웨모루'라는 이름으로 변경되었지만 많은 사람들은 여전히 바오젠 거리로 기억하고 있다.

2010년경부터 시작된 중국 관광객의 폭증은 제주도에서 하나의 현상이 되었고, 제주도민들에게는 일상의 화제가 되었다. 2015년 이른바 메르스 사태로 중국인의 제주 방문이 잠시 주춤했으나 2016년부터 다시 크게 증가해 처음으로 300만 명을 넘어섰다. 2017년 한중간의 정치적 문제로 다시 중국인 방문이 급감했지만, 관계가 개선되면서 제주를 찾는 요우커가 다시 늘어나고 있다. 정치적인 요소를 제거하면 중국인에게 어필할 수 있는 제주도의 매력은 여전하기 때문이다.

## 홍콩인과의 온도 차이

제주도가 한국의 특별자치도라면, 홍콩은 중국의 특별행정구다. 홍콩은 제주시 면적보다 조금 더 큰 정도인데, 2017년 기준 741만 명이 살고 있고 이 가운데 4.9만 명이 제주도를 다녀갔다. 비율로 따지면 0.7퍼센트이며 대략 151명 중 한 명은 제주도를 다녀간 셈으로, 작지 않은 수치다. 14억 중국인이 이 비율로 제주도를 찾는다면 800만 명이 넘는다.

그런데 한국을 찾는 홍콩인은 연간 58만 명이나 된다. 수치로 보면 한국에 오는 홍콩인 가운데 제주도를 방문하는 이는 10퍼센트도 안 된다는 얘기다. 한국을 방문하는 중국인의 40퍼센트가 제주도를 찾는 데 비하면 큰 차이가 있다.

몇 가지 요인을 추측할 수 있다. 우선 대륙의 중국인에 비해 홍콩인은 단체 관광보다 개별 관광이 더 많기 때문일 것이다. 혼자 또는 친구나 가족들과 개별적으로 여행을 오는 경우 서울을 더 선호하게 마련이다. 또한 홍콩에서 많은 인기를 얻고 있

는 한류 관련 관광지가 서울에 많고, 한국 상품을 쇼핑할 수 있
는 여건이나 공공교통 시스템도 서울이 월등한 조건이다.

그렇더라도 한국을 많이 찾는 홍콩인이 상대적으로 제주도
에 관심이 적다는 점은 아쉽다. 홍콩이 세계적인 관광지인 만큼
홍콩인들도 해외 관광에 관심도 많고 여행에 적극적인 편인데,
제주도의 매력이 그들에게 더욱 홍보되었으면 하는 바람이다.

## 중국인 관광객에 대한 제주도민의 복잡한 시선

급증하고 있는 중국인 관광객에 대한 제주도민의 감정은
복잡하다. 제주의 관광업에 중국인을 대상으로 한 새로운 시
장이 열리게 된 것은 분명하다. 관광지 인근의 식당과 숙박시
설은 중국 특수를 누렸고 중국인들로 인한 면세점 매출도 크게
늘었다. 중국인 관광객 증가로 인한 경기 부양 효과를 무시할
수 없다.

제주도 방문객의 수요 진작 효과는 외국인 방문객에게서 더
크게 나타난다. 내국인 방문객의 경우 제주도민의 이동이 포함
되는 만큼 관광 수치에 허수가 있는 반면, 중국인 입국자의 경
우 대부분 관광객이라고 보아도 무리가 없다. 2016년 제주관광
공사에서 조사한 바에 따르면, 내국인은 도내에서 1인당 평균

46만 3000원을 지출하는 데 비해 외국인 관광객은 827달러를 지출한 것으로 나타났다. 외국인 관광객의 씀씀이가 내국인의 두 배나 되는 셈이다.

한편 중국인 관광객의 증가로 도시는 소란스러워진 반면 제주도의 경제에는 큰 보탬이 되지 않는다는 비판도 있었다. 중국 자본의 여행사에서 모객을 하고 중국인이 운영하는 호텔, 식당, 기념품점을 거쳐 돌아가기 때문에 도민들의 주머니로 들어오는 돈은 많지 않다는 지적이다. 실제 도내 관광호텔의 일부가 중국 자본에 매각되기도 했고, 중국인 가이드가 포함된 저가 패키지 관광에서는 중국인이 운영하는 업소들로 상품을 구성하는 쪽이 편하기도 했을 터이다. 2016년부터 제주도 내에서 제주 관광의 질적 수준을 높여야 한다는 의견이 제기되어 정책 실행으로 연계된 배경에는 중국인 관광객의 '낙수 효과'가 적다는 점도 포함되었다.

## 2 _____요우커는 **왜 제주로 오나?**

### 해외여행을 낳은 중국인의 소득 증대

중국 관광객의 폭발적인 증가세는 제주도에 국한된 것은 아니다. 대략 2010년부터 중국인들이 유럽 명품 매장을 싹쓸이하고 있다느니, 해외 부동산 거품은 모두 중국인 때문이라느니, 인해전술人海戰術이라느니 하는 말들이 여러 언론매체를 통해 보도되기 시작했다.

중국인들 사이에 해외여행 붐이 일어난 가장 큰 계기는 역시 중국 경제의 성장과 중국인의 소득 증대라고 할 수 있다. 돈이 많아진 중국인들은 해외여행에 나서기 시작하면서 지리적으로 가까운 인근 국가들부터 찾았다. 중국인이 한국과 제주보다 먼저 찾았던 '해외' 관광지는 홍콩이다. 2003년부터 허용된 중국 본토인들의 홍콩 개별방문제도IVS가 중국 관광객을 홍콩으로 불러들인 것이다. 2001년 홍콩을 방문한 중국인은 445만 명이었는데, 2014년에는 4725만 명까지 늘어났다. 홍콩은 이국적인 문화와 풍광을 가지고 있으면서도 언어 장벽이 덜해 중국인들이 쉽게 찾을 수 있는 곳이었다. 홍콩과 붙어 있는 중국의 선전深圳에서는 전철을 이용하여 홍콩의 번화가인 침사추이尖沙嘴까지 갈 수도 있다.

홍콩 다음으로 중국인들이 찾기 시작한 곳이 제주도다. 홍콩과 대만은 이국적인 맛이 있다 해도 본토 중국인들에게는 여전히 '중국의 일부분'이다. 외국에 다녀온 느낌이 덜하다. 더욱이 푸젠성福建省 위쪽에 사는 중국인들에게는 제주도가 홍콩보다 가까운 거리. 비행기로 상하이에서 홍콩까지는 2시간 소요되는 반면 제주도는 1시간 반밖에 안 걸린다. 중국의 다양한 기업, 조직, 단체에서 패키지 관광으로 제주도를 선호하는 이유다. 제주도는 중국에서 접근하기 가장 쉬운 외국의 휴양지인 셈이다.

※한국/제주도 방문 중국인 관광객 수(단위 : 만 명)

| | | 2005년 | 2010년 | 2012년 | 2014년 | 2016년 | 2017년 |
|---|---|---|---|---|---|---|---|
| **한국 방문객** | 전체 | 602 | 880 | 1,114 | 1,420 | 1,724 | 1,334 |
| | 중화권 | 123 | 252 | 375 | 733 | 955 | 576 |
| | ·중국인A | 71 | 188 | 284 | 613 | 807 | 417 |
| | ·대만인 | 35 | 41 | 55 | 64 | 83 | 93 |
| | ·홍콩인 | 17 | 23 | 36 | 56 | 65 | 66 |
| **제주 방문객** | 중국인 B | n.a. | 41 | 108 | 286 | 306 | 75 |
| **비중 C = B/A** | | n.a. | 21.8 퍼센트 | 38.0 퍼센트 | 46.7 퍼센트 | 37.9 퍼센트 | 18.0 퍼센트 |

주 : 중화권은 중국, 대만, 홍콩을 포함
자료 : 한국문화관광연구원, 제주특별자치도관광협회

3장 제주를 찾는 중국인

## 무비자 제도와 단체관광 프로그램

2002년부터 시작된 제주도의 무비자 정책 또한 많은 중국인이 한국을 쉽게 선택하게 만든 촉매제였다. 중국인을 태운 크루즈선은 비자 부담 없이 제주를 기항지로 선택할 수 있었을 것이다. 2016년 기준 국제크루즈선을 타고 제주를 방문한 관광객이 100만 명을 넘었다니, 2010년에 6만 명 수준이었던 점을 감안하면 놀라운 성장세라 할 수 있다. 배에서 내려 서너 시간 머물다 가는 크루즈 관광은 도내 관광수입 증가에 미치는 효과가 미미하다는 비판이 있지만, 제주 관광을 양적인 측면에서 견인하는 효과가 있었던 것은 분명해 보인다.

한국 단체관광 프로그램을 진행하는 여행사들도 서울과 제주를 묶어 '서울+제주' 또는 '서울+제주+@'로 구성된 패키지 상품을 많이 판매한 것으로 보인다. 통계적으로 한국을 찾는 중국인 10명 가운데 4명은 제주를 찾았다. 예컨대 2016년에 한국을 방문한 중국인 관광객은 807만 명이었으며, 그중 제주 방문객이 300만 명을 넘었다. 서울은 대한민국의 수도이면서 주요 역사문화 관광지+쇼핑 관광지이니 빠뜨릴 수 없을 터이다. 그리고 제주로 날아와 특이하고 아름다운 자연환경을 체험하는 관광 프로그램을 중국인들도 선호하는 것은 분명하다.

## 한류의 현장을 찾아서

「대장금」을 비롯한 한국 드라마, 멋지고 잘생긴 연예인들, 세련된 춤과 노래를 자랑하는 아이돌 그룹이 만들어낸 '한류'도 중국인들을 한국과 제주도로 불러 모으는 계기가 되었다. 최근 10여 년 사이에 우리나라뿐만 아니라 중화권을 중심으로 아시아 전역에서 인기를 끌었던 많은 드라마와 영화 중 제주도를 배경으로 제작한 작품이 적지 않다.

드라마 「올인」이 촬영된 섭지코지, 「시크릿가든」이 촬영된

출처: VISIT JEJU

성산일출봉

3장 제주를 찾는 중국인

제주○○호텔, 영화 「건축학개론」의 남자 주인공 승민이 지은 집, 드라마 「아이리스」와 영화 「인어공주」가 촬영된 등대와 해변……. 촬영지를 보기 위해 일부러 제주도를 찾는 중국의 한류 '덕후'는 그리 많지 않겠지만, 대부분의 중국인 관광객은 자신이 즐긴 드라마나 영화 속의 멋진 장면을 배경으로 '인증샷'을 찍고 싶어한다.

## 정치 분쟁과 요우커의 밀접한 관계

중국인의 해외 관광은 정치적인 사안에 민감하다. 사드 문제로 한때 중국인의 제주 방문이 10분의 1로 줄어든 것을 보면 알 수 있다. 중국 정부가 여행사를 통제하면 수도꼭지 잠그듯 단체 관광이 중단될 수 있다는 사실이 드러났다.

마찬가지로 2010년 이후 중국인의 한국 방문 급증세는 동북아시아 국제 정세와도 관련되어 있다. 2010년부터 센카쿠 열도(중국 명식은 댜오위다오)를 둘러싸고 중국과 일본 간에는 어부·어선 억류, 어선 충돌, 일본의 국유화 조치, 중국의 일방적인 영해기선 설정 등 분쟁이 있었고, 중국은 희토류 수출 제한과 일본 관광 제한으로 대응했다. 이에 따라 대만, 홍콩, 한국을 방문하는 중국 관광객은 매년 10~40퍼센트 늘어나는 동안 일본을 찾은 관광객은 2011년 17.3퍼센트, 2013년 6.5퍼센트 감소했다.

2014년 봄, 대만에서는 입법원을 점령하는 대학생 시위(해바라기 운동)가 벌어졌다. 해바라기 운동은 중국과 대만 간 경제협력기본협정EFCA의 일환으로 체결한 서비스무역협정에 반대하는 움직임으로부터 출발했지만 근본적으로는 중국 경제에 종속되는 것을 우려하는 대만 젊은이들의 정서를 보여준 시위였다. 중국 정부가 유쾌했을 리 없다.

2014년 9월 말부터 12월까지 홍콩에서 격렬한 반중 시위가 이어졌다. 표면적인 이유는 2017년 행정장관 선출 제도에 반대하는 것이었지만, 역시 홍콩 서민층의 광범한 반중의식을 담고 있었다. 그 여파로 매년 홍콩을 방문하는 중국 내륙 관광객이 2015년에 3.0퍼센트, 2016년에 6.7퍼센트 감소했다. 이 무렵, 즉 영토 분쟁으로 중국과 일본이 대립하고, 대만과 홍콩에서 반중 시위가 벌어지던 시기에 중국인의 한국 방문은 크게 늘었다. 관광객 증가를 이익으로 계산한다면, 한국은 지난 5~6년간 중·일, 중·대만, 중·홍콩 관계 악화의 반사이익을 본 셈이다.

3장 제주를 찾는 중국인

## 서귀포 영어교육도시의 중국 유학생

2017년 11월 3일, 영어교육도시 내에 네 번째 국제학교가 문을 열었다. 세인트존스베리아카데미 제주SJA Jeju가 그것이다. 유치원부터 고등학교까지 전 과정이 운영되며, 전체 68학급에 1200여 명 규모로 설립되었다. 첫 해인 2017년에는 27학급 440여 명으로 개교했다.

SJA Jeju 외에도 영어교육도시에는 현재 3개의 국제학교가 더 있다. 노스런던컬리지에잇스쿨NLCS, 한국국제학교 제주캠퍼스KIS, 브랭섬홀아시아BHS. NLCS와 KIS는 2011년에, BHS는 2012년에 개교하여 2017년 말 현재 약 2000여 명의 학생이 공부하고 있다.

제주도의 영어교육도시에 설립된 국제학교는 기본적으로 국내 학생의 해외유학 수요를 흡수하기 위한 것으로, 전체 학생의 85퍼센트는 한국인이다. 그러나 나머지 외국인 유학생 가운데 중국인 학생이 가장 많아 전체 재학생의 10퍼센트 정도로 추산된다.

국제학교들의 연간 학비는 약 2000만 원 수준이며, 기숙사비도 약 2000만 원이다. 이런저런 비용까지 더하면 연간 약 5000만 원 이상이 소요된다. 국제학교에 유학을 보내는 중국인 가정은 중산층 이상이라고 보는 것이 타당하다. 결과적으로 초등학생부터 고등학생 자녀를 둔 중산층의 중국인 100여 세대는 자녀 교육상 제주도에 머물고 있는 셈이다.

서울을 포함한 국내 다른 지역과 마찬가지로 제주도에도 중국 유학생이 급증하고 있다. 현재 도내의 5개 대학에 재학 중인 중국 유학생은 제주대학교 200여 명, 제주한라대학교 300여 명, 제주관광대학교 100여 명, 제주국제대학교 약 50여 명 등 모두 600여 명으로 추산되고 있다.

도내 대학의 중국인 유학생은 제주도에서 한국어 어학연수 후 학부 과정에 진학하거나, 중국의 자매대학에서 파견 형식으로 유학하는 경우가 많다. 제주대학교 대학원에는 중국인 대학원생도 상당히 많은 것으로 알려졌다. 일부 학과의 경우, 중국인 유학생이 없으면 대학원 운영이 어렵다는 자조적인 소리가 들려오기도 한다.

국내 대학들이 외국인 유학생 유치에 적극 나서면서 전체적으로 중국인 유학생이 늘어나고 있지만, 중국인 유학생들이 제주도를 선호하는 데는 또 다른 요인이 있다. 제주도를 찾는 중국인 관광객이 크게 증가하면서 도내 면세점, 상점, 식당에서 중국인 손님을 응대해줄 종업원이 필요해졌기 때문이다. 이제 제주도의 식당, 술집, 화장품 가게, 기념품 판매점은 물론 심지어 당구장에서도 중국인 아르바이트 학생을 만날 수 있다.

## 외부 환경요인에 취약한 중국인의 제주 관광–메르스MERS

중국인 관광객 급증세가 주춤한 것은 2015년이었다. 낙타에서 옮겨왔다는 전염병 '메르스'가 주범이었다. 2009년 이후 매년 42.2퍼센트~90.1퍼센트의 증가세를 기록하던 중국인 제주 관광객 수가 2015년에는 21.7퍼센트 감소했다. 제주도에서는 단 한 명의 확진 환자도 발생하지 않았는데도 말이다.

2015년 7월 메르스 사태가 가라앉자 도내 관광업계는 중국 관광객 재유치에 많은 공을 기울였다. 중국 요우커의 경제 효과에 대해 의문을 제기하는 시각도 있지만 중국 관광객이 감소하자 도내 관광업계를 비롯한 요식업계와 숙박업계의 타격이 크다는 사실까지 부정할 수는 없었다. 메르스 공포가 진정되면서 2016년부터는 제주를 찾는 중국 관광객이 늘어나 전년 대비 36.8퍼센트 증가했다. 바오젠 거리는 다시 활기를 띠었다. 중국 관광객이 2012년에 100만, 2014년에 200만을 넘어서더니, 2015년의 메르스라는 대형 악재에도 불구하고 2년 만에 306만 명을 기록했다. 최근에는 사드 배치로 인한 갈등이 회복되고 있으니, 향후 3~4년 안에 제주를 찾는 중국인 관광객 500만의 시대가 열리지 않을까.

빠르게 변화하는 요우커의 제주 관광
– 한국관광공사 베이징사무소 전승훈 차장


2006년부터 2016년까지 10년간 한국을 방문한 중국 관광객은
연간 90만 명에서 800만 명으로 9배가량 증가했습니다. 앞으로
이러한 추세가 얼마나 이어질 것으로 예상하시는지요?
사실 지난 10년간 한국을 찾는 중국 관광객 수는 굉장히 빠른
속도로 증가했습니다. 중국 국민의 소득 증가, 한류, 환율 요인,
저가항공편LCC의 등장, 비자 발급 간소화와 제주도 무비자 정책
등 다양한 요인이 결합되어 나타난 현상이라고 봅니다.

　향후에도 당분간 중국 관광객은 꾸준히 증가할 것입니다. 다
만 앞으로도 매년 두 자릿수의 증가율을 기대하기는 어렵습니
다. 90만 명의 10퍼센트면 9만 명이지만, 800만 명의 10퍼센트
는 80만 명입니다. 과거와는 관광객의 규모가 달라졌습니다.


관광지로서 제주도의 가장 큰 장점은 맑은 공기, 한라산과 오
름, 푸르고 맑은 바다와 같은 자연환경입니다. 제주를 찾는 중
국인 관광객들도 이런 자연환경에 가장 큰 매력을 느끼는 것으

로 보입니다. 자연환경 외에 중국인 관광객을 지속적으로 유치
하려면 어떤 노력이 필요할까요?

우선 제주도의 다양한 볼거리와 즐길거리에 중국 관광객들이
좀더 쉽게 다가갈 수 있도록 해야 합니다. 제주도는 대중교통
인프라가 취약해 렌터카가 아니면 개별 여행이 쉽지 않은 상황
으로 알고 있습니다. 중국인들은 대부분 한국어가 불가능해서
제주도에서 렌터카를 빌려 타기가 쉽지 않습니다. 대형버스를
이용하는 단체 여행객이 많은 이유입니다. 제주도에서 셔틀 관
광버스를 비롯하여 여러 형태의 대안적인 대중교통 수단을 고
려 중인 것으로 알고 있습니다. 이 과정에서 중국어 안내표지
등 중국인들의 이용을 위한 서비스가 필요합니다.

둘째, 현재 중국은 모바일 결제가 급속도로 확산되고 있습니
다. 중국의 젊은 세대는 현금이나 신용카드보다 알리페이, 위챗
페이 등 모바일 결제를 더 많이 사용하고 있습니다. '80後(바링허
우)' '90後(지우링허우)'로 대표되는 중국의 젊은이들은 모바일 결
제가 편리하고 안전하고 혜택도 많다고 생각합니다. 제주도에
서 중국인들의 소비를 쉽게 이끌어내기 위해서는 시내 상점들
에서 알리페이나 위챗페이로 쉽게 결제할 수 있는 시스템을 갖
추어야 합니다. 도내 면세점에서는 가능하겠지만 시내 일반 상

점, 요식업체 등에는 얼마나 준비되어 있는지 의문입니다.

셋째, 제주도는 2016년부터 관광산업의 '질적質的 성장'을 위해 노력 중이라고 들었습니다. 제주도뿐만 아니라 우리나라 전체에 해당하는 오래된 숙제입니다. 반대로 어느 나라나 '저가관광'의 문제를 가지고 있습니다. 베이징에 오면 더욱 확연히 느끼시겠지만, 중국은 공기가 좋지 않아서 공기가 맑은 지역으로 여행을 가는 이른바 '시페이요우洗肺遊'라는 여행 패턴이 등장했습니다. 중국 국내의 공기가 맑은 관광지를 비롯해서 한국, 제주도, 일본, 동남아 등을 목적지로 하는 상품이 그것입니다. 제주도의 가장 큰 강점이 자연환경인데, 그것을 어떻게 관광 상품화하는가가 관건이겠죠.

한 가지 방법은 도내 여행사들, 일명 랜드사들이 다양한 관광 상품을 개발하도록 격려하는 것입니다. 여행사들을 대상으로 한 공모전으로 다양한 체험 상품이나 트레킹 상품을 개발해도 좋을 것 같습니다. 여러 아이디어가 나올 수 있을 겁니다. 또 특색 있는 관광 상품에 대해서는 일종의 인증제를 도입하는 방법도 있습니다. 도내 관광 관련 기관이 특색 있고 재미있는 관광 상품을 인증한 뒤 중국에 홍보하는 겁니다. 중국인들의 신뢰를 얻을 수 있는 방법이 될 수 있습니다.

중국인의 소득 수준이 빠르게 증가하면서 중국인의 해외 관광도 크게 증가하고 있습니다. 최근 중국인 사이에 유행하는 해외 관광 포인트 또는 트렌드는 무엇인가요?

지역적으로 보면, 중국인들도 이제 점차 미주와 유럽 지역을 선호하고 있습니다. 이는 소득 수준의 향상과 관계가 있는 것 같습니다. 날씨가 추운 겨울철에는 인도양과 태평양 섬 지역 관광이 늘고 있습니다. 단거리 아시아 지역을 단체 관광하던 트렌드에서 점차 원거리 시장, 개별 여행FIT 및 맞춤형 관광 상품으로 다양화되고 있습니다. 비용, 관광지, 관광 형태 등 관광에 대한 중국인들의 수요가 다양해졌기 때문입니다.

관광상품 구매 측면에서도 큰 변화가 일어나고 있습니다. 최근 중국의 젊은층을 중심으로 온라인 · 모바일 기반의 예약 시스템이 크게 확산되고 있습니다. 1999년에 창립한 중국의 온라인 여행사 씨트립Ctrip은 아시아 최대의 여행사가 되었습니다. 이제 씨트립을 모르는 중국인은 없습니다. 엄청난 브랜드 파워를 보유하고 있고 그만큼 많은 중국인이 씨트립을 통해 관광상품을 구매하고 있습니다. 앞서 말씀드린 알리페이, 위챗페이 등 온라인 결제 시스템과 함께 씨트립 등으로 대표되는 중국 온라인 여행사의 성장은 중국의 관광산업 트렌드가 크게 변하고 있음을 보여줍니다.

제주도 여행을 고민 중인 중국인 친구에게 반드시 경험해보라
조언해주고 싶은 세 가지를 꼽아본다면?
첫째는 제주도 유채꽃밭. 언제 갔는지는 기억이 가물가물한데
노란 유채꽃 벌판의 기억만큼은 강렬하게 남아 있습니다. 봄에
제주도 가는 친구라면 유채꽃이 펼쳐진 들판에서 사진 많이 찍
어오라 말해주고 싶습니다.

　둘째는 오름을 끼고 있는 올레길을 걸어보라 권하고 싶습니
다. 중국인들은 주요 관광지 위주로 다니는 경향이 있습니다.
단체 여행이 많기 때문에 그럴 겁니다. 하지만, 제주의 속살인
오름에 올라보지 않으면 제주를 제대로 맛보지 못하는 것이라
고 생각합니다. 올레길 코스는 다양하고, 어떤 오름이든 조금만
올라가면 멀리 바다를 조망할 수도 있습니다.

　셋째는 자전거를 타고 제주 해안도로를 일주해보는 것도 좋
겠습니다. 이건 저도 아직 해보지 못했습니다. 맘에 맞는 친구
와 함께 제주 자전거 일주를 해보고 싶습니다.

# 중국 유학생의 제주 생활 인상

첸펑, 류치팡(제주한라대학교 중국경제무역학과 2학년)

vs 천단양, 마윈(제주대학교 관광경영과 석사생)

반갑습니다. 제주도에 와서 가장 좋은 것 한 가지씩 말씀해주세요.

**첸펑**　저는 제주도 공기가 참 좋습니다. 중국에 있을 때는 비염과 인후염이 심했는데 잘 고쳐지지가 않았거든요. 제주도에 와서는 공기가 좋아서 그런지 인후염이 많이 좋아진 것 같습니다.

**류치팡**　제주도가 공기도 좋지만, 저는 제주도에서는 편안함을 느낍니다. 서울은 한 번밖에 못 가봤지만 제주도는 서울이나 중국의 대도시보다는 생활에 여유를 가질 수 있다는 점을 느낍니다. 스트레스가 적습니다. 환경이 쾌적하고요.

**천단양**　자연환경이 좋습니다. 섬이니까, 쾌적하고 편안하게 느껴집니다.

**마윈**　제주도는 고기가 맛있습니다. 특히 저는 쇠고기를 좋아하는데, 쇠고기가 중국보다 맛있어요. 중국 쇠고기는 질겨요. 기본적으로 중국은 농사일에 쓰이는 소를 잡아 고기로 쓰는 반면 한국은 고기를 얻기 위해 소를 기르기 때문에 그렇습니다. 또 중국은 쇠고기 수입 제한이 있어서 선택의 폭도 넓지 않고요. 돼지고기도 느낌이 좀 다른 것 같습니다.

중국인으로 제주도에 살면서 가장 불편한 점이 있다면 한 가지씩만 말씀해주세요.

**천단양** 쓰레기 분리수거가 제일 불편합니다.(웃음) 너무 귀찮아요. 중국에서는 그렇게 안 하니까요.

**첸펑** 대중교통이 불편해요. 시내버스도 적고, 지하철이 없으니까요.

**류치팡** 음식이 약간 불편합니다. 중국 식당이 있기는 한데 그다지 맛있지 않아요. 특히 아침식사가 불편해요. 중국에서 아침에 먹는 콩국豆漿이나 요우탸오油條가 없어서 보통은 아침에 찬우유를 마시는데……. 속이 편하지는 않습니다. 매번 중국 다녀올 때마다 콩국을 만들 수 있는 가루 같은 것들을 잔뜩 들고 옵니다.

**마윈** 큰 백화점이 없어서 불편합니다. 면세점이 있기는 하지만, 비행기표가 있어야 하니까 귀국할 때나 이용할 수 있습니다. 테마파크도 없고요. 아마 곧 생기겠죠. 서귀포에 지금 제주신화월드를 만들고 있다고 하니까요.

차귀도

서복이 진시황의 명을 받아 불로초를 구하기 위해 제주도를 찾은 때부터 계산한다면, 제주도와 중국의 교류는 2000년이 됩니다. 최근에는 수많은 중국인이 제주를 방문하고 있지만, 중국인은 여전히 제주도를 잘 모르고 겉모습만 보고 갑니다. 만약 중국에 있는 친구가 제주도를 방문한다면 어떤 말을 해주고 싶나요? 또는 어떤 경험을 해보라고 권유하고 싶나요?

**쳰펑** 성산일출봉과 중문해수욕장을 가보라고 얘기해주고 싶습니다. 제주도의 해변이 모두 아름답지만, 중문해수욕장이 최고라고 생각합니다.

**류치팡** 제주도에 처음 온다면 유명한 곳도 한 번은 가봐야겠지만, 서귀포 쪽의 시골 마을에 꼭 한번 가보라고 하겠습니다. 유명한 곳은 아니겠지만 공기도 좋고 마을 분위기도 참 좋아요. 유채꽃이 많이 피어 있는 농촌 마을 같은 곳 말입니다. 시간 내서 최소 2주일이나 한 달 정도 머물다 가면 좋을 것 같습니다. 제주도를 보려면 확실하게 봐야 하잖아요.

**마윈** 만장굴이 좋았습니다. 협재해수욕장과 함덕해수욕장이 좋구요. 용두암 근처에 가면 해녀들이 직접 잡은 성게알이나 전복 같은 해산물들을 꼭 맛보라고 권해주고 싶습니다. 중국의 해산물들은 전부 양식이라 직접 잡은 해산물을 먹을 기회가 거의 없거든요.

**천단양**  우도도 좋아요. 한림수목원은 비교적 나이 드신 분들이 좋아하는 것 같아요. 중국에서 온 손님들 여러 번 모시고 갔습니다.

제주도에 사는 제주인도 중국에 대해 여전히 잘 모르는 경우가 많습니다. 제주도의 한국인 친구가 중국을 방문한다면 어떤 말을 해주고 싶나요? 또는 어떤 경험을 해보라고 권유하고 싶나요?

**천단양**  중국의 아름다운 곳, 멋진 곳을 찾는다면 셀 수 없이 많지요. 그런데 중국을 제대로 이해하는 게 목적이라면, 중국을 가기 전에 우선 중국에 대한 편견을 버리는 것이 중요하다고 생각합니다. 몇 년 전 서울에서 만난 한국인 가이드가 중국에도 지하철이 있냐고 묻더라고요. 중국에 대한 인식이 20년 전에 머물러 있는 것 같았어요. 특히 연세 많은 분들 중에는 중국이 여전히 낙후되어 있다고 생각하는 분이 많은 것 같아요.

**류치팡**  중국인은 돈은 많은데 문화 수준은 떨어진다는 편견이 한국인들에게 있는 것 같습니다. 졸부라고 생각하는 겁니다. 실제로 중국의 경제발전 속도가 매우 빨랐기 때문에 그런 면이 있습니다. 또 급속한 경제성장을 이룬 대부분의 나라에서 일어나는 현상이기도 하구요. 하지만 모든 중국 사람이 그렇지는 않습니다.

**첸펑**  상하이를 가보라고 하고 싶습니다. 루자주이나 와이탄, 텐즈팡 같은 곳에 가면 가장 현대적인 중국의 모습을 볼 수 있습니다. 베이징은 또 다른 느낌입니다. 상하이가 경제의 도시라면, 베이징은 정치와 문화의 도시입니다.

**류치팡**  시간과 여건이 된다면 대도시 말고 중국의 소수민족이 사는 곳에도 가보면 좋습니다. 중국에는 다양한 소수민족이 살고 있고, 서로 다른 문화와 풍습을 가지고 있습니다.

**마윈**  저는 중국에서 여행을 다닐 때면 현지인이 찾는 식당에서 아침식사를 합니다. 그렇게 해야 현지 문화에 젖어들 수 있어요. 한국인들도 중국에서 그렇게 해볼 수 있으면 좋겠습니다. 저녁에는 그 도시의 공원이나 광장에 가보기를 바랍니다. 연세 지긋한 분들이 즐겁게 춤추면서 여가시간 보내는 것을 볼 수 있습니다. 중국만의 독특한 문화입니다.

지금 각각 학사와 석사 과정 중인 것으로 알고 있습니다. 앞으로 한국에서 또는 제주도에서 어떤 활동을 할 계획입니까?

제주한라대학교와 제주대학교에 다니고 있는 중국인 유학생들

**첸펑** 저는 가능하다면 제주에서 직장도 잡고 계속 살고 싶습니다. 상하이나 시안에서 살아보았는데, 복잡하고 사람이 많은 대도시는 저에게 맞지 않는 것 같습니다. 한국에서도 서울보다는 제주도가 좋습니다. 기회가 된다면 한국에서 계속 살아도 좋습니다. 제주도가 관광산업이 발전한 곳이니, 관광업에 종사하게 되지 않을까 합니다.

**마윈** 저는 졸업하면 일단 중국의 고향으로 돌아갈 계획입니다. 결혼하고 온 상태라 가족이 기다리고 있습니다. 사실 중국에서는 관광 분야 인재에 대한 기대 수준이 높지 않습니다. 기술학교, 2년제 학교 졸업생을 요구하는 상황이라, 우선 졸업을 하고 다양한 진로를 모색해봐야 할 것 같습니다.

**천단양**  저는 제주도에서 일정 기간 일하고 난 뒤 귀국할 계획입니다. 한중간 무역이나 투자 등 한국과 중국 간의 교류를 위해 일하고 싶습니다.

**류치팡**  저는 제주도 생활에 만족합니다. 제주도에서 취직하고 자리를 잡고 싶습니다. 물론 부모님은 졸업하고 중국으로 돌아오기를 바라시지만, 저는 제주도에 유학을 온 만큼 여기가 나의 집이다 생각하며 지내고 있습니다. 또 그렇게 생각하고 생활해야 충실하게 시간을 보낼 수 있습니다.

# 3 _____ 지속가능한 관광산업으로 **거듭나는 제주**

한국문화관광연구원이 최근 발표한 '중국 관광환경 및 시장분석'에 따르면, 방한 중국인 관광객 중 제주를 찾는 중국인 관광객 비율은 2011년 23.6퍼센트에서 2015년 34.4퍼센트로 높아졌지만, 재방문율은 낮아지고 있다. 처음 한국에 올 때는 제주를 찾지만 두 번 찾지는 않는다는 뜻이다. 단체 관광객들은 패키지 상품에 제주가 포함되면 오고, 없으면 오지 않는다고 보면 된다. '세계는 넓고 가볼 곳은 많은데' 패키지 관광으로 동일한 곳을 두 번 가는 일은 별로 없다.

하루 이틀 찍고 가는 단체관광, 몇 시간 들렀다 가는 크루즈 관광으로는 이른바 낙수효과가 없다는 분석 아래, 제주도에서는 2016년부터 '제주관광의 질적 성장'을 추구하고 있다. 최근 10년 사이 제주를 방문한 관광객은 폭발적으로 증가했지만 체류 기간이나 1인당 지출은 낮은 데 비해, 늘어난 관광객을 수용하기 위한 개발 가속화에 따라 환경 파괴, 난개발, 교통 혼잡, 과당 경쟁이 심각해졌기 때문이다. 물론 개별 여행이나 목적 관광 등 관광의 형태와 종류가 이전보다는 다양해졌지만 관광 서비스 측면에서 아직 제주도민이 적극적으로 대응할 수 있는 준비도 미흡하다. 또 2015년 메르스 사태나 최근의 사드 사태로 인한 관광객 급감에서 알 수 있듯, 외부 요인에 취약한 제주 관광의 경쟁력을 제고해야 한다는 요구가 제기되었다.

2016년 제주도에서 발표한 '제주관광 질적 성장 기본계획'에 따르면, 관광객은 수준 높은 관광 서비스를 향유할 것, 제주도민이 참여하는 관광산업을 통해 고용 확대와 소득 증대로 이어질 수 있도록 할 것, 제주의 자연 유산과 인문 유산을 오랫동안 누리고 보전할 수 있는 '지속가능한 관광산업'으로의 방향 전환을 바로 '질적 성장'으로 규정했다.

중국인이 외국인 관광객의 90퍼센트를 차지하고 있는 제주 관광을 질적으로 성장시킬 수 있는 방법은 무엇일까? 한국인이든 중국인이든 일본인이든 제주도에서 휴가를 보내기로 마음먹을 때 기대하는 바는 대동소이하다. 그러니 중국인 또는 중국 관광객이라 특정하기보다는 근본적인 여행의 질을 올리는 문제에 대해 고민하는 것이 중요하다. 물론 제주 관광객의 가장 큰 비중을 차지하는 요우커에 대한 개선점도 고민의 일부가 되어야겠다.

## 스마트한 중국의 젊은 여행자들

1980년 이후에 태어난 중국 젊은이들, 이른바 바링허우(80後) 세대 그리고 1990년 이후에 태어난 지우링허우(90後) 세대는 온라인, 모바일 서비스에 매우 익숙하다. 요즘 도시에 거주하는 중국 젊은이들의 지갑에는 현금은 물론 카드도 없다. 알리페이 등을 이용한 모바일 결제가 우리보다 훨씬 보편화되어 있기 때문이다. 편의점에서든 레스토랑에서든 스마트폰으로 결제

하는 문화가 빠르게 확산되어 지금은 동네 시장이나 길거리 노점에서도 모바일 결제를 이용한다. 그러니 중국의 젊은 개별 관광객들이 많이 찾는 외식업체, 소매업체에서는 알리페이, 위챗페이 등 주요 모바일 결제 시스템을 갖추어놓을 필요가 있다. 이는 한국관광공사 베이징 사무소 전승훈 차장의 조언이기도 하다. 지금은 중국인 손님이 별로 없지만, 중국인 손님을 타깃으로 하는 업체들도 중국계 모바일 결제 시스템을 갖추어놓으면 중국 젊은이들이 훨씬 편하게 들어올 수 있다. 물론 "맛있게 드셨나요?" "3만 원입니다" "안녕히 가셔요!" 등 간단한 중국어로 응대할 수 있다면 더욱 효과가 좋을 테고…….

### AR과 결합한 관광 콘텐츠 개발

제주 관광의 질을 높이기 위해서는 어떤 노력이 필요할까? 중국의 젊은 여행자들을 타깃으로 한다면 중국 관련 콘텐츠를 증강현실AR 기술로 서비스하는 방안을 모색해보자. 예를 들어 애월읍 고성리의 항몽 유적지 곳곳에 증강현실 콘텐츠를 설치하여 중국 관광객들이 휴대폰이나 태블릿 등으로 증강현실 세계를 경험해보도록 하는 프로그램은 어떤가? 삼별초의 스토리를 새로 구성해볼 수도 있고, 게임을 만들어볼 수도 있지 않을

까? 필요하면 AR 활용 스토리텔링, AR 게임 제작 아이디어를
공모해볼 수도 있다.

중국인 관광객만을 대상으로 이런 사업을 전개하기에 현실
적으로 부담스럽다면 한라산, 성산일출봉 등 대표적인 도내 관
광지부터 AR 기술을 이용한 서비스를 시범적으로 구현해보자!
예컨대 한라산 영실코스를 오르다가 스마트폰을 이용해 영실기
암 오백장군 바위를 바라보면, 설문대할망이 나타나 오백장군
바위에 관한 전설을 들려주고 "힘내! 이제 30분만 더 올라가면
돼!"라고 응원하며 사라지는 콘텐츠도 신선하지 않을까?

이러한 AR 서비스는 현재 기술로도 충분히 구현 가능하다.
문제는 비용과 콘텐츠 제작이다. 서비스 이용자를 특정할 수 없
어 민간의 투자를 기대하기도 어렵다. IT 기술을 이용하여 기존
관광자원의 가치를 높이고 관광의 즐거움을 배가시킬 수 있는
프로그램에 공적 자원의 투입이 필요하다.

## 증강현실AR과 가상현실VR의 응용

• **증강현실**Augmented Reality, **AR** : IT 기술을 이용하여 현실세계에
  가상의 이미지를 겹쳐서 보여주는 현실+가상의 세계. 2016년 증

강현실에 존재하는 몬스터를 잡는 포켓몬GO 게임을 통해 국내에 널리 알려졌다.

- **가상현실**Virtual Reality, **VR** : 특정 멀티미디어 도구를 이용하여 실재하지 않는 환경이나 상황이 실재하는 것처럼 지각되도록 구성한 세계. 종종 헤드셋을 쓰고 VR 게임을 즐기거나 교육을 받는 모습으로 언론에 소개된다.

## 값이 한 푼이면 물건도 한 푼, 입장료를 올리자

한라산을 오를 수 있는 탐방로는 5개다. 북쪽부터 시계방향으로 관음사탐방로, 성판악탐방로, 돈내코탐방로, 영실탐방로, 어리목탐방로가 있다. 대개는 탐방로 기점이 가장 높은 곳(1280미터)에 위치한 영실탐방로를 가장 많이 찾는다. 백록담까지 오를 수는 없지만, 왕복 네 시간이면 윗새오름 휴게소까지 다녀올수 있어 다소 수월하기 때문이다.

오르기 수월하다고 하여 아름다움이 덜한 것은 아니다. 영실탐방로를 오르면서 오백장군 바위를 마주하며 쉬엄쉬엄 내려다보는 경치도 일품이지만, 마침내 구상나무숲을 헤치고 나와 사방이 훤하게 열린 선작지왓에서 백록담을 바라보며 노루샘과 윗새오름 휴게소를 향하는 길은 백만 불짜리 상쾌함을 안겨준다.

그런데 우리는 얼마를 입장료로 내고 한라산을 오르나? 입장료는 없다. 영실주차장 주차료 1800원(승용차)만 내면 된다. 백만 불짜리 아름다움, 천만 불짜리 경치가 공짜다. 한라산은 국립공원이고, 우리 정부가 2007년부터 국립공원 무료화 정책을 시행한 덕분이다. 성산일출봉은 2000원(청소년 1000원)을 받고 있다. 차라리 받지를 말지. 성산일출봉 입장료가 라면 한 그릇 값도 안 되니 저가 단체 관광객들에게는 잠깐 사진 찍고 가는 '저렴한 관광지'가 되어버렸다. 물론 한라산이 우리에게 제공하는 가치를 돈으로 환산할 수는 없지만, 그것이 무료로 개방해야 하는 이유가 될 수는 없다. 오히려 그 반대다.

제주도는 '유네스코 3관왕'이다. 제주도 전체가 유네스코 세계지질공원이고, 한라산과 주위의 화산동굴, 하천, 지형, 섬이 세계자연유산이자 생물권 보전지역으로 지정되었다. 제주도민이 인류를 대신하여 제주도 땅 자체는 물론 그 안에 서식하는 헤아릴 수 없이 많은 동식물을 보존해서 후세에 넘겨주어야 하는 권한과 책임을 부여받았다.

2017년 7월 기준, 유네스코 세계자연유산은 전 세계에 206점이 등재되어 있다. 나라마다 세계자연유산 관람객을 대하는 정책이 다르고 입장료가 다르다. 대체적으로 관광객의 접근성이

형제섬

좋아 방문객 수가 많은 곳의 입장료가 높고, 아름다워도 접근하기 힘들거나 비용이 많이 필요한 곳은 입장료가 낮을 것으로 예상된다.

미국의 그랜드캐년도 개인 차량을 이용한다면 1인당 8달러, 한국 돈으로 9000원 정도의 입장료를 내야 한다. 세계자연유산을 많이 보유한 중국의 경우에도 각각 차이는 있지만 대체적으로 입장료가 매우 비싸다. 예를 들면 황산은 입장료만 4만 원에 육박하고 관광객 대부분이 이용하는 케이블카 탑승료는 왕복 3만 원 전후다.(네 개 노선의 케이블카 비용이 2만8000~3만5000원선

※해외 주요 세계자연유산 공원 입장료

| | 입장료 | 참고사항 |
|---|---|---|
| 중국 황산 | 23US$/인 (겨울)<br>35US$/인 (기타 계절) | 케이블카 별도 |
| 미국<br>그랜드캐년 | 6US$/인 (공공교통)<br>8US$/인 (25인승 이하)<br>300US$/대 (26인승 이상) | 15세 이하는 무료 |
| 호주 블루마운틴<br>산악지대 | 6US$/대 | – |
| 남아공<br>테이블마운틴 | 없음. 케이블카 별도<br>희망봉은 10US$ | 세계자연유산은 아니나,<br>세계 7대 자연경관 중의 하나 |

주 : 성인 기준
자료 : 황산www.chinahuangshan.gov.cn, 그랜드캐년www.nps.gov/grca,
블루마운틴 산악지대www.nationalparks.nsw.gov.au, 테이블 마운틴www.sanparks.org

이다) 즉 황산을 관광하려면 케이블카를 포함한 입장료로 7만 원을 내야 한다. 그래도 연간 330만 명이 황산을 찾는다.

제주도의 한라산에도 연간 130만 명, 성산일출봉에는 300만 명이 찾는다. 적지 않은 수치다. 가지도 내어주고, 과실도 내어주고, 결국에는 나무 밑동까지 '아낌없이 주는' 나무처럼 제주의 모든 것을 대가없이 누구에게나 제공하면 좋겠지만, 그렇게 할 수는 없는 노릇이다. 다시 강조하지만, 제주도는 잘 보존하여 후세에 물려주어야 하는 세계인의 유산이기 때문이다.

다행히 2016년부터 제주 세계자연유산의 입장료 징수에 관한 논의가 시작되었다. 외부 연구기관의 용역 연구를 거쳐, 2016년 12월 '제주 자연가치보전과 관광문화품격 향상을 위한 워킹그룹'은 한라산국립공원은 '2만원±', 성산일출봉은 '1만원±'를 제시했다.

제주도는 결국 현재 2000원인 성산일출봉과 만장굴의 입장료를 각각 5000원과 4000원 수준으로 인상하고, 한라산은 전국 국립공원과의 형평성을 고려해 우선 입장료 징수에서 제외하는 안을 검토 중이라 한다.

중국어에 "일분전 일분화一分錢 一分貨"라는 말이 있다. 값이 한 푼이면 물건도 한 푼 수준이라는 것. 우리 표현으로 옮기자면 "싼 게 비지떡"이라는 뜻이다. 매년 300만 명이나 찾아왔던 중국인들이 한라산과 성산일출봉을 한 푼짜리 싸구려 관광지로 받아들이지는 않았는지 모르겠다.

학생이나 장애인, 노인 등의 관광 약자에게는 입장료를 무료로 하거나, 일상적인 산책지로 이용하는 도민에게는 연간이용권을 판매하는 등 다양한 가격정책을 사용할 수 있다. 그러나 관광지로서, 여행지로서 제주가 보유한 세계유산을 즐기고자 하는 이들에게는 그에 걸맞은 가격을 책정해야 한다. 그리고 그 돈으로 한라산을 비롯한 제주도의 세계유산과 아름다운 자연환경을 지키고 가치를 높이는 데 사용해야 한다. 그것이 제주도민을 위하는 길이며 제주도를 찾는 이들에게도 혜택이 되는 길이라 확신한다.

## 멋진 교통수단도 관광 아이템이다

필자가 홍콩에서 근무할 때 한국에서 손님이 찾아오면 저녁 식사 후에 시내 관광을 하곤 했다. 번화한 홍콩 시내 중심부를 구경하면서 손님들이 여기저기 사진을 찍을 때 필자는 배경이 아름다운 이른바 '포인트'를 알려주곤 했다. 예를 들어 완차이灣仔 시내의 옛 건물을 배경으로 천천히 미끄러지듯 다가오는 트램<sup>tram</sup>까지 카메라에 담을 수 있는 장소가 있다. 100년이 넘도록 여전히 홍콩 섬 북쪽 시내를 가로지르는 복층 트램은 매우 느린 데다 덜컹거리긴 하지만 그 자체로 홍콩의 명물이 되어 홍콩 시민과 관광객에게 사랑받고 있다.

또한 뉴욕을 방문하는 사람이라면 뉴욕의 지하철을 타보고 싶을 것이다. 어떤 역사에서 어떤 아티스트의 버스킹을 만나게 될지, 어떤 느낌의 전동차를 타고 어떤 분위기의 플랫폼에서 내리게 될지 등이 모두 추억의 일부가 된다. 런던에 가면 빨간색 이층버스를 타게 된다. 2층 창가에 앉아 창문 밖으로 펼쳐지는 런던 시내를 구경하는 기회를 놓치지 않을 것이다. 유럽의 지붕이라는 스위스의 융프라우는 어떤가. 톱니바퀴 열차를 타고 흰 눈이 덮인 알프스 산맥을 오르고 싶을 것이다.

교통수단은 승객을 목적지까지 안전하고 빠르게 이동시키는 것이 주요 기능이지만 때때로, 특히 관광지에서는 교통수단 자체가 중요한 관광자원이 된다. 아쉽게도 제주도에는 아직 자랑스럽게 내놓을 만한 교통수단이 없다. 제주도민은 자가용 승용차를 타고 다니고, 버스는 학생과 노인들이 주로 이용한다. 단체 관광객들은 관광버스, 개인 여행객들은 렌터카로 관광지를 옮겨 다닌다. 그리고 택시가 있다. 그뿐이다. 특히 렌터카 이용이 쉽지 않은 중국인 관광객들은 관광버스를 이용한 단체 이동에 의존할 수밖에 없다.

제주도는 최근 인구 증가와 함께 자동차도 폭발적으로 증가하여 교통 문제를 낳고 있는데, 이를 해소할 방안으로 교통 인프라 개선, 수요·공급 조절, 교통기술 발전과 교통망 시스템의 측면만을 검토하여 새로운 교통수단을 찾고 있다. 시청각적인 즐거움, 체험적 요소, 제주도의 경관과 어울리는 교통수단이 무엇인가에 대한 고려는 보이지 않는다.

교통수단 본래의 기능도 중요하지만 제주도를 찾는 관광객들에게 '즐거움'을 줄 수 있는 교통수단에 대해서도 고민해야 한다. 예를 들어 기존 도로를 활용한 노면전차(트램)를 도입하는 것은 어떨까. 제주도에는 이미 한라산을 동쪽과 서쪽으로 넘어갈 수 있는 1131번 도로(516로)와 1139번 도로(1100로)가 잘 닦여 있다. 기존의 도로를 잘 활용하면 새로운 교통수단 도입에 수반되는 환경 파괴를 최소화하면서도 '기차스러운' 탈것을 이용해 영실과 성판악에 도착할 수 있지 않을까?

제주 도심도 마찬가지다. 신제주든 구제주든 서귀포든 현재 도심 주요 도로에는 소형 승용차, 버스, 상업용 차량만 가득하다. 거리에 아무 특색도 표정도 없는 대한민국 지방 도시의 전형적인 모습이다. 구제주 상습 정체구역이든, 최근 새롭게 지정된 버스전용차선(삼양동~노형동) 구간이든 새로운 형태의 공공교통수단을 도입해서 제주 도심의 모습을 바꿔보자!

제주의 거주 인구는 계속 늘어나고 있다. 차량이 증가한다고 해서 도로와 주차장을 한없이 넓히는 것은 가능하지도 바람직하지도 않다. 해외 사례를 폭넓게 살펴보고 전문가와 시민들 의견도 들어본 다음, 새로운 형태의 교통수단을 도입해 교통 체증도 완화하고 제주의 새로운 명물로 만들어보자!

## '소비 관광'보다는 '체험 관광'으로

만 10년이 된 21개 코스의 제주올레가 제주 관광의 패러다임을 변화시켰다. 빠르게 이동하며 제주의 주요 관광지를 순회하던 '관광'의 방식에서 탈피하여 천천히 걸으며 제주도를 친근하게 체험하는 '여행'으로 바꿔놓았다는 평가를 받고 있다.

비단 제주올레 뿐만이 아니다. 아무 버스나 잡아타고 시내에서 조금만 벗어나 아무 곳에나 내려서 천천히 걸어보라! 발걸음을 멈추고 빛의 각도에 따라 애니메이션 영화 속의 한 장면처럼 변하는 구름과 하늘을 올려보면, 고개 숙여 무심하게 쌓여 있는 검은 돌담길 사이사이에 핀 이름 모를 꽃들을 바라보면, 유명

관광지에서 느낄 수 없는 감정에 사로잡히게 된다. 예컨대 '이건 뭐지?' '나는 누구지?' '꽃은 왜 예쁘지?'와 같은 본질적인 물음이 가져다주는 생소한 느낌들 말이다. 그럴 때면 자신이 환경주의자가 아니어도, 생태 보전에 별 관심이 없었다 하더라도, 천연의 제주도를 가슴 깊이 느끼고 잘 보존해야겠다는 생각이 절로 들게 된다.

이처럼 자연환경이 제공하는 특정한 볼거리(성산일출봉, 주상절리, 산방산, 해안가 등)나 박물관, 테마파크와 같은 유원지, 주점 등을 찾기보다는 제주 사람들이 살고 있는 마을길을 따라 제주를 보다 가깝고 깊숙하게 즐기는 여행의 방식, 즉 제주도가 제공하는 생태환경의 혜택을 누리면서도 그 생태계를 구성하는 동식물을 보존하기 위한 지역 주민들의 노력을 배우고, 지역 주민들과 동행하고자 하는 관광의 형태를 생태 관광이라 한다.

그런 측면에서 본다면 제주를 찾는 중국 관광객은 아직 생태 관광에서 소외되어 있다. 가이드의 깃발을 따라 정해진 관광지를 둘러보는 이들은 한라산과 오름을, 제주 앞바다를 피상적으로 둘러보고 갈 뿐이다. 그래서인지 제주도를 찾는 중국인들이 때때로 제주도를 '낭비'하고 있는 것처럼 보일 때가 있다. 평온하고 깨끗한 제주도에서 시끄럽게 떠들고 지저분하게 행동한다

제주에서 흔히 볼 수 있는 돌담

는 비판도 있다. 중국인이든 한국인이든, 사람들은 소중하게 느끼면 소중하게 다루기 마련이다. 만약 중국 관광객들이 제주도를 소중하게 다루지 않고 있다면, 그들이 제주도가 얼마나 소중한지 알 수 있는 기회를 가져보지 못했기 때문은 아닐까?

제주도의 자연 유산과 인문 유산이 얼마나 가치 있고 소중한지를 외국인들에게, 특히 중국인들에게 전달할 수 있는 프로그램이 필요하다! 그들에게도 제주도 생태 관광의 문을 열어주자!

## '탄소 없는 섬Carbon Free Island 2030' 프로젝트

북극곰이 딛고 있는 얼음덩어리를 녹여 남태평양의 작은 섬나라 투발루를 잠기게 만드는 지구온난화의 주범인 탄소. 이 탄소를 제주도에서는 더 이상 내뿜지 않도록 하겠다는 제주도의 친환경 프로젝트 사업을 가리키는 명칭이다.

'탄소 없는 섬'의 가장 대표적이면서 대중적인 프로젝트가 전기차(EV) 보급사업이다. 제주도는 2030년까지 도내 모든 차량을 전기차로 바꾼다는 야심찬 구상을 가지고 있다. 제주도는 전체 면적이 넓지 않아 장거리 운전이 필요 없고 충전 인프라가 상대적으로 많기 때문에, 현재 수준에서 전기차를 보급하기에 적절한 조건을 갖추고 있음에는 틀림없다. 다만 아직 차종이 다양하지 않고, 아파트와 같은 공동거주시설의 경우 개인 충전설비를 설치하기 쉽지 않다는 문제가 있다. 또 일정한 충전 시간이 필요하고, 1회 충전 주행거리가 200~300킬로미터에 불과하다는 단점이 있다.

제주도는 스마트시티, 스마트그리드, 지능형 전기차 충전 인프라, 음식물쓰레기 처리와 바이오에너지를 '탄소 없는 섬' 프로젝트의 4대 전략과제로 제시했다. 전기자동차 보급과 같은 환경친화적 사업을 전개할 뿐만 아니라, 연관된 산업과 기술을 융합하고 국내외로 확산시키겠다는 포부다.

## 유네스코UNESCO 3관왕

유네스코는 '교육, 과학, 문화, 정보, 커뮤니케이션 분야에서의 국제 협력을 촉진함으로써, 세계 평화와 인류 발전을 증진시키기 위해 만들어진 유엔전문기구'이다. 자연과학 분야에서는 생태학적으로, 고고학적으로, 역사적으로 또는 문화적으로 인류 차원에서 지키고 보존하고 연구해야 할 가치가 있는 지질·지형·지역·생태계 등을 세계문화유산, 세계지질공원, 생물권 보전지역으로 지정하여 해당 국가는 물론 전 세계적인 관심과 보전 노력을 지원하고 있다.

다소 표현은 어색하지만, 제주도는 우리의 조상과 후세에 그리고 전 세계에 자랑할 만한 유네스코 3관왕이다. 설문대할망이 만들어 준 우리의 제주도가, 제주도의 한라산과 용암동굴과 하천과 오름 그리고 그 속에 살고 있는 모든 식생이 영원히 보존되어야 할 세계인의 유산임을 유네스코가 확인해준 것이다.

- **세계자연유산**World Natural Heritage : 2007년 7월 2일, 우리나라에서는 최초로 '제주화산섬과 용암동굴Jeju Volcanic Island and Lava Tubes'이 세계자연유산에 등재되었다. 한라산 천연보호구역, 성산일출봉, 거문오름 용암동굴계(거문오름, 김녕굴 및 만장굴, 벵뒤굴, 당처물동굴, 용천동굴)를 포함하는 지역이다. 제주도 전체 면적의 약 10퍼센트에 해당한다.

- **생물권 보전지역**Biosphere Reserve : 2002년 5월 30일 지정된 제주도 생물권 보전지역은 핵심지역, 완충지역, 협력지역으로 이루어져 있다. 한라산국립공원과 영천, 효돈천 천연보호구역 그리고 문섬, 섶섬, 범섬 천연보호구역 151.58제곱킬로미터가 핵심지역이다. 핵심구역을 둘러싼 146.0제곱킬로미터가 완충지역이며, 완충지역을 둘러싼 중산간지역 대부분이 협력지역이다. 총면적은 830.94제곱킬로미터로 제주도 면적의 44퍼센트에 달한다.

- **세계지질공원**Global Geopark : 2010년 10월 4일 제주섬 전체가 유네스코 세계지질공원으로 인증되었다. 그중에서도 대표적인 지질 명소 12곳이 있다. 한라산, 성산일출봉, 만장굴, 서귀포패류화석층, 산방산, 용머리해안, 수월봉, 중문대포해안 주상절리대, 천지연폭포, 선흘곶자왈, 우도, 비양도가 그것이다.

출처: VISIT JEJU

절물 자연휴양림

## 제주 관광의 질적 수준을 올리는 의료 서비스

믿거나 말거나 제주도는 2000년 전 중국의 진시황이 불로초를 구하기 위해 수천 명의 사람을 보냈던 곳이다. 한라산과 제주 바다의 영험한 기운에 관한 이야기가 당시 중국 최고 권력자의 귀에도 들어갔던 게다. 오늘날에는 꽤 많은 중국인들이 미용 목적으로 한국을 찾기도 한다. 서울 강남의 성형외과들의 경우, 중국인을 대상으로 한 성형프로그램은 빼놓을 수 없는 영업 아이템이 되었다.

한국보건산업진흥원에 의하면, 최근 수년간 의료 서비스를 받기 위해 한국을 찾는 외국인이 매년 30퍼센트 이상 늘고 있다. 그런데 미국을 비롯한 대부분의 국가에서 오는 의료 관광객의 주요 진료과는 내과, 검진센터 순인 데 반해 중국인 의료 관

※제주 방문 주요 국가별 외국인 환자(단위 : 명)

|  | 2009년 | 2013년 | 2014년 | 2015년 | 2016년 |
|---|---|---|---|---|---|
| 중국 | 66 | 1,905 | 3,278 | 2,821 | 4,534 |
| 미국 | 16 | 147 | 305 | 252 | 308 |
| 일본 | 62 | 133 | 182 | 200 | 136 |
| 러시아 | 0 | 31 | 115 | 129 | 125 |
| 기타 | 79 | 736 | 1,356 | 1,150 | 1,563 |
| 합계 | 223 | 2,952 | 5,236 | 4,552 | 6,666 |

자료 : 한국보건산업진흥원

광객은 성형외과, 내과, 피부과 순이다.

제주에 와서 의료서비스를 받는 중국인도 크게 늘고 있다. 2016년 제주를 찾은 중국인 환자가 4534명으로 전체 외국인 환자의 3분의 2가 넘는다. 제주도의 의료 경쟁력이 수도권이나 타 대도시에 비해 취약하다는 점을 고려하면, 대다수의 의료 서비스는 미용 성형과 관련이 있는 진료·처치였을 것이다.

중국 관광객의 증가와 함께 의료 관광도 크게 늘어났지만, 한국을 찾는 중국인 두 명 중 한 명이 제주도를 방문하는 정도에 비교하면 매우 적은 편이다. 2016년 한국을 찾은 중국인 환자는 13.8만 명이니, 단순 계산으로 하면 6만 명 이상의 의료 관광객이 제주도로 와야 하지 않겠는가?

의료 관광이야말로 제주 관광의 질적 수준을 높일 수 있는 대표적인 아이템이다. 마침 2016년 6월부터 '의료 해외진출 및 외국인환자 유치 지원법'이 시행되어 '의료 한류'를 기대할 수 있게 되었다. 외국인 환자 유치 등록, 외국인 환자 대상 의료 광고, 불법브로커 관리, 외국인 환자에 대한 영어정보 제공 등을 제도화하여, 급성장하는 과정에서 다소 혼란스러웠던 외국인 의료 관광시장을 정돈하는 효과를 얻을 것으로 예상된다.

제주도는 보다 적극적으로 '의료 한류'를 만들어내고자 노력해왔다. JDC가 서귀포에 추진하고 있는 헬스케어타운이 그 노력의 산물이다. 2008년부터 의료·연구 시설, 외국 의료기관, 상가·숙박 시설, 휴양문화 시설 등을 포함해 의료 관광을 발전시킬 수 있는 인프라를 구축하고 있다.

한국과 일본은 물론 중국도 점차 고령화 사회로 진입하고 있다. 동시에 생명과 수명 연장에 대한 기대도 높아지고 있다. 제주연구원의 보고서에 따르면, 적지 않은 국가에서 의료 관광산업을 발전시키려 하고 있으나 의료 기술과 가격 경쟁력을 모두 갖춘 경우는 드물다고 한다. 제주도가 헬스케어타운을 잘 발전시킨다면 중국인들을 포함한 전 세계 관광객들에게 천혜의 휴양 환경과 함께 높은 수준의 의료 서비스를 제공할 수 있을 것이다.

### 제주 수학여행? 테마학습 여행!

요즘 고등학생들은 수학여행을 가지 않는다. 대신 테마학습 여행을 간다. 제주도는 육지의 고등학교에서 테마학습 여행지로 가장 선호하는 곳이다. 봄가을이면 육지에서 제주도를 찾아온 학생들을 이곳저곳에서 볼 수 있다. 또래의 아들딸을 둔 입장에서 귀엽고도 반갑다.

얼마 전 대학 때의 친구를 만났다. 육지의 모 지역에서 고등학교 2학년 담임을 맡고 있어 제자들을 데리고 제주도로 테마학습 여행을 온 것이다. 오랜만에 만난 친구와 즐겁게 대화를 마치고 집으로 돌아왔는데, 문득 그 학생들이 제주도에서 어떤 테마학습을 하는지 궁금해졌다. 친구에게 여행 일정을 부탁해 받아보았다. 3박 4일의 일정이 꽤 바쁘게 짜여 있었다. 천지연폭포, 주상절리, 산방산, 용머리해안, 우도, 성읍타운, 성산일출봉, 조랑말 승마 체험, 한라수목원, 제주민속자연사박물관과 함께 대여섯 개의 상업용 전시관, 박물관, 공연장과 공원 등이 일정에 포함되어 있었다.

제주도의 테마가 무엇인가에 대해서는 사람마다 의견이 다를 수 있다. 필자는 하늘이 내려준 아름답고 신비로운 제주도의 자연자원이 가장 중요한 테마라고 생각한다. 제주도는 섬 전체가 유네스코 세계지질공원이고, 한라산과 주위의 화산동굴, 하천, 지형, 섬이 세계자연유산이자 생물권 보전지역으로 지정되었다. 제주도 어느 바다를 바라보아도 화산 암반에 출렁이는 물결이 파랗게 맑고, 뒤로는 오름들 사이로 솟은 구름모자 쓴 한라산을 바라볼 수 있다. 운 좋은 날이면 높은 구름을 뚫고 중산간 들판에 내려 비추는 햇볕과 그 사이로 유유히 날아가는 비행기를 볼 수도 있다. 공기가 맑고 시야 막힘이 없어 가능한 경관이다. 한라산을 오르면 예쁘고 사랑스러운, 오직 제주도에서만 볼 수 있는 들꽃 산꽃도 있다.

제주도는 또한 우리 정부가 공식 지정한 세계 평화의 섬이다. 지난 100년의 근현대사에서 아시아 전체를 전쟁터로 삼은 일본 제국

주의가 할퀴고 간 자리가 알뜨르 비행장과 격납고 시설로, 섬 곳곳의 일본군 진지로 남아 있다. 고등학교 교과서에서 잠깐 언급되는 제주 4·3사건의 유적은 말할 것도 없다. 4·3 평화공원, 4·3 기념관처럼 잔혹했던 과거의 아픔을 기억함으로써 평화의 자양분으로 삼으려는 제주도의 노력을 볼 수 있는 장소가 제주도 내에 적지 않다.

수십, 수백 명의 학생이 한꺼번에 안전하게 움직여야 하는 어려움이 있을 것이다. 시간과 장소 등 물리적인 여건이 허락하지 않을 수도 있고, 일정을 짜는 여행사 자체가 제주도에 대해 잘 모를 수도 있다. 수도권으로 테마학습 여행을 가는 필자의 중학생 아들딸이 가장 좋아하는 일정이 'ㅇㅇ랜드'인 걸 보면, 육지 고등학생들은 진짜 '제주도 테마학습'을 지루해할 수도 있겠다.

제주도 차원에서 먼저 사업을 진행하면 어떨까? 첫째, 육지 고등학생들이 즐거우면서도 유익한 테마학습이 될 수 있도록 구체적인 일정을 제시해주자! 조금만 관심을 기울이면, 제주도에 도착하는 학교마다 숙소를 중심으로 도외 고등학생에게 필요하고도 중요한 제주도의 '테마'와 관련된 장소를 적절하게 안배해줄 수 있을 것이다. 도두에 숙소가 있는 경우, 조천이나 애월에 숙소가 있는 경우, 서귀포에 숙소가 있는 경우 등 몇 가지를 준비해 제시해주면 좋을 것이다. 여유 있는 일정이 좋다. 천천히 올레길을 걷는 시간이나 가까운 해안도로를 산책하는 시간도 포함되면 좋겠다. 둘째, 자연 선생님, 평화 선생님을 한 명씩 배정해서 육지의 고등학생들과 일정을 함께 하도록 지원해주자! 고등학생은 어린이가 아니다. 알면 사랑하게 된다. 특정한 장소와 기념물의 역사와 의미를 알게 되면 관심과 흥미 또한 생기리라 믿는다.

육지 고등학생의 제주 테마학습 여행이 제주도에 돈을 벌어다줄 수 있는 고부가가치 관광 프로그램은 아니다. 하지만 그들은 우리의 미래를 이끌어갈 귀중한 손님이다. 귀중한 손님은 귀중하게 접대해야 하는 것이 제주도에 살고 있는 주인의 도리다. 그리고 미래를 위한 가장 가치 있는 투자다. 제주 관광의 질적 수준을 높일 수 있는 또 다른 방안이다.

**4장**

# 제주에 몰리는 중국 자본

## 1_____중국계 자본, **제주에 얼마나 투자되고 있나?**

중국인 요우커 못지않게 제주의 모습을 변화시키고 있는 것이 중국계 자본이다. 중국인 관광객의 증가가 제주도민의 일상생활에 많은 변화를 가져오고 있다면, 중국 자본은 제주도의 경제와 산업 그리고 미래 제주의 비전 형성에 가장 큰 영향을 미치고 있다.

중국계 자본이 제주도에 관심을 가지게 된 지는 얼마 되지 않았다. 수십 년간 제주도는 도내 관광산업을 업그레이드하고 지역사회를 발전시키기 위해 대규모 자본 유치를 희망해왔지만

2010년 이전까지 그다지 성공적이지는 않았던 것 같다. 2018년 현재 신제주 중심부에 건설 중인 드림타워는 상업용 부동산 투자의 측면에서 볼 때 최상의 입지로 보이지만, 2012년 전까지 임자를 만나지 못했다. 현재는 중국의 녹지그룹과 롯데관광개발이 쌍둥이 드림타워를 하나씩 맡아 개발하고 있는데, 2010년 이전에는 투자 시기가 무르익지 않았다고 평가했을 수도 있다. 제주도의 가치와 잠재력이 국내외 투자자들로부터 제대로 인정받지 못했던 것이다. 반면 2010년 이후에는 요우커 급증이라는 요인으로 중국 기업이 새로운 가치를 발견했다고 볼 수도 있다.

중국계 자본의 제주 투자에 불을 댕긴 것은 '부동산 투자 영주권 제도'였다. 제주도 내 특정 지역에 5억 원 이상 투자한 중국인들은 구매한 부동산을 5년 이상 보유하면 영주권(F-5비자)을 신청할 수 있기 때문에 중국계 투자기업들은 해당 지역에 5~10억 원짜리 콘도미니엄, 빌라 등을 대량으로 건설하여 중국인들에게 판매하는 사업에 앞다투어 참여했다.

## 2011년 이후부터 외국인의 제주 투자 급증

제주도의 외국인직접투자 유입 통계가 이러한 상황의 변화를 잘 보여주고 있다. 1960년대부터 2010년까지 약 50년간 제주도로 들어온 외국인직접투자 누계 총액은 2.03억 달러에 불과했다. 반면 2011년부터는 거의 매년 1억 달러 이상, 2014년부터는 연간 5억 달러 이상이 제주도로 유입되고 있다. 건당 투자 규모도 비교적 큰 편이다. 제주도청은 2014년부터 건당 50억원 이상의 투자만 별도로 집계하고 있는데, 그 금액이 연간 3억달러에 이른다.

※제주도의 외국인직접투자FDI 현황(단위 : 억US$)

| | 1962~ 2010년 | 2011년 | 2012년 | 2013년 | 2014년 | 2015년 | 2016년 |
|---|---|---|---|---|---|---|---|
| 전체 | 2.03 | 1.25 | 0.68 | 2.22 | 5.54 | 6.95 | 8.98 |

자료 : 제주특별자치도
주 : 투자액 수치는 도착액 기준

돈에는 국적이 없다. 그러나 그 돈을 가진 사람, 돈을 투자하는 사람은 국적을 가지고 있다. 투자 주체가 되는 기업이 모태로 삼고 있는 국가도 분명히 있다. 삼성전자가 해외에 아무리 많은 법인을 운영해도, 지분의 다수를 외국인이 소유하고 있다 해도, 대부분의 한국인은 삼성전자를 한국 기업으로 인식한다. 실제 해외법인의 과실果實이 본사가 있는 국가로 이전되고 있다면 더욱 그럴 것이다.

| | 중국 | 홍콩 | 일본 | 버진 아일랜드 | 미국 | 기타 | 합계 |
|---|---|---|---|---|---|---|---|
| 전체 | 140 | 16 | 13 | 7 | 7 | 33 | 216 |
| 대규모 | 16 | 3 | 2 | – | – | 2 | 23 |

자료 : 제주특별자치도
주1 : 대규모 사업이란 사업규모 50억원 이상의 그린필드형 투자를 가리킴
주2 : 전체 투자기업 수는 2016년 12월말 기준

　　예상대로 제주도에 투자한 외국인 기업 중에는 중국계(홍콩 포함) 자본이 가장 많다. 2016년 말 기준, 전체 216개 기업 중 65 퍼센트에 가까운 140개가 중국 자본, 15개가 홍콩 자본이다. 조세회피처로 알려진 영국령 버진아일랜드에서 투자된 자본도 일부는 중국의 자본이 우회하여 들어온 것으로 보아야 한다. 대규모 투자만 추려봐도 23개 기업 중 19개가 중국 또는 홍콩 자본이다.

　　업종별 투자현황을 살펴보자. 통계로 드러난 수치와 실제 눈으로 보이는 현상이 일치하고 있다. 전체 216개 외국인투자기업 중 부동산 개발 및 임대업, 음식·숙박업이 133개로 61퍼센트를 차지한다. 제주 시내, 서귀포 시내, 읍면 지역을 가리지 않고 우후죽순처럼 들어서고 있는 호텔, 콘도미니엄 등 휴양형 주거단지 중 상당수, 특히 대형 프로젝트는 외국인투자를 받은 것

으로 추측할 수 있다.

※제주도의 업종별 외국인투자기업 수(2016. 12월말 기준)(단위 : 개)

| 부동산 · 임대 | 음식 · 숙박 | 유통 및 도소매업 | 운수 창고물류 | 비즈니스 서비스 | 기타 | 합계 |
|---|---|---|---|---|---|---|
| 86 | 47 | 27 | 19 | 15 | 22 | 216 |

자료 : 제주특별자치도

아래 표를 보면 2010년 이후 중국 자본과 홍콩 자본의 제주도 투자가 크게 늘어난 것을 알 수 있다. 최소 수백 억원부터 1조 원이 넘는 사업들은 리조트, 관광단지, 유원지, 호텔 등 부동산 개발형 투자가 대부분이다. 오랜 기간 지지부진하던 투자 유치가 성사되면서 제주도에 개발 붐이 일고 있다. 반면 집값 폭등, 환경 훼손, 부동산 '먹튀' 논란 등 최근의 주된 갈등과 분쟁의 원인으로 지목되기도 한다.

※제주지역 내 중국자본 투자사업 현황(그린필드형 사업)

|  | 투자 사업명 | 기업명 | 총 사업규모(억원) |
|---|---|---|---|
| 2010 | 제주분마이호랜드 | (주)제주분마이호랜드 | 10,641 |
| 2011 | 제주백통신원리조트 | (주)백통신원 | 2,432 |
|  | 차이나비욘드힐 관광단지 | (유)흥유개발 | 7,269 |
| 2012 | 무수천유원지 | (주)제주중국성개발 | 2,363 |
|  | 오션스타 | (주)오삼코리아 | 1,100 |

| | | (유)녹지한국투자개발 | |
|---|---|---|---|
| | 헬스케어타운 | (유)녹지제주헬스케어타운 | 13,494 |
| | 토평농어촌관광단지 | (주)빅토르투자개발 | 377 |
| 2013 | 덕림호텔 | (주)덕림 | 149 |
| | 열해당리조트 | (주)열해당리조트 | 1,280 |
| | 상모유원지 | (유)신해원 | 4,327 |
| | 라헨느리조트 | (주)제주용생개발 | 1,000 |
| 2014 | 테디펠리스 | (주)차이나테디 | 1,200 |
| | 제주그린벨리관광타운 | (주)사합 | 600 |
| 2015 | 후아다관광호텔 | (주)한국후아다 | 240 |
| | 오라관광단지 | (주)제이씨시 | 52,180 |
| 2016 | 록인제주 체류형 관광단지 | (주)지유안 | 2,736 |
| 합 계 | | | 101,388 |

자료 : 제주특별자치도 2017.12월말 기준


※제주 지역 내 홍콩자본 투자사업 현황(그린필드형 사업)

| | 투자 사업명 | 기업명 | 총 사업규모(억원) |
|---|---|---|---|
| 2006 | 보타메디 | 보타메디 | 60 |
| 2013 | 신화역사공원 | (주)람정제주개발 | 19,931 |
| 2015 | 신화련금수산장 관광단지 | (주)신화련금수산장개발 | 7,239 |
| 합 계 | | | 27,230 |

자료 : 제주특별자치도 2017.12월말 기준

# 2 _____ 제주에 **초대형 테마파크가 들어섰다**
## —㈜람정제주개발

### 100퍼센트 중국 자본으로 지어지는 제주신화월드

2017년 9월 30일, 세계 최대 규모의 복합리조트인 제주신화월드Jeju Shinhwa World가 문을 열었다. 현장은 A지구, H지구, J지구, R지구 등 크게 4개의 섹션으로 나뉘며 호텔, 테마파크, 마이스, 엔터테인먼트 시설이 들어선 A지구부터 개장했다. 신화와 역사를 테마로 하는 J지구는 제주국제자유도시개발센터(이하 JDC)가 맡아 2019년 착공을 추진하고 있다. 2020년에 리조트 전체가 그랜드 오픈하면, 총 250만 제곱미터 넓이에 테마파크+쇼핑+외식+리조트+호텔+마이스+카지노 시설이 들어서게 된다. 현재 국내 최대 테마파크인 용인 에버랜드가 148만 제곱미터 규모이니, 제주신화월드의 거대한 규모를 가늠해볼 수 있다.

제주신화월드의 투자자는 중국 안후이安徽에 기반한 람정투자집단藍鼎投資集團이다. 2012년 홍콩 주식시장에 상장했다. 현재 제주신화월드 프로젝트를 진행하고 있는 ㈜람정제주개발은 2013년 람정투자집단과 겐팅싱가포르Genting Singapore가 각각 50퍼센트씩 합자해서 설립한 합자투자기업이었다. 겐팅싱가포르는 말레이시아 재계 4위 기업인 겐팅그룹의 자회사로 '리조트 월드 센토사'를 건설해 대성공을 거둔 세계적인 카지노 기업이다. 그러나 2016년 11월 11일자로 겐팅싱가포르는 자신의 지분 50퍼센트를 란딩투자집단에 매각하여 현재 (주)람정제주개발은 100퍼센트 중국계 자본이 되었다.

### 제주와 상생 발전하는 고용 협약

제주신화월드는 2020년까지 총 2.3조 원이 투입되는 초대형 프로젝트다. 최첨단 테마파크와 6성급 호텔, 대형 카지노가 가져올 소비 효과와 고용 효과에 제주도민들의 기대가 모아지고 있다. 가장 먼저 도민들의 피부에 닿는 효과는 고용이다. 제주도는 (주)람정제주개발과 제주신화월드 전체 고용인력의 80퍼센트인 4000여 명을 제주도민 중에서 채용하기로 약속했다. 2018년과 2019년에도 각각 1000명~1500명을 채용할 것으로 알려졌다. (주)람정제주개발 측은 2019년 완전 개장이 이루어질 때까지 전체적으로 약 5000~6000명의 신규 인력 채용을 예상하고 있다.

사업 규모가 크고 타 중국계 자본의 프로젝트보다 사업 진행이 빠르게 이루어지면서 (주)람정제주개발은 필요한 인원을 충원하기 위해 도내 대학교 및 특성화고와 연계하여 다양한 인력양성 프로젝트를 진행하고 있다. 고등학교와는 '람정 클래스'를, 4개 대학과는 '람정 트랙'을 운영하여 졸업 후 곧바로 제주신화월드에서 일할 수 있는 기회를 제공하기로 약속했다. (주)람정제주개발은 육지의 여러 대학과도 인재양성 협약을 맺고 있다. 제주신화월드에 입사하기 위해 도외에서의 전입도 계속될 것으로 보인다.

대량의 집객 효과가 있는 대형 테마파크의 소비 유발 효과도 기대된다. (주)람정제주개발은 공사 단계에서는 최대한 지역 업체가 참여할 기회를 제공하고, 제주도 내 농수산물을 비롯한 식재료를 사용할 것을 도민들에게 약속했다. 이에 따라 2017년 4월 제주신화월드가 자리하고 있는 서귀포시 안덕면 서광서리, 서광동리에서는 자본금 32억 원을 모집해 (주)서광마을기업을 조직했다. 제주신화월드의 세탁, 농식자재 납품, 농특산물 판매장 운영, 조경, 경비, 전기 등 부대 서비스 사업을 직접 운영함으로써 도내 외자기업과 해당 지역 마을이 상생하는 모델이 만들어지고 있다. (주)서광마을기업은 제주신화월드가 자리 잡게 되는 2020년대 초반에는 매출액 400억 원대의 중견기업으로 성장한다는 목표를 세워두고 있다.

## 국내 최대 규모의 테마파크가 성공하기 위한 요건

제주신화월드가 국제적으로 경쟁력 있는 복합리조트가 되기 위해서는 몇 가지 문제가 해결되어야 한다. 첫째, 대량의 관광객을 테마파크로 이동시킬 수 있는 교통수단과 교통 인프라가 필요하다. 용인 에버랜드의 연간 입장객이 820만 명 수준인데, 서귀포에 위치한 제주신화월드는 수도권의 나들이객을 상시적으로 유치하기는 어렵겠지만 연간 방문객이 300만 명은 될 것으로 예상된다.

현 제주공항은 이미 포화 상태에 도달했다. 2025년 개장 예정이었던 서귀포 신공항은 재검증 용역이 진행 중이라 기약할 수 없게 되어버렸다. 현 제주공항의 시설을 확충하고는 있으나 근본적인 해결책이 될 수는 없다.

제주신화월드는 중국계 기업이 투자했고 최근 늘어나는 제주 방문객의 특성으로 볼 때 중국인이 많이 이용할 것으로 예상된다. (주)람정제주개발 측도 중국 여행사들과의 네트워크를 통해 관광객을 유치하겠다는 계획을 밝히고 있다. 단기적으로 항공교통을 통한 여객 수송 확충에 한계가 있다면 대안은 크루즈다. 크루즈를 통한 외국인 관광객의 입출항은 사회적인 논란과 갈등 끝에 2016년 2월에 완공된 서귀포시 '제주민군복합형관광미항(강정항)'이 역할을 해줄 것으로 기대된다.

둘째, 우여곡절 끝에 2018년 3월 문을 연 제주신화월드 카지노를 성공시켜야 한다. 제주신화월드 메리어트호텔 내의 랜딩 카지노는 10만683제곱미터 규모로, 기존에 제주도에서 가장 넓은 면적의 영업장을 보유하고 있던 서귀포 신라호텔 마제스타 카지노의 4배에 육박한다. 카지노 사업의 성공이 의미하는 것은 카지노 고객 유치, 매출 확대, 수익성 확보뿐만이 아니다. 검은 돈의 유입, 관련 범죄 발생 등 카지노 사업의 부정적 영향을 최소화하면서도 고용 및 세수 증대로써 제주도에 기여하는 성공 모델을 만들어내야 한다.

셋째, 제주도민들과 함께 성장하겠다는 (주)람정제주개발의 목표를 성공적으로 달성해야 한다. 건설 공사에 지역업체의 참여를 보장하고 수천 명의 도내 인재 채용을 약속하고 있지만, 부동산 개발과 위락시설 건설을 바라보는 도민의 시선이 곱지만은 않다. 건설 초기 단계에서는 부지 내 곶자왈 훼손에 대한 우려가 있었고 공사 중 인명사고도 있었다.

누구나 과거에 겪어보지 못한 새로운 상황에 직면하거나 그러한 상황이 예상될 때 불안감과 거부감을 갖게 마련이다. 연간 수백만의 관광객이 찾게 될 거대한 집객 시설, 이전보다 월등한 규모의 카지노 시설 등 제주신화월드가 불러올 새로운 변화에 대한 제주도민들의 걱정을 이해해야 한다.

　(주)람정제주개발은 다양한 인재양성 프로그램과 사회공헌 프로그램을 통해 제주도민과 함께하겠다는 약속을 비교적 잘 지키고 있는 것으로 보인다. 건설 과정은 물론 영업 개시 이후에도 다양한 방식을 통해 지역민과 함께할 수 있는 사업을 개발하는 것이 필요하다. 지역민들의 지지를 얻어야 지원과 협조를 구할 수 있다.

2017년 9월 30일 개장한 테마파크와 호텔 전경

　　　　　　　　　　　　　　　　4장 제주에 몰리는 중국 자본

# 3 _____ 제주 중심부에 들어서는 **초고층 호텔** —녹지그룹

## 신제주의 랜드마크가 될 드림타워

서울에 강남과 강북이 있고 상하이에 푸둥浦東과 푸시浦西가 있다면, 제주도에는 구제주와 신제주가 있다. 구제주는 글자 그대로 옛 제주 도심이다. 탐라국의 시조인 고을나高乙那, 양을나良乙那, 부을나夫乙那가 솟아났다는 삼성혈, 조선시대 제주목사가 근무하던 제주목 관아, 현 제주시청이 모두 구제주에 자리 잡고 있다. 반면 신제주는 제주공항을 가운데 두고 구제주의 서쪽에 자리하고 있다. 1970년대 후반부터 새로 개발된 지역으로, 제주도청과 도교육청이 위치해 있다.

중국 녹지그룹綠地集團의 한국 법인인 (유)그린랜드센터제주가 롯데관광개발의 계열사인 동화투자개발과 함께 건설 중인 38층짜리 쌍둥이 호텔이 바로 신제주의 중심에 위치하고 있다. 제주공항에서 서귀포 중문관광단지로 넘어가는 간선도로인 평화로에 진입하기 위해 거쳐야 하는 신제주의 중심부 노형오거리에 2019년 하반기 드림타워가 들어서게 된다.

녹지그룹은 중국 상하이 시정부가 최대 주주인 공기업으

로, 대형 부동산 투자 프로젝트를 전문으로 하는 부동산 개발회사다. 현재 중국 전역에 23개의 초고층 건물을 짓거나 완공했다.(고도 300미터 이상 9개) 2016년 미국의 경제전문지 『포춘』이 밝힌 세계 500대 기업 가운데 311위를 차지한 대기업이다. 참고로 삼성전자가 13위, 현대자동차가 84위, 현대모비스가 310위, 롯데쇼핑이 414위다.

드림타워의 총 건축면적은 여의도 63빌딩의 1.8배이고(30만 2777제곱미터) 제주도에서 가장 높은(169미터) 건물로 예정되어 있다. 드림타워는 고층 호텔 두 동이 한라산을 등지고 비스듬히 마주보며, 저층부는 포디엄으로 연결되도록 설계되었다. 호텔 한 동은 일반 호텔(776실), 다른 한 동은 레지던스 호텔(850실)로, 일반 호텔과 포디엄의 상업시설은 동화투자개발이 운영하고 레지던스 호텔은 (유)그린랜드센터제주가 맡는다. 호텔 시공은 중국 기업으로서 세계 최대의 시공사인 중국건축中國建築이 맡았다.

### 30여 년 동안의 숙제가 마무리되다

제주 드림타워 건설의 역사는 길다. 35년 전인 1983년 롯데관광개발이 현 위치에 13층 규모의 신제주 관광호텔 건설을 승인받았으나, 자금난으로 공사를 추진하지 못했다. 1992년에는 규모를 두 배로 키운 620실 규모의 관광호텔로 건설사업을 재승인받았지만, 지하층 공사만 진행하다가 중단되었다. 이후 2009년 롯데관광개발의 자회사인 동화투자개발이 56층(218미터 높이)의 건설 사업을 승인받았으나 역시 지지부진했다.

결국 2013년 중국의 녹지그룹이 현재의 부지를 매입하면서 사업이 진척되기 시작했다. 호텔 착공을 위한 설계와 행정 절차는 1년 만에 마무리되었으나 도민들의 반발에 부딪쳤다. 건물 높이가 너무 높은데다가 그러지 않아도 번잡한 노형오거리의 교통 문제가 심각해질 것이라는 우려가 컸다.

2014년 6월 지방선거 결과, 제주도의 '정권'이 바뀌었다. 60퍼센트에 가까운 득표율로 당선된 원희룡 지사는 중국 투자자본 프로젝트에 대한 재검토에 들어갔다. 2014년 6월로 예정되어 있던 착공식도 연기되었다. 중국에서 원희룡 지사는 '반중인사'가 되었고, 중국의 언론매체에서는 "제주지사의 변검變臉(순식간에 얼굴을 바꾸는 중국의 전통 기예)"이라고 비판했다. 결국 제주도는 동화투자개발과 녹지그룹 측과의 물밑 협상을 거쳐 38층으로 높이를 재조정했다. 30여 년간 미루어온 숙제가 해결되고 있는 셈이다.

## '발뒤꿈치도 예쁜 며느리'가 되기를

드림타워는 제주 도심에 건설되는 최고층 호텔이자 카지노가 포함된 리조트 시설인 만큼 제주도민들의 기대와 우려가 높다. 사업자 측은 드림타워가 완공되면 2200명의 신규 인력이 요구되며, 제주신화월드처럼 근무 인력의 80퍼센트는 도내 인재를 채용하겠다는 계획을 밝히고 있다. 도민들에게는 반가운 소식이다. 사업의 규모가 크니 세수와 관광진흥기금 납부 규모도 클 것이다. 좋든 싫든 제주 도심의 새로운 랜드마크가 될 것으로 보인다.

반면 제주도와 사업자 측은 드림타워에 대한 도민들의 우려에도 귀 기울일 필요가 있다. 첫째, 드림타워 측은 쌍둥이 두 개 동을 연결하는 포디엄 2층 전체에 9120제곱미터 규모의 외국인 전용 카지노 시설을 갖출 계획이라고 발표했다. 제주신화월드가 계획하고 있는 대형 카지노에 버금가는 크기다. 제주신화월드의 경우에는 하얏트호텔에서 운영하던 랜딩카지노를 (주)람정제주개발이 이전해온 반면 드림타워의 경우 사업자인 동화투자개발이 신규로 카지노 영업허가를 받아야 하는 상황이다. 제주도는 여전히 "카지노 사업을 관리 감독할 수 있는 국제적 수준의 법과 제도를 갖추는 것이 우선"이라는 입장이다.

4장 제주에 몰리는 중국 자본

또 제주신화월드와는 달리 드림타워는 제주 도심 한복판에 위치하고 있다. 교통, 환경, 치안 등 제주도민의 일상생활에 끼치는 영향이 서귀포의 리조트 시설 내에 설치되는 카지노와는 다를 수밖에 없다. 카지노 사업을 운영하게 될 동화투자개발 역시 도심형 대형 카지노 사업이 제주도에 미칠 영향에 관심을 가지고 제주도민의 우려를 해소하면서 사업을 진행해야 할 것이다.

둘째, 교통 문제다. 2017년 말 기준, 현재 제주도 내 등록차량은 50만197대다. 가구당 차량 보유대수가 1.74로, 전국 최고다.(전국 평균은 1.01대) 차량 증가 속도도 빠르다. 도내 자동차 수는 2003년 19.9만 대에 불과했으나 9년 뒤인 2012년에는 29.4만 대로 9년 만에 10만 대가 증가했다. 이후 2014년에는 38.4만 대로 증가하여 2년 사이에 9만대가 더 늘었다.

드림타워가 들어설 노형오거리는 이미 제주 시내에서 가장 교통량이 많은 곳 가운데 하나다. 바로 그 자리에 1600실 규모의 호텔이 들어선다면 심각한 교통 문제를 걱정하지 않을 수 없다. 공항에서 제주오일장으로 우회하는 도로 확충 등 도심 혼잡을 완화하기 위한 교통인프라 공사가 차질 없이 진행되어야 할 것이다.

셋째, 역시 도민들과의 상생 의지가 중요하다. "며느리가 미

노형오거리에 세워지고 있는 제주 최고층 빌딩 드림타워

우면 발뒤축이 달걀 같다고 나무란다"는 속담이 있다. 녹지그룹의 본거지인 상하이에는 38층 이상의 고층 건물이 수백 동이지만 제주도에서는 드림타워가 최고층 건물이다. 물론 드림타워는 그 자체로 좋은 볼거리가 될 수도 있다. 조감도로 형상화된 건물 외관은 멋진 위용을 자랑하고 있다. 그러나 드림타워가 들어서면 한라산 반대쪽에서는 한라산 전경을 바라볼 수가 없다. 도내 어디서나 한라산을 바라보며 살아온 제주도민들로서는 조망권 침해에 대한 불만을 품을 수밖에 없다. 드림타워가 세련된 제주도의 상징물로 사랑받게 될지, 한라산 경관을 가로막은 채

4장 제주에 몰리는 중국 자본

생활폐기물과 교통 혼잡을 유발하는 '미운 며느리'가 될지는 사업자 측의 노력에 달려 있다.


# 4 _____ 의료 관광객을 위한 **의료복합단지**
## –헬스케어타운과 녹지국제병원

### 기지개를 켜는 제주헬스케어타운

제주도에 국내 최초의 외국 의료기관이 들어선다. 제주시 서귀포의 제주헬스케어타운에서 개원하는 녹지국제병원이다. 제주헬스케어타운은 서귀포시 동홍동, 토평동 일원 산록도로 아래쪽에 약 150만 제곱미터 규모로 조성되고 있는 의료서비스 중심의 복합 정주공간이다. 전체 부지는 크게 세 단지로 나뉘어 개발되고 있다. 휴양 및 정주공간 중심의 의료휴양단지Wellness Park, 녹지국제병원과 의료 R&D센터가 들어서게 될 의료연구단지R&D Park, 다양한 형태의 첨단 의료서비스 및 엔터테인먼트 공간을 포함한 의료복합단지Medical Park가 그것이다.

헬스케어타운이란 헬스케어(건강관리)와 타운(소도시)을 합성한 신조어다. 거주환경이 쾌적한 곳에 힐링과 휴식이 가능한 작은 도시를 만들어 국내외 부유층을 유치할 목적으로 계획되었다. 따라서 장기간 머물면서 기본적인 건강관리를 할 수 있는 거주 시설과 의료 시설이 필수다.

제주헬스케어타운에 투자하고 있는 외국인 투자자가 바로 신제주의 드림타워 건설에 참여하고 있는 중국 녹지그룹의 또 다른 한국 법인인 (유)녹지제주헬스케어타운이다. 1.01조 원을 투자해 전체 헬스케어타운 부지의 약 25.3퍼센트에 해당하는 39만 제곱미터를 개발한다. 특히 녹지국제병원은 녹지그룹이 투자하고 있는 의료연구단지에서 선도적인 역할을 하게 될 것이다.

(유)녹지제주헬스케어타운은 이미 지난 2014년 12월에 녹지국제병원 서쪽 부지에 콘도미니엄 400세대를 건설하여 100퍼센트 중국인에게 분양 완료했다. 일단 '타운'이 먼저 건설되었고 '헬스케어' 시설이 차츰 보완되는 셈이다.

녹지국제병원은 헬스케어타운 내 1만8222제곱미터 부지에 지하 1층, 지상 3층 규모로 건설, 완공되어 개원을 앞두고 있다. 성형외과, 피부과, 내과, 가정의학과에 47개 병상을 갖추고, 의사 9명, 간호사 28명을 비롯해 130여 명의 인력이 근무할 예정이다. 그러나 녹지국제병원 개원 최종 단계에서 암초에 가로막혀 있다. 제주도의 투자유치를 통해 녹지그룹이 병원을 건설해 완공하고, 보건복지부의 설립 승인도 받았으며 의사와 간호사, 직원도 모두 뽑아 개원을 준비하고 있는 상황에서 제주도의 최종 개원 허가가 나지 않아 글자 그대로 개점휴업 상태가 지속되고 있다. 도민들의 반대 여론이 높아 '숙의형 공론조사위'에 결정을 맡긴다 한다.

녹지국제병원을 찾게 될 의료 관광객 등을 위한 지하 4층, 지상 5층(5만 3,929제곱미터)에 총 313실 규모의 힐링스파이럴호텔

※녹지그룹의 헬스케어타운 투자 현황(2017년 5월말 현재)

| 시설명 | 면적(제곱미터) | 용도 | 현 상황 |
|---|---|---|---|
| 녹지국제병원 | 18,222 | 의료기관 | 완공 |
| 기타 의료 R&D센터 | 45,761 | 의료시설, R&D시설 | 준비 중 |
| 콘도미니엄(2개) 부지 | 65,748 | 숙박시설, 근린생활시설 | 분양 완료(거주 중) |
| 텔라소(리조트) | 87,348 | | 공정률 35퍼센트 |
| 힐링타운 | 28,355 | | 분양 중 |
| 힐링스파이럴호텔 | 26,268 | 숙박시설, 위락시설 | 공정률 60퍼센트 |
| 워터파크 | 15,169 | 근린생활시설 | 준비 중 |
| 웰니스몰(9개 지역) | 45,584 | 상가시설 | 공정률 49퍼센트 |
| 힐링가든 | 14,047 | 휴양문화시설 | 준비 중 |
| 헬스사이언스가든 | 20,413 | | 준비중 |
| 명상원 | 23,253 | | 준비 중 |
| 합계 | 390,168 | | |

자료 : JDC

도 공사가 중단된 채로 덩그마니 서 있었다. 병원을 열지 못하니 적자가 뻔한 호텔 개장을 서두를 이유는 없을 것이다.

2018년 4월 찾아간 녹지국제병원 내부는 어두웠다. 환자가 없으니 불을 환하게 밝혀놓을 필요는 없을 터. 드문드문 켜놓은 불빛 사이로 간호사들과 직원들이 오가고 있었다. 면담했던 관계자도 개원 시기나 여부를 알 수 없다 했다.

공들여 투자를 유치해 병원을 짓게 하고 인력도 대부분 채용된 상태에서 병원 허가를 내주지 않으니 매달 수억 원에 이르는 비용을 투자자가 감당하고 있는 모양이다.

## 녹지국제병원, 국내 의료보험 체계를 흔들까?

녹지국제병원은 외국 영리병원이라는 이유로 투자 유치 때부터 논쟁이 있었다. 이미 2013년 중국의 산얼병원善爾醫院이 서귀포에 투자개방형 병원을 짓겠다고 했다가, 2014년 9월 중국 모기업 대표의 사기혐의 구속, 줄기세포 시술 논란 등으로 보건복지부에서 승인을 받지 못한 전례가 있기 때문이다. 또 (유)녹지제주헬스케어타운의 중국 모기업인 녹지그룹이 부동산 개발을 전문으로 하고 있으며, 병원 규모가 작아서 관광객 유치 효과나 일자리 창출 효과는 미미한 반면 부작용은 클 것이라는 게 비판의 요지다.

현재도 일부 시민단체와 도민의 반대가 만만치 않다. 과거 설문조사를 보면, 헬스케어타운 내의 녹지국제병원에 대한 반대가 찬성보다 높게 나타난다. 물론 어떻게 묻느냐에 따라 그 결과는 차이가 클 것이다. 제주도에 '영리병원'이 필요하냐고 물을 수도 있고, '외국인 의료기관'이 필요하냐고 물을 수도 있기 때문이다. 세세한 내막을 모르는 이들에게 어떻게 설명하고 어떻게 질문하는가에 따라 이해와 찬반의 정도는 크게 다를 수 있다.

문제의 핵심은 지금 제주도에 건설 중인 이른바 '영리병원'이 최종적으로 우리나라의 건강보험 체계를 흔들지 않겠느냐는 것이다. 그 논리는 이렇다. ① 영리를 추구하기 위해 거대 자본이 투자한다. ② 최고의 대우를 받기 위해 최고의 의료진이 모여들고, 최신의 의료기기를 설치하니 부유한 환자들이 모여들어 많은 돈을 번다. ③ 제주에서의 영리병원 성공으로 국내 다른 경제자유구역에서도 영리병원 설립 신청이 줄을 잇는다. ④ 경제자유구역 외에서도 영리병원 설립이 허용되고, 건설되고, 성공한다. ⑤ 의료 수준이 높은 고가 영리병원의 성공으로 일반 의료기관의 의료 수준이 낮아지고, 그에 따라 환자의 신뢰가 떨어진다. ⑥ 의료 양극화가 발생하고 결국 현재의 건강보험 체계가 무너진다. ⑦ 모두 민간 영리병원을 선호하게 되면 감기 치료하는 데도 10만 원이 들 것이다.

물론 ①번부터 ⑦번까지 순서대로 또는 동시에 발생한다면, 비교적 우수하다고 평가받고 있는 우리나라의 건강보험 체계도 결국 흔들릴 것이다. 그런데 그게 가능한가?

우선 ①번부터 살펴보자. 현재 제주도에 건설되고 있는 녹지국제병원은 비교적 큰 기업이 투자한 것은 맞다. 그러나 거대 자본이 투자된 것은 아니다.

②번도 그렇다. 성형외과, 피부과, 내과, 가정의학과에 의사 9명, 간호사 28명, 47개 병상으로 도대체 뭘 할 수 있다는 말인가? 이 정도 수준의 병원에서 진료, 처치, 수술하기 위해 국내외 최고 수준의 의사가 비행기 타고 날아와 참여하게 될까?

③번은 어떤가? 우리나라의 경제자유구역은 모두 8개다. 경기도 황해권, 전북 새만금, 전남 광양만 일대, 경남 진해와 부산, 충북 오송 인근, 강원도 동해안권, 인천 송도와 같은 곳들에도 거대 자본이 거대하게 투자하게 될까? 뭘 보고? 그러면 저절로 최고의 의사와 설비가 모이고, 돈 많은 내외국인 환자들이 몰려가서 진료 받게 될까? 뭘 믿고?

그다음 단계에서는 정부가 '얼씨구나' 하고 전국적으로 영리 병원을 허용하게 되나? 아마 법을 개정해야 할 사안일 텐데, 국민 여론이나 선거는 관심도 없고, 오직 대자본의 배를 불려주기 위해?

세세하게 설명하자면 한이 없다. 전형적인 침소봉대. 바늘을 가져다가 쇠몽둥이라 하는 격이다. 그 이유는 잘 모르겠지만, 의료계에서는 어쨌든 새로운 경쟁상대이니 외국 자본의 영리병원을 반겨줄 이유는 없겠다. 일부는 정치적 반대를 위한 '건수'로 영리병원을 이용하는 것이 아닌가 하는 의구심도 든다.

그러나 '제주도에서 영리병원은 안 돼!'라고 생각하시는 분의 다수는 진심으로 의료 양극화와 의료보험 체계의 붕괴를 걱정하기 때문일 것이라 믿는다. 걱정 마시라 말씀드리고 싶다. 논리적 추론은 가능하지만 현실적으로 그렇게 되기도 어렵거니와 설령 그런 방향으로 진행된다면 중간에 막으면 된다.

## 중국계 기업의 병원 설립은 자연스러운 과정이다

장기적으로 거주할 수 있는 단지를 제주도에 만들어 중국인을 비롯한 국내외 부유층 고령자를 유치하는 아이디어 자체를 반대하는 목소리는 없다. 그런데 그러기 위해서는 그들 거주지와 가까운 거리에 병원이 있어야 한다. 장기 거주해야 하므로 쇼핑 시설, 엔터테인먼트 시설도 필요하다. 제주도를 찾는 중국 관광객 가운데 한국의 피부 관리와 성형에 관심 있는 사람이 많다는 점을 감안한다면 실력 있는 의사와 병원 시설을 유치할 필요가 있다. 또한 중국인을 비롯한 외국 의료 관광객을 수용할 만한 숙박 시설도 반드시 필요하다. 기왕 의료 단지를 조성하게 되었으니 R&D 센터라는 상호 보완적인 기능을 갖추겠다는 것이 바로 제주헬스케어타운의 전체적인 밑그림이라고 볼 수 있다.

서귀포에 들어서는 국내 최초의 외국 의료기관인 녹지국제병원

4장 제주에 몰리는 중국 자본

제주헬스케어타운 내의 병원 설립에 반드시 중국 기업을 유치해야 할 이유는 없다. 국내외 어떤 의료기관이든 의향이 있고 자격이 충족되면 투자할 수 있다. 반대로 반드시 국내 의료기관만 유치해야 할 이유도 없다. 제주헬스케어타운의 주 고객이 중국인이라면 중국 고객 또는 환자의 니즈와 의료 서비스 수요에 밝은 중국 기업의 의료기관 운영이 더 나을 수도 있다. 그런 점에서 녹지그룹의 병원 설립과 헬스케어타운 투자는 자연스러운 과정이었다.

# 5 _____제주 최대 규모의 **복합리조트 개발**
## – 오라관광단지

### 중국 정부가 대주주인 자산관리회사가 참여하다

제주 도심에서 멀지 않은 제주시 오라2동 중산간 지역에 제주 역사상 최대 규모의 복합리조트 관광단지인 오라관광단지가 조성될 계획이다. 전체 부지가 마라도 면적의 12배에 달하는 357만 제곱미터, 사업비는 6조 2800억 원에 이른다. 투자액으로 보면 (주)람정제주개발이 서귀포에 건설하고 있는 제주신화월드의 3배 이상이다. 계획대로 된다면 2021년 무렵 2500실 규모의 5성급 호텔을 비롯해 1815실 규모의 분양형 콘도, 면세점, 백화점, 테마파크, 골프장을 갖춘 초대형 리조트 단지로 완성된다. 투자자와 제주도는 개발사업에 지역업체 참여 비율을 50퍼센트에서 60퍼센트로 높이고, 주민 고용을 80퍼센트에서 90퍼센트로 높이는 등 기존 투자 프로젝트보다 도민의 참여 비율을 높여 지역과 기업이 상생하는 관광산업의 신성장 모델을 제시하겠다는 입장이다.

오라관광단지 전체 면적을 매입하여 투자를 추진하고 있는 기업은 주식회사 JCC그룹이다. 2017년 5월 제주도의회 환경도시위원회 회의에 참석한 JCC의 개발본부장은 버진아일랜드에 설립된 '하오싱'이라는 회사가 JCC 지분을 100퍼센트 가지고 있으며, 중국의 화융자산관리공사華融資産管理公司가 하오싱 지분의 51퍼센트를 가지고 있다고 설명했다.

흥미로운 점은 JCC그룹의 대표 왕핑화가 중국 최대의 자산관리회사인 화융자산관리공사의 홍콩담당 지역본부장이라는 점이다. 중국의 화융자산관리공사는 중국의 재정부가 최대 주주이며, 대표이사를 비롯한 대부분의 경영진이 재정부, 중국인민은행, 중국공상은행 등 중국 금융권 고위직 출신들로 포진되어

4장 제주에 몰리는 중국 자본

있는 중국의 국영 자산관리회사라고 할 수 있다. 2017년 말 기준 총 자산이 1.87조 위안(한화 약 320조 원)인 중국 최대의 자산관리회사다. JCC 그룹 측은 홍콩 주식시장 상장으로 갤럭시 그룹이나 모건스탠리 등의 투자를 유치하겠다는 계획을 밝히고 있다.

※오라관광단지 토지이용계획

| 구분 | 면적(㎡) | 구성비(%) | 비고 |
|---|---|---|---|
| 관광숙박시설 | 656,427 | 18.4 | 호텔2,500실,<br>휴양콘도미니엄1,815실 등 |
| 상업시설 | 211,960 | 5.9 | 테마쇼핑몰, 명품빌리지,<br>키즈테마파크 등 |
| 휴양문화시설 | 281,887 | 7.9 | MICE컨벤션, 전시장, 테마파크 등 |
| 체육시설 | 1,004,264 | 28.1 | 골프장18홀, 클럽하우스 등 |
| 공공시설 | 227,060 | 6.3 | 도로, 주차장 등 |
| 녹지시설 | 1,194,155 | 33.4 | 원형녹지, 조성녹지 등 |
| 총 계 | 3,575,753 | 100.0 | |

자료 : 제주특별자치도

## 곡절 많은 오라관광단지, 자본 검증한다

제주도 내 다른 대형 개발 프로젝트처럼 오라관광단지 개발에도 곡절이 많았다. 오라동 개발 부지는 20여 년 전까지 개발제한구역(그린벨트)으로 묶여 있었으나 1997년에 제주도종합개발계획 변경계획의 20개 관광지구에 포함되었다. 1999년에는 유일개발(주), 쌍용건설(주), 오라공동목장조합이 공동으로 개발사업 시행을 승인받았지만 마침 IMF 사태가 발생했다. 개발은 무산되었고, 이후 여러 차례 사업자가 바뀌었으나 사업은 진척되지 못했다. 1998년과 2001년 일부 부지를 활용하여 세계섬문화축제 등의 단발성 행사가 개최되었으나 다시 버려졌다.

2015년 7월에 JCC그룹이 참여하면서 다시 오라관광단지 개발사업이 추진되기 시작했다. 2016년 경관심의, 교통영향평가, 도시건축공동위원회심의, 환경영향평가심의를 통과했고, 제주도의회의 환경영향평가 동의만을 남겨두고 있었다.

오라관광단지 사업 추진에 속도가 붙자 20년간 지지부진하던 사업의 추진을 바라는 지역주민 측과 환경 훼손을 우려하는 시민단체의 의견이 팽팽히 맞섰다. 2017년 6월 도의회는 환경영향평가 동의에 앞서 투자자에 대한 제주도청의 '자본 검증'을 요구했다. 이에 따라 2017년 12월 자본검증위원회가 구성되었고, 반년 넘게 '자본 검증'이 이어지고 있다. 사실 자본검증위원회는 그 존립의 법적 근거가 없다. 전문가들의 의견을 듣는 참고용에 불과하다. 자본검증위원회의 결론에 근거해 제주도가 사업 불허 결정을 내리면 자칫 법적 분쟁에 휘말릴 우려도 있

4장 제주에 몰리는 중국 자본

다. '참고용 위원회'가 사업 추진을 반년 넘게 지체시키고 있는 동안 투자자는 어떤 생각을 하고 있을까?

정리하자면 이렇다. 20년을 끌어오다 방치된 오라관광단지 사업에 중국 정부가 통제하고 있는 대형 자산관리회사가 홍콩과 버진아일랜드를 거친 우회 투자로 대주주로 참여하고 있다. 찬성(개발)과 반대(환경)가 맞서고 있는 가운데 사업시행 승인 직전 '자본 검증'을 이유로 사업이 다시 멈춰선 형국이다.

### 환경 보존과 개발, 어느 쪽을 선택해야 할까?

두 갈래 길 앞에서는 사람들의 생각도 나뉜다. 한쪽에서는 제주도 고유의 청정한 자연환경을 보존해 아름다움을 지키는 길을 택하지 않으면 난개발로 환경이 훼손될 것이라 한다. 다른 한쪽에서는 이미 훼손되어 방치된 숲을 개발하여 제주관광의 질적 성장을 주도해야 한다고 한다. 우리는 어느 쪽으로 가야 하는가? 선택의 순간에서는 그 선택에 따르는 제약 요인과 선택 가능성을 점검해야만 한다. 예컨대 일반 서민이 자동차를 구입하고자 할 때 현실적으로 1000만 원짜리 차와 1억 원짜리 차를 놓고 선택할 수는 없다. 그래서 자동차 영업사원들은 묻는다. "예산은 어느 정도 생각하고 계신가요?"

오라관광단지에 대해 제주도는 어떠한 선택지를 가지고 있는가? 투자자로부터 현재 부지를 다시 매입하여 공적 시설로 활용할 수 있는 충분한 자산을 가지고 있는가? 아니면 현 투자자로부터 부지를 매입하여 모두의 기대를 충족시키는 개발을 추진할 제3의 투자자를 찾아낼 수 있는가? 일부는 자연 상태이고 일부는 개발이 중단된 현재 이 상태로 두는 편이 나을까? 반대로도 물어볼 수 있겠다. 오라관광단지 건설 과정에서 또는 건설 후 발생할 수 있는, 환경단체에서 제기하는 여러 문제에 책임 있게 대응할 수 있겠는가?

'검은색 아니면 흰색'과 같은 극단의 선택을 하기는 어렵다. 또 어떤 선택이든 모든 문제를 완벽히 해소하고 모두를 만족시킬 수도 없다. 제기되는 문제들을 하나하나 검토하면서 최악의 옵션들을 선택지에서 제거하고 남은 최종의 결과를 용인할 수밖에 없다. 아마 그 선택에도 해결해야 할 수많은 부수적인 문제가 따를 것이다. 제주도에서 오라관광단지가 어떤 방식으로 해결되어야 하는지를 결정할 때도 결국 같은 방식으로 판단할 수밖에 없다. 수차례 회의를 거듭하고 있는 오라관광단지 자본검증위원회가 그 역할과 목적을 포함해 깊이 고민해야 하는 문제다.

사업이 무산된 **휴양형 주거단지**
－예래휴양형주거단지

### 소송전으로 비화된 제1호 대형 외자유치사업

제주도 외자유치 사업의 대표적인 실패 사례도 소개할 수밖에 없을 것 같다. 가슴이 아프니 실패했다기보다는 곤란을 겪고 있는 사업이라고 해두자.

신제주 쪽에서 평화로를 타고 한라산을 서쪽으로 넘어 중문 관광단지로 향하다가 예래동의 오른쪽 해안가로 내려가면, 공사가 중단된 채 흉물스럽게 서 있는 빌라 단지를 볼 수 있다. JDC의 선도프로젝트의 하나로 말레이시아 화교 자본을 유치해 건설 중이던 예래휴양형 주거단지(이하 예래단지) 건설 현장이다.

예래단지는 제1호 대형 외자유치 사업이었다. 2007년부터 기반 공사를 시작했고, 중국 자본의 제주도 러시가 시작되기도 전인 2008년 말레이시아의 화교 자본인 버자야 그룹과 JDC가 (주)버자야제주리조트라는 합작법인을 설립했다. JDC가 기반시설 공사를 담당하고 19퍼센트의 지분을 갖는 대신 관광단지 투자는 버자야 그룹이 맡는 방식이었다. 서귀포시 예래동 일원 74

만 제곱미터 부지에 주거용 호텔과 카지노, 의료시설, 쇼핑센터, 랜드마크타워 등을 지어 세계적인 휴양형 주거단지를 건설하겠다는 야심찬 계획이었다. 총 26억 달러를 투자키로 한, 당시로서는 역대 최대 규모의 외자유치 사업이었다.

2013년부터 1단계 콘도미니엄 건설 공사가 본격적으로 시작되었다. 그러나 2015년 3월 대법원은 예래단지가 영리 추구를 목적으로 하기 때문에 공공적 성격이 요구되는 유원지로 인가한 것은 잘못이며, 그에 따른 토지 수용도 무효라는 취지의 판결을 내렸다. 2006년 예래단지 일부 토지주와의 매수 협의가 어려워지자 토지수용위원회를 개최해 약 12만 제곱미터의 토지를 강제 수용한 것이 문제가 된 것이다. 해당 토지주들이 반발해 소송을 제기했고, 9년을 끌어오던 송사는 JDC의 패배로 일단락되었다. 법적으로 사업 자체가 무효가 된 것이다.

버자야 그룹 측은 콘도를 지어봐야 분양할 수 없다고 판단하고 공사 중단을 결정했다. 얼마 지나지 않아 JDC를 대상으로 3500억 원대의 손해배상 청구 소송도 제기했다. 대법원 판결에 따라 사업 진행이 불투명해지자 단지 내 다른 토지주들도 토지 반환 소송을 제기하는 등 현재 예래단지와 관련된 소송이 수십 건에 이르는 것으로 알려졌다. 2017년 말 현재, 콘도 147세대를 건설하는 1단계 사업의 공정률이 60퍼센트를 넘어선 상태에서 현장은 2년 넘게 멈춰서 있다. 버자야 그룹은 프로젝트파이낸싱을 포함해 약 2500억 원을 투자한 상태다.

### 원점으로 되돌릴 수 없는 사업, 해결책은?

사업 중단의 직접적인 원인은 2015년의 대법원 판결이다. 소송을 제기한 토지주들은 콘도를 팔아 분양하는 사업이 공공 목적의 유원지 건설이라는 본래 취지와는 어긋나기 때문에 토지수용이 무효라고 주장했고, 대법원에서 그 주장이 받아들여졌다. 무엇이 유원지인가 하는 점에서 JDC 측의 해석과 실제 법원의 판단 차이가 쟁점이었다.

이미 수천 억 원이 투입되고 60퍼센트 이상 공사가 진행된 사업을 원점으로 돌릴 수는 없다. 최선은 버자야 그룹이 다시 사업을 재개할 수 있는 여건을 만들어주는 것이다. 예래단지가 유원지인지 아닌지가 문제였으므로, 2016년 제주도는 유원지에 관한 기준 결정을 제주도가 가져와 예래단지에 소급 적용토록 제주특별법을 개정하고 관련 조례를 만들었다. 제주가 특별자치도인 만큼 유원지 설치 기준을 여건에 맞게 조례로 정할 수 있도록 했다. 동시에 조례제정 과정에서 공공성을 강화하고, 이해

관계자들과 도민의 의견을 충분히 반영토록 요구받았다.

그러고도 갈 길은 멀다. 2017년 9월, 예래단지 토지주 8명이 제기한 소송에서 재판부는 원고의 주장을 받아들여, 제주도와 서귀포시가 허가한 15개의 행정처분이 무효라고 판결했다. JDC측은 판결문을 받아보고 항소 여부를 결정한다는 입장을 표명했다. 토지보상 협상부터 다시 시작해야 할 수도 있다. 예래단지가 추진되어온 지난 10년간 제주도 내 부동산 가격이 급등했으니, 그것이 또 변수가 될 수 있다. 제주도나 JDC나 이래저래 매우 어려운 숙제를 맡은 셈이다.

투자자인 버자야 그룹을 설득하는 것도 과제다. 3500억 원 규모의 손해배상 청구소송이 진행 중인데, 소송을 철회하고 사업을 재개한다 해도 예래단지의 공공성을 강화하라는 제주특별법 개정안 취지에 맞추려면 숙박시설 규모를 줄이는 등의 사업 계획 변경이 불가피하다.

제주도와 JDC는 곤혹스러운 입장이지만 문제 발생과 해결과정에서 교훈을 얻어야 한다. 토지 수용 과정이 어떠했는지, 투자 목적에 맞는 기준으로 보상이 이루어졌는지, 문제 발생 시 사업 참여자들 간에 소통이 원활하게 이루어졌는지, 문제 해결을 위한 적절한 대안이 적기에 마련되었는지 등을 복기해본다

콘도 분양사업이 공공 목적의 유원지 건설이라는 본래 취지와 어긋난다는 사유로 2015년부터 건설이 중단되어 있는 예래휴양단지

면 새로운 투자 프로젝트 진행에 좋은 참고가 될 것이다.

## 7 _____ 크고 작은 **투자 프로젝트들**

지금까지 제주도에서 조 단위의 외국인 투자와 건설이 진행되고 있거나, 절차가 진행 중이거나, 일시 중단된 사업 다섯 가지를 살펴보았다. 각 사업은 제주도의 미래를 바꿀 만한 대규모 사업이며, 모두 중국계 자본 또는 화교 자본이다. 이외에도 중국 자본 또는 홍콩을 거친 중국계 자본이 추진하는 수천억 원대의 프로젝트가 여럿 있다. 우선 7000억 원 규모의 사업으로 (유)흥유개발이 애월읍 봉성리에 계획 중인 '차이나 비욘드힐', (주)신화련금수산장개발이 한림읍 금악리에 추진하고 있는 '신화련 금수산장 관광단지'가 있다. 4000억 원 규모의 사업으로는 (주)제주분마이호랜드의 '이호유원지'와 (유)신해원의 '뉴오션타운'이 있다. 이 네 개의 사업은 현재 사업 승인을 받기 위한 절차가

※중국 자본의 대규모 제주 프로젝트 추진 현황(1000억 원 이상)

|  | 사업명 | 사업규모<br>(억 원) | 부지<br>(1만㎡) | 주요 사업내용 | 진행<br>상황 |
|---|---|---|---|---|---|
| 10 | 이호유원지 | 4,212 | 27.6 | 호텔, 워터파크, 요트계류장 | △ |
| 11 | 백통신원 리조트 | 2,432 | 55.3 | 호텔, 맥주박물관, 테마파크 | ○ |
|  | 차이나 비욘드힐 | 7,200 | 89.7 | 호텔, 상업시설, 문화시설 등 | △ |
| 12 | 무수천 유원지 | 2,537 | 13.6 | 호텔, 테마상가, 전시관 등 | ○ |
|  | 오션스타 | 1,100 | 3.8 | 호텔, 오락시설, 헬스클럽 등 | ◎ |
| 13 | 열해당 리조트 | 1,280 | 22.2 | 콘도, 테마파크, 컨벤션센터 | ○ |
|  | 뉴오션타운 | 4,327 | 19.2 | 호텔, 상업시설 등 | △ |
|  | 라헨느 리조트 | 1,000 | 11.6 | 골프빌리지 리조트 | △ |
| 14 | 테디팰리스 | 2,373 | 9.9 | 휴양형 리조트 | ◎ |
| 15 | 신화련 관광단지 | 7,239 | 95.9 | 호텔, 골프장, 콘도 등 | △ |
| 16 | 록인제주 관광단지 | 2,736 | 52.3 | 휴양콘도, 테마파크 등 | ○ |

자료 : 필자 정리
주 : ◎ 운영중, ○ 공사중, △ 승인절차 이행중

4장 제주에 몰리는 중국 자본

진행 중이다. 그 밖에도 사업 규모가 1000억 원이 넘는 중국 기업의 투자 프로젝트들이 더 있다.

문제는 사업 진행이 매우 더디게 진행되고 있다는 점이다. 이호유원지는 2010년, 차이나 비욘드힐은 2011년부터 사업이 추진되었는데 아직도 사업 승인을 받지 못한 채 시간을 끌고 있다. 뉴오션타운과 라헨느 리조트도 마찬가지다.

우여곡절 끝에 착공해도 일사천리로 건설되는 사업은 드물다. 2012년에 사업 시행이 승인된 백통신원 리조트는 아직도 공사 중이다. 2016년 8월 사업기간을 2018년 말까지 2년 연장했다. 2013년에 시작된 무수천 유원지와 열해당 리조트도 비슷한 상황이고, 록인제주 관광단지는 2017년 말 공사가 중단된 상태다. 환경 훼손 논란에 휘말리거나 사업계획이 중도 변경되는 등 순조롭게 진행되는 사업이 오히려 드물다.

## 8 ___ 중국 자본의 제주 투자, **어떻게 보아야 하나?**

### 중국 기업이 제주도를 찾는 이유

2010년대 초반 중국계 기업의 투자가 갑자기 제주에 몰린 이유는 무엇인가? 우선 중국 관광객의 급증을 가장 큰 요인으로 꼽을 수 있다. 2000년대 중반 이후 중국 관광객들이 전 세계적으로 늘어나면서 중국과 지리적으로 가장 가까운 한국이 가장 큰 수혜자가 되었다.

한국을 찾는 중국 단체 관광객의 약 40퍼센트가 제주도를 방문하는 가운데 그 수요를 충족시킬 만한 숙박 시설 및 휴양 시설이 요구되었고, 이러한 중국인의 여행 트렌드에 중국계 기업들이 민첩하게 반응한 것이다. 관광지가 제주도라 해도 한국 기업으로서는 중국인 고객을 상대하기 위해 추가적인 시장 조사가 필요하다. 반면 중국 기업의 경우, 중국인들이 제주에서 원하는 상품과 서비스가 무엇인지 파악하는 데 유리한 입장이다.

둘째, 2000년대 후반부터 2010년대 초반까지는 제주도의 지가地價가 절대적으로 저렴하던 시기였다. 게다가 제주 도심이나 서귀포 도심에서 떨어져 있는 중산간 지역은 일반 주거용 택지를 개발하기에 적절치 않아서 더욱 지가가 낮았다. 제주도는 자연환경이 빼어난 데다 중국으로부터의 접근성도 좋아 중국 기업으로서는 이미 투자비용이 치솟은 중국 본토의 경쟁 관광지보다 훨씬 적은 투자비용이 든다는 점이 매력적인 요소였을 것이다. 복합리조트와 같은 휴양 시설이나 집객 시설을 건설하려면 대규모 토지를 매입해야 하므로 부동산 비용은 미래 투자 수익을 결정짓는 중요한 요인이기도 하다.

셋째, 2000년대 중반부터 중국 정부는 기업들의 해외 진출을 적극 지원하기 시작했다. 이른바 '저우추취走出去' 전략이다. 급증하는 무역수지 흑자와 FDI(해외직접투자) 유입으로 중국의 외환보유고가 크게 늘어나는 시점과 일치한다. 중국 정부는 지속적인 경제 성장의 동력을 얻기 위해 중국 국유기업들의 해외투자를 적극 지원했다. 아프리카나 남아메리카 등의 자원 부국에는 원유, 철강, 비철금속 등 원자재를 확보하기 위해 설비를 제공하고 인력을 파견했다. 또 글로벌 경쟁력 강화를 위해 첨단 기술을 보유한 선진국 기업들을 M&A했다. 그 시점부터 중국계 부동산 개발기업들이 제주로 눈을 돌리기 시작한 것으로 보인다.

마지막으로, 2010년대 초반까지는 제주도 차원에서 해외투자를 유치하는 데 적극적이었다. 중국계 기업이 투자한 프로젝트 중에는 오래전부터 유원지나 관광단지로 계획되었으나 국내 자본의 투자와 건설이 번번이 좌절된 경우가 많다. 신제주의 노른자위에 해당하는 노형동의 드림타워 자리는 건설 계획을 세워놓고도 자금난으로 20여 년간 방치되어 있었다. 2017년 9월에 문을 연 서귀포의 제주신화월드 부지, 최근 도의회의 환경영향평가 동의를 앞두고 자본 검증을 요구받고 있는 오라관광단지 부지도 마찬가지였다.

한국의 여느 농촌 지역과 마찬가지로 제주도는 2000년대 중후반까지, 아니 지금도 일부 읍면 단위의 작은 분교들과 초중학교들이 폐교되었거나 폐교 위기에 있다. 제주도 어른들 말씀대로 "요망진 것들은 모두 육지로, 도시로 떠나"버린 결과다. 도외든 해외든 기업 투자를 유치해야 마을 인구가 늘고 활기차게 될 것이라는 공감대가 형성되었다. 이에 제주도청에서는 외국인 투자를 유치하기 위해 적극적으로 움직였고, 투자처를 찾던 중국 기업들은 제주도를 선택하게 되었다.

## 해외직접투자 이론

기업들이 해외직접투자를 하는 이유를 경영학 교과서는 대략 다음과 같이 설명하고 있다. 우선 특정 기업이 기술, 브랜드, 마케팅 능력 등에서 '독점적인 경쟁우위monopolistic advantage'를 가지고 있는 경우 해외 시장에 진출한다. 삼성전자가 중국에 생산법인을 세우고 반도체를 생산하고 있는 것은 반도체 제조 기술력이라는 독점적인 경쟁우위를 가지고 있기 때문이며, 코카콜라가 전 세계 대부분의 지역에 직접투자를 통해 '보틀링bottling' 시설을 갖춘 것은 막강한 브랜드 파워 덕분이다.

해외직접투자를 진행하는 또 다른 중요한 이유는 기업의 해외 경영활동을 '내부화internalization'하기 위해서다. 최근 중국 기업들이 한국의 게임·콘텐츠 기업을 대거 인수하거나 지분투자를 하는 이유는 시장에서 이들의 개별 게임이나 콘텐츠를 공급받는 것보다 대상 기업을 사들여서 모든 경영 자원과 자산을 자신의 것으로 '내부화' 화는 편이 효율적이기 때문이다.

특정 지역에서만 가능한 경영자원을 획득하기 위해 해외직접투자를 진행하는 경우도 있다. 석유와 금속 광물자원을 확보하기 위해 아프리카 산유국을 비롯해 전 세계 자원 부국에 적극적으로 진출하고 있는 중국 국유기업들이 대표적인 경우다. 자원 보유국 현지에 법인을 세우고 채굴권을 확보한 뒤 장기적으로 광물을 채굴하여 공급받는 것이 시장에서 구매하는 것보다 훨씬 안정적이고 효율적이기 때문이다. 이를 '입지 우위론location-specific advantage'이라 한다.

영국의 경제학자인 존 더닝J. H. Dunning은 위에서 설명한 독점적 경쟁우위론과 내부화 이론, 입지 우위론을 결합한 '절충론eclectic theory'을 주장했다. 해외에 직접투자하고자 하는 기업은 해외 현지 투자로 인한 다양한 득실을 모두 고려하게 된다는 주장이다.

그렇다면 이론적으로 볼 때 중국 기업이 제주도에 투자하는 것은 어떤 동기에서 비롯된 것일까? 아마도 제주도가 가진 입지조건이 가장 중요한 투자 동기가 되었을 것이다. 유네스코 세계자연유산이라는 매우 경쟁력 있는 자연환경을 제주도가 보유하고 있기 때문이다. 게다가 입지 우위론 측면에서 지리적으로 중국과 매우 가깝다. 또한 많은 관광객을 제주도로 보내는 중국의 대형 여행사가 매번 제주도의 호텔과 계약하여 중국 관광객을 투숙시키는 방식이 비효율적이라는 판단 아래 도내 호텔을 인수했다면, 이는 내부화 이론에 입각한 투자라 할 수 있다. 이와 같이 도내 중국 투자기업들도 자신들의 경쟁우위, 제주도의 입지 그리고 '내부화'의 필요 등 다양한 요소들을 고려하여 제주 투자를 결정했을 것이다.

# 9 중국 자본을 바라보는 **제주도민의 시선**

2010년대 초까지만 해도 제주도에서는 실력 있는 국내외 투자자를 찾기 위해 열심히 뛰었다. 하지만 불과 몇 년 사이에 제주도가 중국 투자자들에게 이렇게 큰 관심을 받게 될지는 투자유치 담당 공무원도 예측하지 못했을 것이다.

앞서 언급한 바와 같이, 크고 작은 투자 프로젝트 중 대규모 부동산 개발사업이 대부분 중국 또는 화교 자본으로 진행되고 있다는 점에 주목할 필요가 있다. 그러나 짧은 시간에 급격히 중국 자본이 유입되자 제주도에서는 그에 따른 문제점과 개선을 요구하는 목소리가 높아지고 있다.

## 부동산 개발 중심의 투자는 이제 그만

이제 부동산 개발 중심의 투자유치는 지양해야 한다는 데 제주도민의 의견이 모아지고 있는 듯하다. 대규모 부동산 개발 프로젝트는 어떤 식으로든 제주도의 자연환경을 훼손할 수밖에 없다는 게 가장 큰 이유다. 호텔과 빌라를 지어 분양하고, 테마파크와 상업 시설로 관광객을 유치하는 사업은 대단위 토지를 필요로 한다. 사업자 입장에서는 도심에서 먼 중산간 일대는 땅값도 저렴하고 지대가 높을수록 경관이 좋기 때문에 제주도 중산간 지역을 주목하게 되었다. 그런데 중산간 개발이란 결국 한라산의 아랫자락을 개발하는 것이다. 이 지역에는 곶자왈과 같은 원시 식생지역이 있고 수많은 오름이 분포되어 있다.

예를 들면 제주신화월드가 건설되는 현장 일부 지역에 곶자왈이 자리 잡고 있는데 공사 과정에서 토지 이용을 위해 곶자왈의 일부를 절취하거나 변형시키지는 않을까 하는 우려가 있었다. ㈜람정제주개발 측은 건설 부지 내의 곶자왈을 보존하면서 호텔, 놀이시설 등을 곶자왈과 어울리도록 개발하고 있다는 입장이다.

오라관광단지 건설을 반대하는 가장 큰 이유도 이와 다르지 않다. 제주도 내 환경단체들은 거대한 규모의 관광 시설이 들어서면 과도한 지하수 사용 및 오수·쓰레기 발생, 개발 과정에서의 수목 훼손, 하천 생태계 혼란 등 해당 지역의 자연환경에 악영향을 끼칠 것으로 보고 있다.

조망권 문제도 있다. 제주시 노형동에 건설되고 있는 드림타워는 도내 최고층 빌딩인 38층으로 건설된다. 외관이 똑같은 쌍둥이 빌딩 두 채가 나란히 서게 되며 저층부는 포디움으로 연결된다. 최근 20년 사이 개발이 집중된 신제주 지역의 건물들은 20층 이하이며, 10층을 넘는 건물도 많지 않다. 현재 제주도 내 최고층 건물은 신제주 연동에 위치한 22층짜리 '롯데시티호텔 제주'다. 따라서 드림타워의 고층에서는 한라산 쪽과 바다 쪽을 포함해 어디든 막힘없는 전망을 제공하겠지만, 드림타워 앞이나 뒤에 위치한 노형 오거리 건물에서는 기존의 조망을 잃게 된다.

제주도 내 사업부지는 지역에 따라 경관 등급을 설정하여 건축물의 고도를 제한하고 있다. 하지만 호텔이나 콘도의 층수를 조금이라도 높여 경관을 확보하고 객실을 늘리려는 사업자와 '경관의 사유화'를 우려하는 시민들 간에 충돌이 발생하게 마련

평안을 부르는 한라산

이다. 오라관광단지 내의 호텔 설립계획에도, 차이나비욘드힐 개발사업에도, 신화련 금수산장 건설계획에도 유사한 문제 제기가 있었다. 환경 훼손 문제와 함께 거의 대부분의 투자 프로젝트에 한라산 경관, 중산간 지역 경관 사유화 문제가 제기되었다.

## 부동산 시장 과열에 일조한 중국 기업의 투자

부동산 개발을 중심으로 하는 중국계 기업의 제주 투자에 대한 또 다른 비판이 있다. 기업들이 제주도에 부동산 과열을 불러일으켜 평화로운 제주도를 돈으로 들쑤셔놓았다는 원망이다. 중국계 기업들이 큰 규모의 투자를 진행하면서 언론의 관심을 받게 되자 '제주도의 땅은 중국인이 다 사버린다' '노형동과 연동의 집값은 왕서방이 다 올린다'는 오해도 받게 되었다. 도내 신제주에 위치한 34평짜리 아파트를 중국인이 10억 원에 사버렸다 '카더라'는 소문도 여기저기서 들렸다.

한국은행 제주본부에 따르면, 2010년 이후 제주도의 주택과 토지가격 상승률이 전국 평균을 크게 상회한 것으로 나타났다. 지은 지 30년 된 구제주의 주공아파트가 재건축 기대심리 때문에 3.3제곱미터당 2200만 원에 거래되기도 하고, 2016년에는 제주첨단과학기술단지 내의 대단지 브랜드 아파트에 청약 광풍이 불기도 했다.

시기적으로 중국계 기업의 투자 증가와 부동산 경기 과열이 겹치기는 하지만 주택 및 토지 가격의 급등, 청약 광풍에 대한 책임을 모두 중국 자본에게 돌리는 것은 공평하지 않다. 중국계 기업의 투자로 토지 수요가 늘어나기도 했지만 관광객의 증가로 인한 국내 자본의 투자, 공공기관의 혁신도시 이전과 국제학교 설립 등으로 인한 이주민 증가, 향후 발전 기대심리에 의한 가수요 발생 등 제주도의 부동산 열풍은 복합적인 요인이 작용한 것으로 보아야 한다.

통계를 보면, 제주도 전체 토지(1849제곱킬로미터) 가운데 외국인이 보유한 토지는 약 1.1퍼센트(2037만 제곱미터)이고, 그중에서 중국인이 매입한 면적은 전체 토지의 약 0.46퍼센트(853만 제곱미터)인 것으로 나타났다. 중국인이 사들인 토지가 많기는 하지만 '제주도가 중국땅으로 변한다'는 표현은 과장된 것이다. 객관적으로 보자면 최근 수년간 대형 부동산 개발 중심의 투자로 중국계 기업의 제주 토지 매입이 증가했고, 그 과정에서 지속적인 투자와 개발에 대한 기대심리가 보태지면서 제주도의 부동산 시장이 과열된 것이라 평가할 수 있다.

## 공존의 지혜가 필요한 개발 사업

중국인 관광객을 바라보는 관점과 유사하게, 중국계 기업에 대한 제주도민의 시선도 복잡하다. 한편으로는 오랜 기간 지지 부진하던 외부의 투자가 제주의 경제를 살릴 것이라는 기대가 있다. 제주도의 중소기업들에게는 일감을, 청년들을 비롯한 제주도민에게는 일자리를 제공하여 제주도의 새로운 성장 동력이 될 것이라는 믿음이다. 다른 한편으로는 부동산 중심의 투자로 인해 제주도의 자연환경 훼손이라는 대가가 따를 것이라는 우려도 크다.

분명 둘 다 일리가 있다. 우선 드림타워와 헬스케어타운, 신화역사공원의 건설이 본격적으로 진행되면서 건설업을 비롯해 제주도의 경기가 좋아지고 있음은 수치상으로 나타난다. 중화권 자본이 유입되고 국내외 관광객이 크게 늘기 시작한 2011~2016년 동안 제주도의 지역 내 총생산GRDP은 우리나라 전체 GDP보다 매년 2~3퍼센트포인트 높은 수준을 유지하고 있다. 고용의 측면에서는, 농림어업 취업자 수는 줄어드는 대신 서비스업과 건설업을 중심으로 전체 인구대비 취업자 수도 지속적으로 증가하고 있다. 제주도 내 대학의 중국어 전공이 인기 과목이 되었고 관련 학과가 개설되고 있다. (주)람정제주개발과 녹지그룹 등 투자기업과 제주도, JDC 그리고 도내 고등학교, 대학교가 협력하여 인재양성 프로그램도 운영하고 있다.

반면 한라산과 인접한 중산간 지역을 개발하는 휴양형 콘도, 호텔, 테마파크 등의 사업의 경우 해당 지역의 자연환경을 훼손할 가능성 또한 다분하다. 게다가 오래전부터 개발이 예정되어 있었다 할지라도 포클레인이 땅을 파고 나무를 베어내는 모습을 보는 게 평생을 제주도에서 살아온 제주도민에게 유쾌한 경험은 아니다. 중국계 기업들은 이런 제주도민의 복잡한 정서를 이해해야 한다.

제주도민은 제주도에 투자한 중국계 기업들이 제주도와 공존하며, 제주도의 땅을 이용해서 얻는 이익을 제주 지역사회와 공유하기를 바란다. 이와 같은 제주도민의 바람이 2017년 초부터 시행되고 있는 제2차 제주국제자유도시 종합계획 수정계획(이하 수정계획)에 반영되어 있다. '지속가능한 공존, 스마트 제주'라는 수정계획의 비전에서 '공존'은 산업과 산업의 공존, 환경과 산업의 공존, 지역과 산업의 공존을 의미한다. 중국계 기업과 제주도가, 중국계 기업의 프로젝트와 제주도의 환경이 어떻게 공존해야 하는지 중국계 기업과 제주도민이 지혜를 모아야 한다.

## 제주도의 산업정책 방향에 맞는 투자인가

수정계획은 2011년 12월에 발표된 제2차 제주국제자유도시 종합계획(이하 종합계획)과 차이가 크다. 종합계획의 비전은 "互通無界 好樂無限 濟州"(교류와 비즈니스의 경계가 없고 무한한 만족과 즐거움을 얻는 곳, 제주)로 표현되었다. 그리고 '대중국 공략'을 기조 전략으로 제시했다. 중국의 투자와 중국인 관광객 유치

※종합계획의 핵심프로젝트 · 전략사업

| 핵심 프로 젝트 | 첨단과학기술단지, 휴양형 주거단지, 신화역사공원, 서귀포 관광미항, 제주헬스케어타운, 제주영어교육도시 |
|---|---|
| 8大 전략 사업 | 랜드마크적 복합 리조트, 뷰티케어 빌리지 조성, Edu-MICE 비즈니스, IBE R&BD 클러스터 조성, 1차 산업의 수출산업화 사업, 제주신공항 건설, 제주투자은행, 그린스마트시티 제주 |

※수정계획의 산업 프로젝트

| 목 표 | 산업육성프로젝트 |
|---|---|
| 6차 산업화 | MICARE 빌리지 조성 |
| ICT 융 · 복합화 | 스마트 아일랜드 구축 |
| 녹색 성장 | 전기자동차 특구 조성 |
| 사회적 경제 활성화 | 소셜벤처 육성 플랫폼 구축 |

자료 : 필자 작성
주 : Edu-MICE(Education – Meeting, Incentive, Convention, Exhibition)
IBE R&BD(IT, Bio, Energy Research and Business Development)
MICARE(MICE+healthcare)
6차산업이란 1차, 2차, 3차 산업의 융합 · 복합으로 농가 소득을 향상시키고, 농업의 부가가치를 높이는 산업을 말한다.

를 핵심 전략으로 삼겠다는 뜻이다. 반면 수정계획에는 중국이라는 단어가 사라졌다. 대신 지속가능한 공존이라는 전략 달성을 위한 전제 전략으로 '환경자원 총량 관리'를 도입했다.

종합계획의 6개 핵심 프로젝트와 8대 전략사업에서는 개별 프로젝트와 전략사업의 명칭 일부가 그대로 중국계 기업의 투자 프로젝트를 가리켰다. 그러나 수정계획에는 계획 체계 자체를 전면 재조정하면서, 6차산업화, ICT 융·복합화, 녹색성장, 사회적 경제 활성화를 목표로 산업육성 프로젝트를 내걸었다. 재선에 성공한 원희룡 지사가 항상 강조하는 '제주의 미래가치를 높이는 투자'란 바로 이 네 가지 목표를 달성하는 데 기여하거나 참여하는 투자를 말하는 것으로 보인다. 제주도민은 이제 투자의 주체가 누구든 제주도의 미래 발전에 동참할 수 있는 투자자를 원한다. 여기에는 다양한 방식의 융·복합을 통해 제주도의 농촌과 농업을 발전시킬 수 있는 사업이거나, 제주도를 스마트하게 바꿔줄 수 있는 ICT 산업, 전기자동차 관련 산업이 포함된다.

**"제주도지사, 반중反中인가"**

"원희룡 제주도정의 자본 검증을 비롯해 각종 비법적·편법적 행위로 고통 받고 있다." 2017년 7월 4일 JCC의 박영조 전 회장이 제주도청과 도의회의 '자본 검증 후, 환경영향평가 동의안 처리' 방침에 대해 기자회견을 열어 불만을 토로했다. 제주도내 시민단체들은 자본금 900억 원대의 JCC가 환경 훼손 우려가 있는 5조 원 규모의 사업을 진행하는 것에 대해 강력히 문제 제기했다. 자본 검증을 먼저 하겠다는 방침은 이 과정에서 나왔다.

표현이 다소 거칠긴 하지만 투자자의 입장에서는 불만을 제기할 만도 하다. 법과 규정에 따라 진행되어 왔거나 심지어 법적 절차가 완료된 사항마저 갑자기 번복되는 것이 달가울 리는 없다. 제주도정에 대한 중국 투자기업의 불만이 대외적으로까지 가장 크게 불거졌던 때는 2014년 지방선거 직후였다. 녹지그룹의 드림타워는 초고층 안전, 경관, 교통, 카지노 등 많은 문제가 제기되면서 반대도 거셌지만 우근민 전 지사 재임 말기에 건축 허가 결정이 내려진 상태였다. 그런데 새로운 도지사가 재협상과 고도 완화를 요구하자 녹지그룹은 당황했다. 결국 협상을 통해 고도를 50미터 가량 낮추기로 합의했고, 원희룡 지사는 이 듬해 베이징을 방문하여 '반중反中'이 아니라고 해명해야 했다.

## 홍콩과 유사한 제주도민의 정서

4년 전 홍콩에서 우산혁명이 벌어졌다. 2014년 9월 말부터 12월 15일까지 약 3개월간 홍콩의 심장에 해당하는 홍콩 정부 청사 앞 왕복 8차선 도로와 관광객이 가장 많이 찾는 몽콕 지역 에서 시민들이 점거시위를 벌인 사건이었다. 시위 첫날 시위대 를 해산시키기 위해 경찰이 최루액 스프레이를 뿌리자 시민들 이 우산을 펼쳐 막기 시작하면서 우산은 시위의 상징이 되었다.

시위의 직접적인 계기는 홍콩 행정장관 직선제 요구였지만, 밑바닥에 깔려 있는 불만은 급증하는 중국 대륙의 관광객과 홍 콩 사회에 대한 중국 정부의 영향력 강화였다. 2014년에는 제주 도 면적의 60퍼센트에 불과한 홍콩에 4700만 명의 중국 본토인 이 찾아왔다. 2004년 방문객이 1200만 명이었는데 불과 10년만 에 3500만 명이 늘어났다. 거리와 상점, 음식점에는 광둥어 대 신 북경 표준어 사용자가 넘쳐났고 부동산 가격이 급등했다. 돈 과 일자리가 늘어났지만 외국에서 유학한 대륙 출신 중국인들 이 고급 일자리를 차지한다는 불만이 있었다.

제주도 도심 면세점 근처에 북적이는 중국인을 보거나, 중국인이 제주도 땅을 전부 사들이는 것처럼 과장 보도하는 뉴스를 접하는 제주도민의 심정이 중국 본토인에 대한 홍콩인의 심리와 조금 비슷하겠다는 생각이 들기도 한다. 중국 관광객의 급증, 중국 기업의 투자 증가, 중국인과의 빈번한 접촉, 부동산 과열, 문화적 이질감 등 여러 가지 요소가 닮아 있기 때문이다.

중국의 투자 기업들은 이러한 정서적 거부감을 우려하고 있다. 녹지국제병원은 규모가 크지 않은 영리병원이지만 마치 건강보험 체계가 무너질 것처럼 반대하는 시민단체의 주장이 꽤 먹혀드는 것을 보면 녹지그룹의 우려가 과민하다 할 수 없다. 논리적으로 따지면 시민단체나 환경단체의 주장이 과도한 느낌이지만, 다수의 의견이 언제나 논리적으로 형성되는 것은 아니다. 오라관광단지를 비롯한 다른 중국계 기업도 정도의 차이는 있지만 비슷한 우려를 제기하고 있다.

중국 관광객, 제주 거주 중국인에 대한 일반 제주도민의 감정은 아직 걱정할 수준은 아니다. 중국 관광객의 극히 일부의 문제, 그에 대한 일부의 반응이 때로는 언론에 부풀려 그려지는 것처럼 보이기도 한다. 그러나 제주를 방문하는 중국인이 현재의 300만 명에서 500만 명으로, 언젠가 1000만 명까지 늘어나면 문제가 조금 달라질 수 있다. 제주도로 들어오는 중국인 수를 제한하는 등 물리적인 방법을 쓰지 않는다면 '제주 요우커 1000만 명'은 시간문제다. 호텔이나 놀이 시설, 접객 시설 못지 않게 중국인과 제주인의 상호 배려와 이해, 공생을 위해 어떤 노력을 해야 할지 미리 준비해두어야 한다.

## '엽공호룡'이 될 것인가

옛날 중국에 용을 너무나도 좋아하는 엽공葉公이라는 사람이 살았다. 늘상 용에 관한 책만 보고, 자신의 집 담장과 기둥에도 용을 그리고, 심지어 술잔과 가구에도 용 그림을 그려 넣었다 한다. 어느 날 하늘에서 이 소식을 들은 용이 자신을 그렇게 좋아한다 하니 한번 만나보자 하고 엽공의 집을 찾았다. 그런데 실제로 용을 본 엽공은 너무 놀라서 기절해버렸다고 한다. 이 일화에서 '엽공호룡葉公好龍'이라는 고사성어가 만들어졌다.

제주도민을 엽공에 비유하는 비판이 있다. 이제까지 외부 투자유치를 그토록 바라더니, 막상 투자자가 나타나자 무서워하고 두려워하고 싫어하는 것 아니냐는 비유다. 투자를 유치하여 제주도를 개발할 생각이라면 상대 투자자와 파트너가 되어야 한다. 투자자는 물론 법과 규정에 따라 사업을 진행해야 하고

제주 고유의 아름다움을 지키려는 제주도민의 노력을 존중해야
한다. 반대로 투자자의 파트너라면 적법한 절차에 따른 투자자
의 투자행위와 투자에 따르는 정당한 이익을 보장해주려는 자
세가 필요하다. 그래야만 위법한 행위에 대해 분명하게 문제 제
기하고 시정을 요구할 수 있다. 그러한 과정을 통해서 제주도의
제도와 시스템, 사람에 대한 신뢰가 쌓인다.

상대가 용이건, 호랑이건, 판다곰이건 두려워할 이유는 없
다. 찾아오면 반겨주고 친구로 삼으면 된다. 도와줄 건 도와주
고 요구할 건 요구하면 된다. 제주도는 누구든 좋은 친구로 만
들 수 있는 충분한 능력이 있다.

## 제주도의 카지노 산업 전망

2018년 현재 우리나라에는 16개의 외국인 전용 카지노와 내외국
인 오픈 카지노인 강원랜드가 있다. 제주도에는 8개의 외국인 전용
카지노가 영업을 하고 있다. 2018년 3월 (주)람정제주개발이 중문
의 하얏트호텔에서 신화역사공원으로 이전해온 랜딩카지노의 규모
가 가장 크며, 매출액 면에서도 큰 성장세를 보일 것으로 예상된다.

그러나 전체적으로 제주도의 카지노 산업은 구멍가게 수준이다.
2017년 기준, 제주도에 소재한 8개 카지노 영업장의 매출 총액은

약 1790억 원으로, 서울에 있는 3개 카지노 중 규모가 가장 작은 힐 튼호텔의 세븐럭카지노 매출(2200억 원)에도 훨씬 못 미친다. 랜딩 카지노 한 곳만 크게 성장하고 있다는 소식이 들려온다.

카지노 산업이 발달한 마카오의 수준은 어떨까? 마카오의 2016년 카지노 매출은 32.7조 원으로, 제주도의 200배에 조금 못 미친다. 마카오의 카지노 산업이 정점에 도달했던 2013년에는 52.8조 원이었다. SJM홀딩스와 샌즈그룹Sands China을 포함한 6개 기업이 운영하고 있는 30여 개 영업장의 실적이다. 동남아시아의 소국 싱가포르의 카지노 매출도 6조 원이 넘는다.

최근 제주 카지노 산업에도 변화의 바람이 불고 있다. 2017년 2월까지 파라다이스카지노가 운영하는 메종글래드호텔 카지노와 롯데호텔 카지노를 제외한 6개 카지노의 주인이 모두 외국 자본으로 바뀌었다. 2014년 서귀포 하얏트호텔 내의 카지노를 인수, 2018년 3월 제주신화월드 내의 메리어트호텔로 확장 이전한 랜딩카지노가 대표적이다. 제주칼호텔 카지노는 한림읍 금악리에 리조트를 계획하고 있는 신화련그룹이 경영권을 확보해 메가럭카지노로 상호를 변경했다. 또 라마다호텔 카지노는 마카오 자본이, 제주썬호텔 카지노는 필리핀 카지노 업체가, 신라호텔 카지노는 중국계 대형 여행사가 경영권을 인수한 것으로 알려졌다. 상황에 따라서 카지노를 이전하거나, 필요로 하는 기업에 카지노 영업 허가를 포함해서 경영권을 되팔 수도 있을 것이다. 제주도에서 새롭게 카지노를 오픈하고자 하는 기업들은 대형 카지노를 예고하고 있다. 제주신화월드 복합리조트의 랜딩카지노가 첫 테이프를 끊었고, 도심형 복합리조트를 지향하고 있는 드림타워도 기존 카지노를 인수해 대형 카지노 시설 (9120제곱미터)을 계획하고 있는 것으로 알려졌다.

※제주도의 카지노 업체 영업 현황(2018년 4월 기준)

| 업체명<br>【법인명】 | 허가일 | 허가증<br>면적(㎡) | 위치 | 종사자<br>수 | 매출액<br>(100만 원) | 입장객<br>(명) |
|---|---|---|---|---|---|---|
| 랜딩카지노<br>【람정엔터테인먼트코리아】 | 90.09 | 5,581 | 서귀포시<br>안덕면 | 607 | 40,544 | 10,982 |
| 파라다이스카지노 제주지점<br>【파라다이스】 | 90.09 | 2,757 | 제주시<br>연동 | 216 | 33,647 | 59,427 |
| GONGZI CASINO<br>【길상창휘】 | 75.10 | 2,328 | 제주시<br>삼도2동 | 204 | 32,764 | 21,447 |
| 로얄팔레스카지노<br>【건하】 | 90.1 | 1,353 | 제주시<br>삼도2동 | 125 | 19,816 | 15,232 |
| 메가럭카지노<br>【메가럭】 | 95.12 | 1,529 | 제주시<br>이도1동 | 139 | 16,727 | 12,461 |
| 파라다이스카지노 제주 롯데<br>【두성】 | 85.04 | 1,205 | 서귀포시<br>중문동 | 115 | 15,972 | 19,390 |
| 마제스타카지노<br>【마제스타】 | 91.07 | 2,887 | 서귀포시<br>색달동 | 113 | 11,197 | 7,971 |
| 제주썬카지노<br>【지앤엘】 | 90.09 | 2,802 | 제주시<br>연동 | 148 | 8,136 | 19,081 |
| 8개 법인, 8개 영업장외국인 대상 | | 15,665 | - | 1,667 | 178,803 | 165,991 |

자료 : 문화체육관광부
주 : 매출액과 입장객은 2017년 기준

지난 2015년 제주도청은 대형 복합리조트와 카지노 오픈을 앞두고 카지노감독과를 신설했다. 제주도의 카지노 산업이 커다란 변화를 맞고 있는 시점에서 지금까지 주먹구구식으로 운영되던 카지노 관리와 감독에 관한 제도적 환경을 업그레이드시킬 필요성이 제기되었기 때문이다.

카지노 산업의 부작용을 최소화하고 건전한 발전을 유도하기 위해서는 관련 법령의 정비와 더불어 투명하고 체계적 관리가 중요하다. 카지노 사업권 허가, 취소, 양도·양수, 영업장 이전, 시설 기준, 전문 모집인 수수료, 회계처리 기준 등 관련 제도가 전반적으로 재정비될 것이다.

카지노 산업은 양날의 칼이다. 관광객을 유치하고 고용과 세수를 늘려 지역 경제를 활성화할 수 있지만, 자칫 자금 세탁, 범죄, 도박 중독 등의 부작용을 불러올 수 있다. 제주도가 고급 관광지로서 카지노 산업의 발전이 필요하다면 세심하게 설계된 관리·감독 제도와 투명하고 선진적인 제도 운용이 뒷받침되어야 한다.

2017년 8월, 제주도를 찾은 더불어민주당의 김진표 의원은 제주도 내 카지노에 내국인 입장을 허용해야 한다고 주장했다. 개인적인 의견임을 전제로 했지만 당시 새 정부의 정책 방향을 기획·결정하는 국정자문위원장의 목소리임을 감안할 때 장기적으로 제주도의 카지노 산업이 어떤 발전 전략을 세워야 할지 신중한 고민이 필요해 보인다.

## 중국 투자를 유인한 부동산 투자 영주권 제도

우리나라의 출입국관리법과 그 시행령은 '법무부장관이 고시하는 기준에 따라' 부동산 등 자산에 투자한 외국인에게 우선 거주 자격(F-2비자)을 부여하고, 그렇게 체류 자격을 갖춘 외국인이 5년 이상 계속 투자 상태를 유지하고 기타 조건에 부합하면 영주 자격(F-5비자)을 얻을 수 있도록 하고 있다.

법무부장관은 부동산의 투자 지역, 투자 대상, 투자 금액 등을 고시하는데 제주도가 2010년부터 국내 8개 투자 지역에 포함되었다. 물론 현재까지는 송도국제도시와 영종지구를 포함한 인천 경제자유구역과 제주도에만 중국 자본이 집중 투자되고 있다. 두 지역이 중국인 투자자로부터 입지조건이나 관광지로서의 투자 가치를 인정받았기 때문일 것이다. 이 부동산 투자 영주권 제도(이하 영주권 제도)가 중국인 투자자들에게 좋은 유인을 제공한 것은 분명하다. 제주도의 경우 2012~2016년까지 F-2비자 발급 건수가 연간 100~500건에 이르는데, 그중 95퍼센트는 중국인이다.

영주 자격을 얻으면 비자를 갱신할 필요 없이 지속적으로 거주할 수 있다. 따라서 부유한 외국인 고령자는 건강 관리시설이 완비된 제주도에 장기적인 요양이 가능하다. 경제적인 여건이 허용하는 외국인은 제주도에 머물면서 국제적인 교육 커리큘럼을 제공하는 국제학교에 다닐 수 있다. 이 제도를 기반으로 건설된 것이 바로 헬스케어타운과 영어교육도시다. 즉 헬스케어타운이나 영어교육도시와 같은 프로젝트를 통해 고부가가치 서비스 산업을 육성하고 양질의 일자리를 창출하고 소비를 확대하는 효과를 얻을 수가 있다.

그러나 영주권 취득을 내건 중국 자본의 유입으로 제주도의 부동산이 과열되고 중산간 지역의 난개발을 초래했다는 주장이 제기되자, 제주도는 2015년 11월 영주권 제도를 변경하여 대상 지역을 축소했다. 기존의 대상 지역인 '관광단지, 관광지, 유원지, 지구단위, 농어촌관광단지'에서 '관광지 및 관광단지로 지정을 받은 사업지역'으로 제한한 것이다. 시행 기간은 연장했다. 원래 제주도의 영주권 제도는 2018년 4월 30일에 종료 예정이었는데, 2023년 4월 30일까지 제도 시행을 5년 연장했다.

영주권 제도를 폐지하거나 추가적인 제도 개선을 통해 부동산 과열이나 자연환경 훼손 압력을 완화해야 한다는 목소리도 있다. 성균관대학교 법학전문대학원의 고동원 교수는 영주권 제도로 인한 부작용을 지적하며 영주권 제도의 전면 폐지를 주장했다. 당장 폐지가 어렵다면 투자금액을 5억 원에서 10억 원으로 상향 조정하는 방법, 영주권 부여 시 심사를 강화하는 방법 등의 개선방안도 제시했다. 또 다른 대안으로, 부동산이 아닌 일종의 '펀드'에 해당하는 집합

투자기구collective investment vehicle에 투자할 경우 영주권을 부여하는
방안도 가능하다는 의견을 피력했다.

※제주도내 부동산 투자 영주권 대상 콘도 분양 및 비자발급 현황

| | 분양 현황 | | 거주비자(F-2) 발급건수 | 영주비자(F-5) 발급건수 |
|---|---|---|---|---|
| | 건수 | 금액(100만 원) | | |
| 2010 | 158 | 97,616 | 3 | − |
| 2011 | 65 | 54,440 | 4 | − |
| 2012 | 121 | 73,385 | 136 | − |
| 2013 | 667 | 453,154 | 308 | − |
| 2014 | 508 | 347,279 | 556 | − |
| 2015 | 111 | 101,364 | 323 | − |
| 2016 | 220 | 149,323 | 136 | 1 |
| 2017 | 37 | 92,632 | 33 | 53 |
| 계 | 1,887 | 1,312,920 | 1,499 | 54 |

자료 : 제주특별자치도

영주권 제도를 어떤 방식으로 개선하면 좋을까? 2017년 말 현
재, 투자 대상인 콘도미니엄 분양 현황과 그에 따른 F-2비자, F-5
비자 발급 현황은 위의 표와 같다. 제도가 시작된 2010년부터 8년
동안 약 1.3조 원이 투자되었고, 1499건의 F-2비자가 발급되었다.
5년 이상 계속 투자 상태를 유지해야 F-5비자 신청 자격이 주어지
므로 F-5비자는 2016년부터 신청·발급되기 시작했다. 2017년 7
월 말까지 54명이 영주권을 부여받은 셈이다.

2010년부터 2017년까지 주민등록상 제주도 인구는 57.7만 명에서 67.9만 명으로 10.2만 명 증가했다. 같은 기간 영주권 제도를 이용한 외국인이 1887건의 콘도를 매입하여 약 1500여 명이 거주비자를 발급받았으니, 대략 1.5퍼센트에 해당한다. 향후 수년간 F-5비자를 신청하는 외국인은 좀 더 늘어나겠지만 F-2비자 건수를 초과할 수는 없다.

　관점에 따라 다를 수는 있겠지만, 전체 제주도 인구에 비해 또 최근 외지인의 제주 유입 추세에 비해 이 정도 숫자는 큰 부담은 아니라 생각한다. 게다가 2017년부터 여러 가지 요인으로 인해 중국인의 콘도 분양 건수와 F-2비자 발급 건수도 크게 줄어들고 있다. 그리고 이변이 없는 한 향후 제주도에서 부동산 개발 중심의 투자는 다소 주춤해질 것으로 보인다. 중국인의 콘도 구매와 F-2비자 신청 건수도 크게 늘어날 가능성은 없다. '중국인이 제주도의 땅을 모두 사버린다'는 말은 과장이다.

　영주권 제도가 2023년 4월까지 시행되니 향후 몇 년간 좀더 추이를 살펴본 뒤 제도의 존폐나 시행 방향을 결정해도 늦지 않을 것이다. 모든 법령이나 제도는 그 법령과 제도를 도입한 취지가 있다. 영주권 제도 또한 종료 시점 이전에 상황 변화를 점검하여 도입 취지에 맞게 투자금액을 상향 조정하거나 F-5비자 발급 심사를 강화하는 방향으로 개선하면 된다. 다만 너무 잦은 변화는 지양해야 한다. 정책은 시의성과 일관성이 모두 중요하기 때문이다.

# 제주 청년들에게 기회를 제공하는 제주신화월드
## -(주)람정제주개발 이동주 부사장

이동주 부사장님께서는 오랜 기간 서울의 특급호텔에서 근무하시다가 (주)람정제주개발의 제주신화월드 사업에 합류하신 것으로 들었습니다. 그간의 제주 생활이 어떤지 소감을 말씀해주십시오.

2014년 제주로 이주하기 전, 저에게 제주도는 항상 오고 싶은 관광지였습니다. 그런데 우연치 않은 기회에 제주에서 대한민국 최초의 복합리조트 프로젝트가 진행된다는 이야기를 들었고, 의미 있는 사업에 동참하고 싶어서 제주로 이주를 결정하게 되었습니다. 그 이후로 지금까지 제주에서의 하루하루가 매우 만족스럽습니다.

서울처럼 번잡하지 않고, 편의시설들이 주위에 있어 생활에 불편함도 없고, 도심을 조금만 벗어나면 바로 천혜의 자연을 즐길 수 있는 환경들이 있어서 '제주는 복 받은 곳이구나'라는 생각을 하게 됩니다. 제주시부터 안덕의 현장까지 매일 출퇴근하는 시간이 저에게는 가장 소중한 힐링의 시간이기도 합니다.

제주에서 만나게 된 모든 분들이 고향 분들을 대하는 것처럼 편하고 따뜻하기만 합니다. 처음에는 섬사람 특유의 분위기가 있지 않을까 걱정하기도 했는데, 일단 마음의 문이 열리면 다른 어떤 지역의 사람들보다도 정이 많고 선한 분들이라는 것을 알게 되었어요. 저뿐만 아니라 세 아이들도 제주 생활에 만족하고 있습니다.

(주)람정제주개발은 제주도민과 함께 성장하기 위해 다양한 사업을 하고 있는 것으로 알고 있습니다. 특히 람정 복합리조트 트랙 프로그램(람정트랙), 제주신화월드 아카데미, 람정 고교클래스 등 (주)람정제주개발의 인재 양성 프로그램은 잘 알려져 있습니다. 이 밖에도 제주도 지역사회와 함께 하기 위한 프로그램이 있다면 소개를 부탁합니다.

제가 인사 교육을 담당하고 있기 때문에 가장 먼저 고민했던 부분이 인력 조달이었습니다. 우리 리조트를 함께 꾸려나가기에 충분한 인재들을 뽑기 위해 가장 시급한 일은 바로 역량을 갖춘 인력을 양성하는 것이었습니다. 육지 인력들과 비교해서 몇 가지 노력과 자극이 필요한 부분이 있었기 때문에, 일단 앞날에 대한 비전과 꿈을 심어주는 작업이 필요하다고 생각했습니다.

굳이 육지로 나가지 않아도 부럽지 않은 일자리를 얻을 수 있고 자신의 꿈과 비전을 실현할 수 있는 기회를 제공하고 싶었습니다. 그래서 시작된 것이 람정트랙, 싱가포르 서비스 전문가 양성 과정, 람정클래스인데, 현재 많은 교육을 거치고 여러 경험을 갖춘 인재들이 속속 합류하고 있습니다. 이런 계기를 통해 제주의 청년들과 인재들이 자신의 꿈과 희망에 도전할 수 있게 되기를 바랍니다.

이런 프로그램 외에도 우리 회사는 다양한 지역사회 봉사활동을 기획하고 있고, 진행 중이기도 합니다. 그 예로, 사내 봉사동호회를 조직해서 해안가 정화 활동을 하고 있고, 지역단체 등과 연계하여 여러 봉사활동을 기획하고 있습니다. 또한 제주를 대표하는 힐링 축제인 올레 축제에 꾸준히 함께하고 있습니다. 다양한 협찬과 참여를 통해 제주의 올레길을 홍보하는 역할을 하고 있습니다. 또 지역 농산물을 활용한 메뉴를 개발하고 식음료 업장에서 지역 농산물을 우선 구매하는 등 경제적으로 지역사회와 상생하는 제주의 기업이 되려고 노력하고 있습니다.


지난 9월 말 제주신화월드가 개장되었습니다. 현재 이용객 현황은 어떻습니까? 또 다행히 한중 관계가 회복 모드인데, 향후 이용객 전망은 어떻습니까? 또 중국인 관광객 유치는 어떤 방식으로 진행될 계획인가요?

2017년 9월 30일 제주신화테마파크가 개장했습니다. 그리고 11월부터는 제주신화월드 호텔 중에서 란딩리조트관과 메리어트 리조트관이 오픈했습니다.

현재 테마파크 이용객의 대부분은 내국인으로 집계되고 있습니다. 학생 단체, 일반 개별 여행객들이 제주에서 경험해보지 못한 놀이 시설과 볼거리를 즐기고 있습니다. 또한 한중 관계의 훈풍을 타고 중국으로부터의 여행객들이 다시 돌아오리라 보는데, 앞으로는 단체 여행객뿐만 아니라 개별 여행객의 수요도 상당히 증가할 것으로 예상됩니다.


제주도에 제주신화월드를 성공적으로 안착시킴으로써 세계적인 휴양 관광지로 조성하는 과정에 있습니다. 이와 관련해 제주도민들께 드리고 싶은 말씀 있으면 부탁드립니다.

제주도는 휴양과 놀이가 가능한 관광지입니다. 휴식을 선사하는 천혜의 자연환경과 제주의 신선한 먹거리, 덧붙여 제주를 찾는 또 다른 이유가 제주신화월드가 되기를 바랍니다. 제주신화월드는 제주에 거주하고 있는 사람들이 일하고, 제주의 생산물들을 활용해서 운영하고, 제주의 인재들을 키워나가고, 제주에 그 이익을 환원하는 제주의 기업이 될 것입니다. 이제 시작 단계에 있는 제주신화월드가 제주의 자랑이 되고, 대한민국을 넘어 아시아와 세계에 이름을 날릴 수 있도록 많은 응원 부탁드립니다.

(주)람정제주개발
이동주 부사장

제3부

★

제
주
와

중
국
의

미
래

# 한중 FTA,
# 제주 도약의 발판

## 1 _____ 1차산업 중심의 **제주도 수출**

대한민국은 과거 1970년대와 1980년대에 수입대체 산업화와
가공무역 육성을 중심으로 한 경제발전 전략을 통해 빠른 경제
성장을 이룰 수 있었다. 해외에서 원자재를 수입하고 저렴한 노
동력을 이용하여 국내에 필요한 물자를 생산하거나, 해외 수요
에 맞춰 가공 생산하여 미국과 유럽 등 선진국에 수출하는 방식
이었다. 급속한 경제 성장의 원천은 제조업의 발전이었다.

제조업이 발전하기 위해서는 풍부한 노동력, 재료 및 완제
품 운송이 용이한 물류 시스템과 교통망, 배후 수요 등이 갖추

어져야 한다. 옛 구로공단(현 구로디지털단지), 인천의 남동공단, 창원과 마산의 공업단지 등이 그러하다. 수도권과 영남에서 많은 노동력을 흡수할 수 있었고, 그만큼 많은 배후 수요가 있었으며, 경인고속도로와 경부고속도로로 상징되는 발달된 교통망 그리고 인천항과 부산항이라는 대형 항만 시설이 갖추어져 있다.

제주도는 관광산업과 관광 관련 서비스업이 발달한 보물섬답게(?) 앞에서 열거한 제조업 기반과는 관련이 없다. 인구가 많지도 않고 선진 물류 시스템을 갖추고 있지도 않다. 제조업 기반이 약하고 제조되는 생산품이 적기 때문에 당연히 제조업 생산품 수출도 매우 적다. 향후에도 육지의 타 지역처럼 대형 공업단지를 건설해 제조업과 수출산업을 육성하는 방식은 가능하지 않고, 그렇게 해서도 안 된다.

아래 표에서 보는 바와 같이, 제주도의 주요 수출품은 1차 산품 및 그 가공품이 주를 이룬다. 최근 수년 사이 제주의 최대 수출품목이 된 모노리식 집적회로는 설비는 없고 반도체 설계만을 전문으로 하는 제주 이전 기업의 실적이다.

※제주도의 주요 수출 품목(단위 : 만 달러)

| | 2010년 | | 2013년 | | 2016년 | |
|---|---|---|---|---|---|---|
| | 품목 | 금액 | 품목 | 금액 | 품목 | 금액 |
| 1 | 넙치류 | 3,568 | 넙치류 | 3,105 | 모노리식 집적회로 | 3,551 |
| 2 | 기타 컴포넌트 | 1,161 | 기타 연체동물 | 793 | 넙치류 | 2,575 |
| 3 | 백합 | 878 | 백합 | 648 | 소라 | 487 |
| 4 | 기타 연체동물 | 861 | 기타 어류 | 535 | 차량용 펌프 | 458 |
| 5 | 물 | 331 | 감귤 | 499 | 사출식 금속주형 | 418 |
| 6 | 엔진결합 발전기 | 249 | 기타 화장품 | 295 | 생수 | 329 |
| 7 | 선박용 엔진 | 213 | 과일주스 | 293 | 백합 | 312 |
| 8 | 톳 | 201 | 기타 무선통신 기기 부품 | 270 | 녹차 | 263 |
| 9 | 기타 어류 | 186 | 녹차 | 253 | 감귤 | 250 |
| 10 | 감귤 | 147 | 톳 | 236 | 감귤 농축액 | 235 |
| 기타 | | 2,009 | | 3,402 | | 4,021 |
| 합계 | | 9,804 | | 10,329 | | 12,899 |

자료 : 한국무역협회

주 : 품목은 HS 10단위 기준

## 미미한 수준의 대중 수출

일부 품목을 제외하면, 제주도의 주요 수출 품목은 5년 전이나 10년 전이나 지금과 마찬가지로 어패류, 감귤 및 감귤 가공품, 생수 등이었다. 그 수치도 크지 않다. 제주도의 연간 수출액은 1억 달러를 조금 넘는 수준으로, 우리나라 전체 수출액의

0.026퍼센트에 해당한다. 반면 제주도의 수입액은 면세점 판매
용 화장품, 액세서리, 목축용 사료 등 연간 3.5억 달러 수준으로
수출액보다는 훨씬 크다.

　　범위를 중국에 대한 수출로 좀더 좁히면 그 수치는 더욱 작아
진다. 2016년 제주도가 중국으로 수출한 금액은 1665만 달러에
불과하다. 제주 이전기업이 늘면서 최근 크게 증가하기는 했으

※제주도의 대중 주요 수출 품목(단위 : 만 달러)

| | 2010년 | | 2013년 | | 2016년 | |
|---|---|---|---|---|---|---|
| | 품목 | 금액 | 품목 | 금액 | 품목 | 금액 |
| 1 | 난초 | 76 | 메리야스 편직물 | 107 | 모노리식 집적회로 | 643 |
| 2 | 기타 표백면직물 | 37 | 기초화장품 | 39 | 사출식 금속주형 | 418 |
| 3 | 건조한 톳 | 30 | 생수 | 30 | 기타 기계류 | 118 |
| 4 | 유자 | 28 | 건조한 톳 | 30 | 폴리스티렌 | 83 |
| 5 | 생수 | 9 | 기타 에티렌 | 27 | 기타 화장품 | 38 |
| 6 | 삼치 | 9 | 유자 | 22 | 소주 | 27 |
| 7 | 기타 넙치류 | 9 | 갈치 | 18 | 기타 기초화장품 | 26 |
| 8 | 디램(DRAM) | 8 | 소주 | 16 | 우유 | 21 |
| 9 | 기타 냉동어류 | 8 | 합성편직물 | 16 | 기타 요업제품 | 21 |
| 10 | 음향증폭 세트 | 6 | 니켈합금 봉 및 선재 | 15 | 액정 디바이스 | 21 |
| 기타 | | 26 | | 168 | | 249 |
| 합계 | | 246 | | 488 | | 1,665 |

자료 : 한국무역협회
주 : 품목은 HS 10단위 기준

나, 2016년 우리나라 전체 대중 수출액 1244억 달러의 0.01퍼센트를 조금 넘는다. 숫자로 나타내기에도 민망한 수준이다. 중국으로부터의 수입액은 다양한 품목을 합쳐 연간 5000만 달러에 달해 역시 대중 수출액보다는 많다.

## 중국 투자기업, 대중 수출의 지렛대로 삼자

제주도는 대중무역 부진을 타개하고 중국 시장을 개척하기 위해 도내 중국 투자기업과 손잡고 중국 시장에 진출하는 프로그램을 진행하기도 했다. 신제주 중심부의 드림타워와 녹지국제병원을 포함한 헬스케어타운 건설에 참여한 녹지그룹이 중국 내 오프라인 유통망G-store과 자사의 온라인 쇼핑몰을 이용하여 제주 제품을 중국 전역에 유통시키는 계획이었다. 제주도에서 나오는 농수산물을 이용하여 가공식품을 생산하는 제주 기업들로서는 해외시장 판로가 없는 상황이었기 때문에 제주에 투자한 중국 기업들이 제주도민과 상생하는 모습을 보이는 한편 제주의 이미지를 중국에 활용할 수 있는 좋은 아이디어로 보였다.

2015년 2월, 녹지코리아를 통해 제주도 기업들의 제품이 중국에 수출되기 시작했다. 총 8개 기업의 22개 품목, 약 11만 달러(한화 약 1.2억 원) 상당의 제품이 녹지코리아의 중국 내 모기업인 녹지그룹의 유통매장에서 판매되었다. 2015년 G-store 10 개 매장을 시작으로 2018년까지 50개의 오프라인 매장에 입점시키고, 온라인 쇼핑몰에서도 제주 기업의 제품을 유통시킬 계획이었다. 3~5년 내에 제주 제품의 중국 내 판매를 4000만 달러 수준까지 증가시키는 목표를 세워두고 있었으나, 2015년의 첫 수출 제품의 현지 판매 실적은 신통치 않았던 것 같다. 계획대로 사업이 진행되지 못했다. 지속적으로 판매가 이루어졌다면 녹지코리아와의 협력 수출이 좋은 모델이 될 수 있었을 텐데 아쉬운 면이 있다.

왜 성공하지 못했을까? 알리바바 창립자 마윈馬雲의 조언에 따라 먼저 문제의 원인을 점검해보면, 아마도 제주도 제품 자체의 경쟁력(품질, 가격, 브랜드 등) 부족이 가장 큰 원인이 아니었을까? 상하이, 베이징 등 중국의 대도시는 이제 세계에서 경쟁이 가장 치열한 곳이라 해도 과언이 아니다. 제품 자체의 경쟁력이 세계 최고 수준이어야 한다는 의미다. 한 가지 더 추가하자면, 녹지그룹이 제주 제품 자체의 경쟁력 부족을 극복할 수 있을 정도의 마케팅 노력을 기울이지 않았거나, 그런 능력이 없었을 수 있다. 물론 추측에 불과할 뿐이다.

# 2 _____ 한중 FTA 시대, **무엇을 팔 것인가**

2014년 한중 FTA 체결 직후 국내 각 지자체에서는 한중 FTA가 가져올 득실에 대한 전망과 정책대안을 모색하기 위한 연구가 활발히 진행되었다. 제주도에서도 제주발전연구원을 비롯하여 일부 통상관련 학회에서 제주도가 한중 FTA를 활용할 만한 방안을 찾기 위해 연구를 진행했으나 눈에 띄는 묘책을 찾을 수는 없었다.

이유는 이렇다. 우선 한중 FTA는 그 자체로 시장을 넓히는 효과가 있을 뿐이다. 좀더 많은 잠재고객과 기회가 있을 뿐 시장이 크다고 해서 무조건 물건이 잘 팔리는 것은 아니다. 잠재고객과 기회를 우리 것으로 만드는 일은 우리 몫이다. 한중 FTA로 넓어진 시장에서 인정받을 수 있는 제주도의 아이템이 있어야 한다. 또 그렇게 만들 수 있는 전략과 용기가 필요하다. 제주도는 중국 시장에 진출시킬 아이템과 전략을 가지고 있는가?

제주도에는 제조업 기지가 없다. 전통적으로 요식업, 숙박업을 포함한 관광산업과 어업이 중심이었다. 관세양허를 통해 상품무역의 장벽을 낮춰 자유무역을 확대시키자는 FTA의 기본 취지에 비추어볼 때, 제주도는 '관세양허'를 통해 혜택을 얻을 만한 상품 자체가 많지 않다. 팔 물건이 없다면 시장이 아무리 크다 한들 무슨 소용이 있겠는가? 한중 FTA를 연구하기에 앞서 제주도는 우선 어떤 제품을 중국 시장에 내놓을 수 있는지를 살펴보아야 한다.

## 일본에 비해 대중 수출이 저조한 이유

대외경제정책연구원KIEP의 최근 연구에 따르면, 한중 FTA 발효 이후 중국에 대한 우리 농축수산임업의 수출 증가율이 세계 수출 증가율 대비 높을 뿐만 아니라 발효 이전 5개년 평균 증가율보다도 높다. 즉 한중 FTA로 인한 수출 증가 효과가 있다는 분석이다.

제주도는 조금 다른 결과가 나타났다. 2015년 12월 한중 FTA

※제주도의 국가별 농축수산물 가공품 수출(단위 : 만US$)

|  | 2011년 | 2012년 | 2013년 | 2014년 | 2015년 | 2016년 |
|---|---|---|---|---|---|---|
| 대중 수출 | 129 | 159 | 180 | 200 | 264 | 137 |
| 대일 수출 | 6,221 | 6,287 | 5,630 | 4,412 | 3,571 | 3,971 |
| 대기타국 수출 | 1,046 | 1,871 | 2,224 | 1,992 | 2,343 | 2,743 |
| 대세계 수출 | 7,396 | 8,317 | 8,034 | 6,604 | 6,178 | 6,851 |

자료 : 한국무역협회
주 : 품목은 HS코드 0~24까지의 수출액을 집계

가 발효된 이후, 2016년 1년간 중국으로 수출되는 제주도의 농축수산물 가공품이 큰 폭으로 줄어들었다. 제주도의 농축수산물가공품 수출이 최근 몇 년간 감소 또는 정체 추세인 것은 분명하지만 2016년은 일본이나 홍콩, 미국 등 주요 수출국에 대한 수출이 회복세였다. 한중 FTA가 제주의 대중 수출에 장애가 되지는 않았겠지만, 반대로 큰 이득을 가져다주었다 할 근거도 없는 셈이다.

제주도 농축수산물 가공품의 주요 시장은 일본이다. 일본에 대한 수출은 대중 수출과는 달리 수산물이 전체 수출의 70퍼센트, 농산물이 23퍼센트를 차지한다. 2016년 기준 통계지만 농수산물 위주의 대일 수출 구조는 2000년 이후 거의 변함이 없다. 그중 가장 많이 수출하는 수산물은 넙치로, 대일 수출의 40퍼센트 이상을 차지한다. 2016년 약 200억 원의 넙치를 일본으로 수출했다. 그 다음으로 많은 것은 기타 연체동물로 약 50억 원 이상을 일본으로 수출했다. 그 밖에도 기타 어류와 기타 조개, 톳 등이 주요 수출 품목이다. 또 2015년부터는 키위를 수출하기 시작해 2016년에는 약 11억 원어치를 수출했다.

국가 경쟁력을 반영하고 있기는 하지만, 서구에서 가장 성공을 거둔 아시아 음식은 중식과 일식이다. 중식당은 차이나타운을 중심으로 대중화되고 현지화된 반면, 일식당은 고급 아시아 요리를 대표하고 있다. 그래서 일본의 농수산품은 세계 어디에서든 최고가 시장을 형성하고 있다. 홍콩의 대형 마트, 백화점 식품코너에서도 일본산 농수산품이 가장 높은 가격으로 진열되어 있으며 품질도 좋아 보인다. 후쿠시마 원전사고로 타격이 있었지만 일본의 농수산품 및 관련 산업은 여전히 세계 최고 수준의 경쟁력을 가지고 있다.

제주도산 일부 수산물과 농산물이 일본에 수출되고 있다는 것은 제주도 농수산물이 그 자체로 상품 경쟁력이 있기 때문이다. 당연하다. 제주도의 햇볕과 공기와 바닷물이 맑고 깨끗하고 산과 흙이 좋은데 농산물과 수산물이 좋지 않을 리 없다. 다만 일본에는 제주도에서 건너간 제일동포든 현지 구매자든 고정 판로가 있기 때문에 수출이 가능한 편이다. 반면 중국에는 지속적인 구매자가 없다는 점에서 대중 수출 저조의 원인을 엿볼 수도 있다.

# 3

한중 FTA 전략 1
## : 농수산식품 시장을 뚫어라!

중국은 넓은 토지와 기나긴 강과 해안선으로부터 엄청난 양의 농산물과 수산물을 획득하고 있다. 그러나 해외에서 수입하는 농수산물의 양도 적지 않다. 농축수산물을 이용한 가공품은 말할 것도 없는데, 특히 고가의 수입 농수산물 및 가공품 수입이 많다. 중국의 부유층들이 신선하고 안전한 외국산 식재료와 식품을 선호하기 때문이다.

중국에서는 2008년 멜라민 분유 사건을 계기로 자국 식품에 대한 불신이 확산되기 시작했다. 당시 공업용 멜라민이 포함된 중국산 분유를 먹고 6명의 영아가 사망했으며, 30만 명에 가까운 어린이들이 신장 결석, 배뇨 질환 등의 질병에 시달린 것으로 조사되었다. 이 사건으로 식품 안전에 대한 관심이 높아지면서 한국산 분유와 우유가 중국으로 수출되기 시작했다. 전철을 타고 접근할 수 있는 홍콩에 가서 아예 분유를 싹쓸이해버리는 현상이 나타나기도 했다. 중국인들, 특히 산아제한 정책으로 인해 외동자식을 키우는 부모들은 나와 내 가족이 먹을 음식에 돈을 아끼지 않게 되었다.

5장 한중 FTA, 제주 도약의 발판

중국의 부유층이 해외 식재료 및 식품을 선호하게 된 데는 또 다른 이유가 있다. 중금속에 오염된 토양에서 자란 농산물, 즉 식자재 자체가 오염되어 있는 경우가 많기 때문이다. 땅이든 바다든 환경오염이 계속된다면 그나마 수확마저 불가능해진다. 매년 한국 해경의 강력한 단속에도 불구하고 중국 어선이 한국의 영해에서 불법조업을 하는 이유도 중국 연근해 어장의 오염으로 해산물이 잘 잡히지 않기 때문이다.

2016년에는 전라남도 완도군의 대중국 전복 수출이 급증했다. 2015년 수출액은 1000달러에 불과했으나, 2016년에는 999만 달러를 중국의 산둥성과 랴오닝성 등지로 수출했다. 해양수산개발원KMI에 따르면 중국의 주요 산지에서 전복이 폐사한 게 주요 원인이라고 하지만, 중국은 이미 몇 년 전부터 호주와 뉴질랜드 등으로부터 연간 2500만 달러 규모의 전복을 수입하고 있었다. 2016년 자국 내 공급 상황이 나빠지자 추가 수입분의 상당량을 한국에서 조달한 것이다. 이는 한편으로는 호주나 뉴질랜드산 전복을 대체해 한국의 전복을 중국에 계속 수출할 수 있다는 점을 말해준다. 중국 중산층과 부유층이 안전한 수입 먹거리를 선호하는 현상, 중국의 환경오염으로 인해 농수산물 재배와 양식 환경이 악화된 상황이 제주 농수산물 수출에 좋은 기회가 되고 있다.

## 농수산물 관세 철폐를 기회로

한중 FTA 체결에 따라 우리 농수산식품에 대한 중국의 수입 관세가 중장기적(10~20년)으로 대부분 철폐된다. 대체적으로 냉동고기·과실류·채소류는 10년 내에 개방하고, 신선육류·과채류·가공품 등은 20년 내에 개방하고, 넙치·전복·해삼 등 주요 수산물도 10년 내에 모든 관세를 철폐하기로 합의했다. 이로

※주요 대일 수출 농수산식품의 한중 FTA 양허 결과

| 품목명 | HS 코드 | 대일 수출액<br>(만 달러) | 중국 관세율<br>2015→2018 | 양허 내용 |
|---|---|---|---|---|
| 넙치류 | 03019980 | 1,589 | 10.5퍼센트 → 6.3퍼센트 | 10년 철폐 |
| 소라 | 03079110 | 467 | 0퍼센트 | – |
| 감귤 주스 | 20093990 | 154 | 18퍼센트 → 13.2퍼센트 | 15년 철폐 |
| 신선 전복 | 03078100 | 211 | 14퍼센트 → 8.4퍼센트 | 10년 철폐 |
| 건조한 톳 | 12122130 | 105 | 15퍼센트 →9.0퍼센트 | 10년 철폐 |
| 농어 | 03038400 | 137 | 12퍼센트 → 7.2퍼센트 | 10년 철폐 |
| 파프리카 | 07096010 | 111 | 13퍼센트 → 7.8퍼센트 | 10년 철폐 |
| 키위 | 08105000 | 68 | 20퍼센트 → 14.7퍼센트 | 15년 철폐 |

자료 : 한국무역협회, TradeNAVI
주 : 대일 수출액은 2017년 자료임

써 중국 시장에 제주도산 농수산식품을 수출할 경우 가격 경쟁력을 높일 수 있는 기본 여건이 마련된 셈이다.

중국 시장에 진출하기 위해 가장 중요한 건 역시 유력한 수출 품목의 발굴이다. 유력한 수출 품목은 하늘에서 갑자기 떨어지지 않는다. 우선은 기존의 품목에서 찾아보아야 한다.

위 표에 제시된 품목은 매년 일본으로 100만 달러 이상 수출하는 주요 신선 농수산물 및 가공품이다. 한중 FTA 체결로 10.5~20퍼센트의 관세가 10년 또는 15년 내에 모두 철폐됨을 알 수 있다.

※중국의 연도별 키위 수입액(단위: 만 달러)

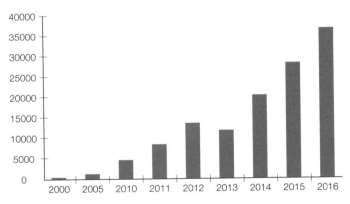

자료 : 한국무역협회

그런데 중국에 수출하는 품목은 일본의 품목과 사뭇 다르다. 예컨대 중국의 경우 관상용 잉어류나 각종 양식용 치어稚魚 이외에 신선활어는 거의 수입하지 않는다. 소라도 마찬가지이고, 조미 김은 매년 한국으로부터 400만 달러가량을 수입하지만 제주도의 톳은 수입하지 않는다. 파프리카는 제주도는 물론 우리나라 전체적으로 매년 일본에 9000만 달러 넘게 수출하고 있지만, 중국 수출 실적은 찾을 수 없었다.

## 키위, 감귤주스, 전복의 수출 전망

2016년 제주산 키위 역시 일본에 100만 달러 넘게 수출한 반면 중국 수출 실적은 없다. 하지만 중국은 키위의 강국 뉴질랜드로부터 매년 2억 달러 이상을 수입하고 있다. 뿐만 아니라 저 멀리 칠레와 이탈리아도 연간 3000~4000만 달러, 그리스와 프랑스도 200~300만 달러의 키위를 중국으로 수출하고 있었다. 특히 중국의 키위 수입이 빠른 속도로 증가하고 있으며, 중국인의 소득 증대로 인해 현재 수준 이상의 소비가 이루어질 것으로 예상된다. 또 한중 FTA 체결에 따라 매년 1.3퍼센트포인트씩 관세가 낮아지는 마당에 제주도산 키위가 유럽산 키위와 경쟁 못할 바 없다.

중국에 수출되는 감귤 주스는 연간 30만 달러 수준이다. 하지만 한국산 과실 주스의 총 연간 수출액은 2억 달러가 넘는다. 특히 최근 한류의 바람을 타고 한국의 과실 주스가 중국에서 급성장 중이다. 2012년에는 95만 달러에 불과했던 한국의 과실주스 수출이 2016년에는 2976만 달러로 30배나 늘어났다. 한중 FTA로 감귤 주스의 대중 수출 관세도 매년 1.2퍼센트포인트씩 낮아진다. 제주도가 감귤 주스를 잘 만들어서 중국 시장의 1퍼센트만 공략해도 200만 달러를 수출할 수 있다는 계산이 나온다.

앞에서 언급한 전복의 경우도 중국 수출 가능성은 충분하다.

※중국의 연도별 과실주스 수입액(단위: 만 달러)

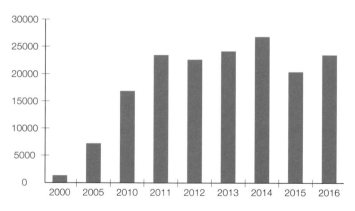

자료 : 한국무역협회

중국인의 소득이 높아지면서 고급 해산물에 대한 수요가 크게 늘어나고 있는데다가, 최근에는 매년 급증하던 중국의 전복 수출이 급감하고 있는 것으로 보아 중국내 수급 균형이 흔들리고 있는 듯하다. 중국은 주로 호주에서 전복을 수입하고 있지만 제주도의 전복이 호주산 전복을 대체하지 못할 이유는 없다.

기존 대일 수출 품목 외에도 제주도의 경쟁력 있는 수출 품목을 찾아볼 수 있다. 그 한 예로, 한라봉은 어떤가? 물론 중국 남방 여러 지역에서도 감귤이 많이 생산되며, 미국 오렌지를 비롯해 다양한 감귤류 과일이 수입되고 있다. 그러나 제주도의 한라봉은 보기 드문 고급 과일에 속한다. 상하이나 베이징과 같은 대도시의 수입 과일시장에서 충분히 경쟁력 있는 품목으로, 이 역시 한중 FTA 체결로 12퍼센트인 관세가 2018년부터 7.2퍼센트로 낮아졌다. 향후 매년 1.2퍼센트포인트씩 낮아져 7년 뒤면 무관세가 된다.

개별 품목으로 국내에서 이미 가장 강력한 경쟁력을 지닌 제주산 품목도 있다. 바로 1998년부터 국내 시판을 시작한 이래 한 해도 빼놓지 않고 국내 생수 시장 점유율 1위를 기록하고 있는 '삼다수'다.

먹는 샘물도 한중 FTA의 관세철폐 효과를 기대할 수 있는 대표적인 품목 중의 하나이다. 한중 FTA 체결 이전 중국의 수입관세가 20퍼센트였던 생수(탄산수 포함)는 향후 20년간 매년 1퍼센트p씩 관세가 낮아져 2034년이면 무관세가 된다. 2018년 기준으로 이미 4퍼센트p가 하락한 16퍼센트가 되었다. '삼다수'는 제주의 경쟁력 있는 수출 품목 가운데 절대 빼놓을 수 없는 브랜드라 할 수 있다.

　전반적인 소비 수준의 향상과 함께 최근 수년 사이에 중국의 먹는 샘물 수입도 크게 늘어나고 있다. 2010년 이후 중국의 수입액이 매년 20~30퍼센트씩 늘어나 2016년에는 4510만 달러

※중국의 연도별 먹는 샘물 수입액(단위: 만 달러)

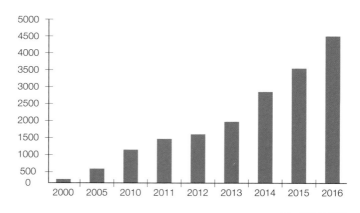

자료 : 한국무역협회

로, 2010년에 비해 시장은 약 4배로 증가했다. 반면 이 기간 제주의 대중국 생수 수출은 6~32만 달러에 머물고 있으며, 그나마 연도별로 들쑥날쑥하다. 대중 수출 전략을 다시 점검해보아야 할 것으로 보인다.

마침 제주개발공사는 2020년까지 수출을 80개 국가로 확대하겠다는 비전을 제시했다. 국내 시장에서의 우위를 확고히 하는 가운데 해외 수출에도 더 큰 노력을 기울이겠다는 전략은 옳다. 국내에서의 성공은 해외 시장에 진출할 수 있는 기반을 만들어주는 것처럼, 해외 진출 성공은 국내시장에서의 신뢰도 향상에도 도움을 준다. 다만 진출 시장을 많이 확보하는 데 공들이느라 보유 자원이 분산되는 것은 아닐까 하는 우려가 된다. 제주개발공사가 80개 국가에 대해 어떤 수출 전략을 지니고 있는지는 모르겠지만, 주요 공략 대상을 설정하고 나서 힘을 집중하는 전략이 효율적이지 않을까 싶다.

## 중국 바이어라는 '끈'이 필요하다

수출에 적합한 품목을 찾았다면, 다음 단계는 중국 바이어를 확보하는 것이다. 중국 바이어 발굴은 여러 가지 방법이 있는데, 가장 기본적인 방식은 중국 내 대형 유통기업의 바이어를 만나는 것이다.

이제 중국의 도시민들은 중국 전역에 매장을 두고 있는 월마트나 까르푸, 따룬파 등에서 식재료를 구입한다. 이들 대형마트에는 수많은 수입 식재료와 농수산식품 및 가공품 등이 판매되고 있지만 가격, 물량, 입점조건 등에서 진입장벽이 높은 것으로 알려져 있다. 한국의 대기업인 농심이나 오리온의 제품은 잘 팔리고 있지만 중소기업의 경우에는 특별한 경쟁력을 가지고 있지 않으면 입점조차 쉽지 않다고 한다. 물론 중국 유통시장의 특성과 현황을 파악하기 위해서 대형 유통기업의 구매 담당자를 직접 만나 대화하는 과정은 반드시 필요하다.

이러한 대형 할인매장뿐만 아니라 베이징의 왕징望京, 상하이의 구베이古北 등 한국인 밀집 거주지역에는 한국인을 주요 고객으로 하는 식품점이 있다. 한국 식품점에 진열된 상품은 대개 한국 직수입품이거나 한국 브랜드 제품이어서 제주도 제품이 입점하기에 문턱이 낮은 편이다. 한국 식품점을 일차적인 공략 포인트로 삼는 것도 좋은 방법이다.

## 바이어 탐색? 한국의 수출지원 기관을 괴롭혀라

대형 할인매장이나 한국 식품점을 공략할 때에는 현지에 진출해 있는 관련 기관을 적극 활용하는 전략이 필요하다. 이러한 기관으로서 가장 큰 조직은 대한무역투자진흥공사KOTRA로, 대만과 홍콩을 포함하여 중국 전역에 19개의 무역관을 가지고 있다. KOTRA는 국가 공기업으로서 바이어 정보를 비롯 중국 시장에 관한 가장 많은 정보를 가장 체계적으로 서비스하고 있다. 중국지역본부 및 각 무역관 홈페이지만 잘 검색해도 시장 뉴스, 오퍼 정보, 전시회 정보 등 기본적인 시장정보를 수집할 수 있다.

한중 FTA 활용과 중국 바이어 발굴에 도움을 받을 수 있는 또 하나의 무역진흥기관으로는 한국무역협회KITA가 있다. 한국무역협회는 FTA 종합지원센터를 설치해서 수출 관련 정부 부처 공무원과 무역지원기관 요원들, 수출 전문가들, 관세사들이 수출기업들을 지원하고 있다.

또 대중 수출의 중요성을 감안해 차이나데스크를 별도로 설치해 한국 기업들이 한중 FTA를 최대한 활용할 수 있도록 돕고 있다. 중국 진출을 꾀하는 제주 기업이라면 우선 한국무역협회 차이나데스크를 두드려보는 것도 좋겠다. 수출이 가능한지, 가능하다면 어떻게 접근해야 할지 조언을 구할 수도 있고, 수출이 쉽지 않다면 어떤 문제점이 있는지도 알아봐야 한다. 한국무역협회는 중국의 베이징과 상하이 그리고 쓰촨성 청두에 지부를 두고 있다. KOTRA보다 규모는 작지만 적극적으로 요청하면 친밀한 서비스를 받을 수 있다. 우선 한국무역협회 제주지부를 통하면 한국무역협회가 제공하는 각종 무역지원 서비스에 좀더 쉽게 다가갈 수 있을 것이다.

중국의 베이징, 상하이, 칭다오, 청두, 홍콩에는 한국농수산식품유통공사의 현지 지사도 있다. 2000년 이후 한국의 대중 농수산물 수출이 크게 증가한 것은 한국농수산식품유통공사의 중국 현지 지사가 중요한 역할을 했기 때문이다. 중국 현지의 유력 농수산 식품 바이어 리스트도 가지고 있고 한국 농수산물의 특성도 잘 알고 있어 품목에 따른 '맞춤형 컨설팅'을 받을 수 있다.

수협중앙회는 지난 2014년 6월에 상하이에 현지 사무소를,

2016년 2월에는 중국의 웨이하이에 직접 무역 법인을 설립했다. 상하이 사무소는 한국 수산물 홍보와 판촉, 수출입 지원을 맡고 있다. 반면 웨이하이법인은 그 자체로 무역법인인 만큼 한국의 수산물을 직접 유통시키는 것이 주 목적이다. 2016년 9월에는 산둥성 칭다오와 웨이하이에 한국 수산물 판매점인 K-FISH STORE를 오픈해 직접 한국의 수산물을 판매하고 있다. 제주도의 수산물을 중국에 수출하고자 한다면 먼저 수협중앙회의 중국사무소를 통해 자문을 구해보는 것도 좋겠다.

수협중앙회 상하이 사무소가 설립된 상하이의 세무상성世貿商城 11층에는 제주경제통상진흥원의 상하이 대표처가 자리 잡고 있다. 엄밀히 말하면 제주특별자치도의 상하이사무소이지만 상하이는 지방정부 사무소 설립을 허가하지 않기 때문에 제주경제통상진흥원의 이름을 빌렸다. 가장 주요한 사업은 역시 제주 기업의 중국 진출 지원이다. 온오프라인을 활용해 제주의 제품을 중국에 알리고 판로를 개척하는 일이 주요 업무라 할 수 있다. 제주도에 사업장 주소를 두고 있는 제주도민들이 자주 이용해주어야 한다.

지금까지 소개한 기관들은 정부 공기업이거나, 민간 조직이지만 한국 기업의 중국 시장 개척 지원이라는 공적인 역할을 하

5장 한중 FTA, 제주 도약의 발판

고 있기 때문에 민간 기업의 지원 요청에 응대해야 할 의무가 있다. 물론 KOTRA의 일부 서비스는 유료이고 한국무역협회는 회비를 내는 회원사를 대상으로 한 서비스 제공을 원칙으로 하고 있지만, 무료로 제공받을 수 있는 기본적인 서비스도 많다. 여기저기 방문하고 문의해서 내가 수출하고자 하는 품목의 중국 시장에 관한 기본적인 정보를 획득하고, 필요하다면 유료 서비스를 이용해보는 것도 고려할 만하다. 중요한 것은 중국의 유통 채널에 접근하기 위해 공공기관의 힘을 적극 이용해야 한다는 점이다.

## 해외 전시회에서 시장을 파악하라

백문이 불여일견이라! 해외 전시회에 나가봐야 자기 상품의 경쟁력이 어떠한지 알 수 있다. 특히 목표가 중국 진출이라면 현지에서 개최되는 식품전시회에 참석할 필요가 있다. 내 상품의 가격은 어느 선이 합당한지부터 상품의 품질, 구성, 형태, 포장, 디자인 등에 대해 바이어와 대화를 통해 현실적인 정보를 얻을 수 있는 곳이 전시회다.

해외 전시회를 다녀보면 나의 경쟁력뿐만 아니라 잠재 경쟁 업체에 대해서도 대략 파악할 수 있다. 시간이 날 때마다 중국

내 로컬 제품이나 해외 제품의 부스를 방문해보면 전시회에 출품된 타사 제품의 품질, 가격, 디자인 등을 나의 제품과 적나라하게 비교해볼 수 있다. 바이어가 많이 몰리는 제품의 특성은 무엇인지, 또 인기 없는 제품의 문제점은 무엇인지 직접 확인 가능하다. 전 세계 경쟁 기업들이 참여하는 해외전시회에 다녀보지 않으면 우물 안 개구리가 되기 십상이다.

운이 좋으면 해외 전시회에서 새로운 협력 파트너도 만날 수 있다. 식품전시회에는 농수축산 가공품 기업이 가장 많이 참여하지만 포장재, 포장기계, 가공기계, 식품 유통업체 등 다양한 관련 기술 및 서비스 제공 기업도 참여한다. 그 가운데 내가 가지고 있는 제품의 가치를 높일 아이디어와 기술을 제공하는 기업을 만날 수도 있다. 중국 소비자는 한국 소비자와 입맛이 다르고, 먹는 방법과 양이 다르고, 선호하는 포장이 다를 수 있기 때문이다. 즉 제주 제품을 중국 소비자에게 어필할 수 있는 디자인이나 포장 등에 대해 좋은 아이디어를 얻을 수가 있다.

한국무역협회나 업종별 협회와 같은 국내 무역지원기관이 개최하는 바이어 초청 행사에도 적극 참여해야 한다. 해외 전시회는 중앙정부나 지자체의 지원을 받는다 해도 출장비의 상당 부분을 본인이 부담해야 하고, 시간도 많이 소요된다. 3~4일간

전시회에서 스쳐 지나가는 수많은 사람 가운데 정작 비즈니스에 직결되는 사람을 만나기도 힘들다. 반면 무역지원기관에서는 비교적 엄선된 바이어를 초청하고 있기 때문에 무역 거래와 관련된 상담을 집중적으로 진행할 수 있다.

해외 식품전시회 한두 번 가보고 바이어와 상담했다고 해서 중국 수출이 쉽게 이루어지지는 않는다. 연간 수천만 달러씩 수출하는 농수산식품 수출 전문기업도 매년 수차례씩 해외 전시회에 참가하고 있다. 전시회에서 기존에 만났던 바이어를 다시 만나 신뢰를 쌓고, 새로운 바이어도 만나야 한다. 변화가 빠른 식품산업의 트렌드도 따라가야 한다. 경제성장과 소득수준 향상이 매우 빠른 중국의 농수산식품 시장은 더욱 그렇다. 인내심을 가지고 중국 시장의 문을 두드려야 조금씩 열린다.

## 국내외 유력 농수산식품 기업과 손잡아라

전라남도 완도 말고도 2016년에 중국으로 전복을 143만 달러나 수출한 지역이 있다. 바로 전라남도 진도군. 진돗개로 유명한 전라남도 진도의 대중국 전복 수출 과정은 오래전부터 전복 생산으로 유명한 완도와는 조금 다르다.

진도군은 2010년 중국 랴오닝성 다롄에 있던 중국 장자도 어업집단유한공사의 진도 투자(240만 달러) 유치를 성공시켰다. 진도군수까지 중국 다롄의 장자도 그룹을 방문해, 진도가 해산물 양식에 유리한 조건을 지녔음을 적극 설득한 것으로 알려졌다.

원래 장자도 그룹은 진도에서 해삼을 양식할 계획이었다. 최근 중국에 수출되던 해삼이 급감하자 중국 내 공급 부족을 예상하고 마련한 조치였다. 이에 대해 진도군은 전복 양식을 포함하는 안을 제안했고, 전복종묘장 등 생산 설비 투자를 통해 중국에 지속적으로 전복이 수출될 예정이다. 중국 시장에 익숙한 중국 기업이 투자했으니, 생산만 꾸준히 이어진다면 수출 판로를 확보하는 데는 큰 문제가 없을 것으로 보인다.

진도군의 전복 수출과 같이 중국 시장을 개척하는 데는 중국 기업을 유치하는 것도 좋은 전략이다. 한중 FTA는 중국을 포함한 외국 기업의 제주 투자 유치를 위해서도 좋은 기회를 제공한다. 농수산 식품의 경우, 장자도 그룹처럼 한국에 법인을 설립해 수산물을 생산하거나 외국의 원재료를 가져와서 가공생산해도 한국산으로 인정받아 관세 감면 혜택을 받고 중국에 수출할 수 있기 때문이다. 한중 FTA 체결로 인한 관세 철폐 혜택은 투자 유치의 유리한 조건이다.

농수산 분야에서 중국 기업 유치는 두 가지 측면에서 중요하다. 우선 해외 자금을 이용하여 농수산물 생산 규모를 확대할수 있고, 그로 인해 판매망을 확보할 수 있다는 점이다. 사실 해외 자금을 유치하는 것보다 중요한 것은 판매망 확보라 할 수 있다. 지방의 소규모 농수산물 기업이나 생산자 단체가 자체적으로 중국의 유통망을 뚫고 수출하기란 거의 불가능하다. 녹지그룹과의 협력사업을 살펴보았듯이 우리 지자체와 중국 기업이 손을 잡고 추진하는 일도 쉽지 않다. 그런데 장자도 그룹처럼 특정 제품을 중국에 유통시키기에 적합한 기업을 유치할 수 있다면 시장을 개척하는 문제는 비교적 쉽게 해결할 수 있다. 전복 수출에 성공하면 해삼도 수출할 수 있고, 수출 실적과 상호 간의 신뢰가 쌓이면 제3, 제4의 수산물 수출도 타진해볼 수 있다. 그 과정에서 중국 투자기업에게도 정당한 이윤을 보장하면 된다. 상호 관세를 낮추고 투자를 활성화해서 양국 기업, 양국 국민 모두에게 혜택을 제공하는 것! 그것이 바로 FTA의 기본 정신이다.

한중 FTA 전략 3 :
## '메이드 인 제주'의 경쟁력을 키워라

사랑하는 이에게 고백하기 위해 장미를 골라본 사람은 알 것이다. 빨간 장미를 사야 할까, 분홍 장미를 사야 할까, 흰 장미를 사야 할까 고민하는 그 심정을. 각각의 꽃말을 찾아보고 어떤 꽃말에 자기의 진심을 담아야 할지 고민하는 그 느낌을. 장미를 받는 상대방은 그 의미를 어떻게 받아들일까 하는 두근거림을⋯⋯.

보통 사람들은 사랑을 고백할 때 들판의 이름 모를 들꽃을 선물하지는 않는다. "자세히 보면 예쁘고, 오래보면 사랑스러운" 들꽃을 받고서 기뻐하는 경우는 이미 상대가 나를 받아들인 이후일 것이다.


### 브랜드 가치를 높이자

무조건 값싼 물건을 사야 하는 경우가 아니라면, 우리는 보통 브랜드를 보고 물건을 구매한다. 일반적으로 브랜드가 가치를 대표한다고 생각하기 때문이다. 중국 소비재 시장에서 브랜드는 더욱 강력한 힘을 발휘한다. 두 가지 이유가 더 있다.

그 하나는 중국의 급속한 경제성장으로 인한 고소득층의 출현이다. 중국 고소득층의 과시 소비는 유명하다. 중국인들이 이른바 '체면面子'을 중시하기는 하지만, 최근의 과시 소비는 부의 획득으로 인한 신분의 변화를 남들에게 알림으로써 자기만족감을 느끼고, 타인으로부터 그에 상응하는 대접을 받고 싶기 때문인 것으로 보인다. 중국인들이 전 세계 명품 브랜드 매출을 좌지우지하는 이유다. 명품 브랜드를 소비할 형편이 안 되어 '짝퉁 명품'이라도 갖고자 하는 심리도 마찬가지다.

중국인들이 유명 브랜드를 선호하는 또 다른 이유가 있다. 유명 브랜드가 아닌 제품은 믿지 못하기 때문이다. 특히 멜라민 분유 사건 이후 자국 브랜드 식료품에 대한 중국 고소득층의 불신으로 외국의 유명 브랜드에 대한 선호가 더욱 강해졌다. 가족이 먹는 음식, 내 몸에 바르는 화장품 등 건강과 안전에 직접 관련된 아이템에 대해서는 비용을 더 들이더라도 안심할 수 있는 제품을 구매하겠다는 것이다.

브랜드는 힘이 세다. 중국 시장에서는 특히 그렇다. 이렇듯 브랜드 파워가 중요한 중국 시장에 제주 제품을 판매하기 위해서는 브랜드 파워를 높여야 한다. 'Made in Jeju' 중에서 가장 강력한 브랜드를 가지고 있는 것은 무엇인가? 아마도 먹는 샘물

'삼다수'일 것이다. 삼다수는 국내 생수시장 점유율 40퍼센트를 넘어 부동의 1위를 고수하고 있고, 국내 여러 브랜드 평가기관에서도 가장 우수한 브랜드로 인정받고 있다. 하지만 사실 삼다수의 이미지는 분명하지 않다.

눈을 감고 '삼다수'를 생각해보라! 어떤 이미지가 떠오르는가? 어떤 맛이 기억나는가? 어떤 냄새가 되살아나는가? 어떤 소리가 귓가에 아른거리는가? 어떤 촉감이 느껴지는가? 필자는 잘 모르겠다.

한국인들은 제주도와 화산섬 그리고 '삼다三多'가 무엇인지 대략은 알고 있다. 하지만 중국인들은 '삼다'가 무슨 뜻인지, 브랜드명이 왜 삼다수인지 전혀 모른다. 중국의 할인마트나 편의점에 진열해놓으면 그저 수많은 생수 브랜드 중의 하나일 뿐이다. 한국 제주산이라고는 하지만 물류비가 포함되므로 중국 로컬 대형 브랜드와는 가격경쟁이 안 될 테고, 고가의 '에비앙evian'이나 '볼빅Volvic'만큼 잘 알려져 있지도 않다. 포지셔닝positioning이 명확하지 않은 것이다. 삼다수가 중국을 포함한 해외시장에서 고전하는 이유 중의 하나다.

브랜드 교과서에 소개되는 '위대한 브랜드'의 수많은 성공과 실패 사례를 여기서 다시 언급할 필요는 없겠다. 다만 중국 시장에서 성공한 브랜드로 자리 잡으려면 중국 소비자들이 '이 상품'을 선택할 이유를 제공해야 한다. 상품이 먹는 샘물이라면 '물맛'은 선택의 여러 이유 중 하나의 요소일 뿐이다. 다른 모든 상품과 마찬가지로, 중국인의 생수 선택이 '물맛'과 '가격'의 함수로만 설명되지는 않는다.

국내 소비자들의 꾸준한 사랑을 받는 것으로 보아 삼다수의 물맛은 그 자체로 경쟁력을 지녔다고 할 수 있다. 필자가 마셔보아도 그렇다. 그렇다면 물맛과 함께 삼다수가 중국의 소비자에게 제공할 수 있는 또 다른 효용은 무엇인지 고민해야 한다. 그것은 눈 덮인 한라산과 백록담일수도 있고, 제주도 어디서나 볼 수 있는 화산암 돌담일 수도 있고, 물질하는 해녀일 수도 있고, 올레길을 탐방하는 중국 관광객의 땀방울을 식히는 바람일 수도 있다. 유네스코 세계자연유산 제주는 중국인들에게 선사할 만한 것이 꽤 많다. 그러한 무형의 자산이 많기 때문에 연간 300만 명의 중국인이 비행기를 타고 제주도를 찾는 것이다.

1998년 출시 이후 20년째 국내 먹는 샘물 시장에서 1등을 놓치지 않고 있는 제주 삼다수의 다음 목표는 무엇이 되어야 할까? 브랜드 고급화, 상품구성 다양화(탄산수 포함), 해외시장 진출이라 생각한다. 특히 중국과 일본을 포함한 아시아 지역에서는 프리미엄 생수 시장에서 경쟁하는 전략을 세워야 할 것이다. 그러기 위해서는 '에비앙'에 못지않은 브랜드 파워가 필수적이다.

**브랜드 아이덴티티가 중요하다**

삼다수를 제외하고는 제대로 된 브랜드를 가지고 있는 제주 제품은 없는 것 같다. 필자는 육지에 나가 친구나 지인을 만날 때마다 감귤차, 한라봉 초콜릿, 감귤맛 나는 커피와 과자류 등 제주의 맛을 담은 제품을 선물로 건네곤 하지만, 사실 특정 브랜드나 상호 또는 '제주의 맛'이라 상징할 만한 제품을 찾지 못한다. 그래서 제주의 어떤 것을 선물해야 친구가 기뻐할지, 어떤 것을 드리면 은사께서 알아보고 즐거워하실지, 감이 잡히지 않는다. 대략 크고 값나가 보이는 것을 선물하면 좋아하겠거니 어림할 뿐이다. 아이가 있는 집에는 초콜릿을, 친구들에게는 커피를, 어른들에게는 감귤차를…… 그런 식이다. 그때그때 가지고 있는 예산에 맞추어 선물의 양과 무게와 부피를 가늠해 고른다. 그럴 때마다 아쉬운 마음이 든다.

제주도에 거주하는 필자가 그러한 마당에 도외에 살고 있는 내국인이나 중국인 소비자가 제주 제품의 브랜드를 기억하고 있을 리 없다. 그러니 어떤 경로를 거쳐 중국의 유통 매장에 진열되었다 해도 제대로 판매되기 힘들다. 중국의 소비자에게는 그저 '듣보잡' 제품의 하나일 뿐이다.

지방의 중소기업에게 마케팅 책에 적혀 있는 브랜드 전략의 A부터 Z까지를 요구할 수 없다는 걸 잘 알고 있다. 2~3일 제주도에 잠시 머물다 돌아가는, 언제 또 올지도 모르는 관광객에게 기억되기 위해 비용을 들여 브랜드를 구축할 여력도 안 될 것이다. 유명 브랜드라는 게 만들고 싶다고 해서 쉽게 만들어지는 것도 아니고, 무조건 광고를 많이 한다고 해서 브랜드 가치가 올라가는 것도 아니다. 하지만 마케팅 비용 지출과 브랜드 가치 상승이 정비례하는 것은 아니다. 브랜드 마케팅 프로그램에 투자할 예산이 많지 않은 중소기업도 자사 제품의 브랜드 가치를 높이기 위해 노력할 필요가 있으며, 적은 비용으로도 효율적인 브랜드 마케팅을 진행할 수 있다는 뜻이다.

브랜드 만들기의 첫걸음은 브랜드 아이덴티티를 만드는 것이다. 우선 내가 어떤 브랜드가 되고 싶은지 결정하라! 어떤 브랜드를 추구할 것이냐에 따라 어떤 제품을 만들어내야 할지, 이름은 어떻게 지을지, 어떤 포장이 좋을지, 어떤 방식으로 광고해야 할지 결정할 수 있다. 물론 기본적으로 내가 추구하는 브랜드 아이덴티티는 내 제품의 특성을 반영할 수 있어야 한다. 예를 들어 매력적인 맛이나 식감도 없이 최고급 브랜드를 지향할 수는 없는 노릇이다.

많은 경우 제품이 소비자들에게 제공하는 고유한 기능의 차이는 크지 않다. 필자가 소주에 대한 블라인드 테스트를 하게 된다면 다른 소주들과 '한라산' 소주를 구분하지 못할 것이다. 그러나 어떤 사람은 '참이슬'을, 어떤 사람은 '처음처럼'을, 많은 제주도민은 '한라산'을 선택한다. 각각의 소비자들이 특정 브랜드의 제품을 구매하는 이유는 다양하다. 브랜드 아이덴티티는 가장 중요한 이유 중의 하나다.


## 브랜드 아이덴티티란 무엇인가?

'내가 가진 브랜드가 무엇이었으면 좋겠는가?' 이것이 '브랜드 아이덴티티Brand Identity, BI'라 할 수 있다. 요즘은 'BI'라 하면 주로 로고 교체를 포함한 기업 이미지 통일화 작업을 가리키는 좁은 의미로 쓰이지만, 원래는 해당 기업이 고객들에게 기대하는 특정 이미지를 말한다. 예컨대 우리는 BMW 자동차에 대해서 어떤 이미지를 가지고 있는가? 기아자동차에 대해서는 어떤 것들이 떠오르는가? 그럼 중국의 자동차 브랜드 BYD는?

나의 제품이 '고급스러운, 백화점에서만 팔 것 같은, 비싸더라도 꼭 한 번 맛보고 싶은, 여자 친구에게 선물하고 싶은' 이미지를 가지고 있는가, 아니면 '시장에 쌓여 있는, 저렴하니까 몇 개 사는, 맛은 그럭저럭인' 이미지를 가지고 있는가. 내가 만들고 싶은 것이 어떠한 이미지인가. 그것이 바로 브랜드 아이덴티티다.


## 브랜드 네이밍 전략

브랜드 아이덴티티를 확정했다면 다음 단계는 브랜드 네이밍, 즉 이름 짓기이다. 이름은 한 번 지으면 쉽게 바꿀 수가 없다. 그리고 어느 날 문득 좋은 이름이 떠오르는 게 아니다. CEO의 브랜딩 공부, 사내외 공모, 전문가 자문이 요구된다. 무엇보다도 '나 자신이 무엇이고, 어떻게 불리기를 원하는가?'에 대해 충분한 고민이 필요하다.

브랜드가 결정되었다면, 이제 브랜드에 어울리는 마케팅 계획을 세우고 실행해야 한다. 어떻게 브랜드 마케팅을 실행할 것인가에 대해 소개해놓은 이론과 사례들은 도서관에 쌓여 있다. 그 내용들을 여기서 언급할 순 없지만, 제주도의 기업들이 유념해야 할 사항을 정리해보기로 하자.

첫째, 제주도의 청정한 자연환경, 신비로운 신화와 설화, 전통문화 등 고유한 생태와 인문학적 가치를 충분히 활용해야 한다. 둘째, 제주도가 세계적인 관광지로 성장하려면 대표적인 명품 브랜드가 하나쯤 있어야 한다. 이제는 관광지에서도 브랜드 제품을 찾는다. 런던에 가면 버버리 매장을 찾고, 벨기에에 가면 고디바 초콜릿을 사게 된다. 셋째, 변화하는 마케팅 트렌드에 민감해야 한다. 제주도 이곳저곳을 다니다 보면 뜻하지 않게 작은 마을 안에 숨어 있는 카페, 음식점, 소품점, 북카페 등을 만나게 된다. 어찌 알고 이런 곳까지 찾아올까 싶은데, 렌터카로 여행을 온 사람들도 있고 제주도에 사는 청장년의 손님도 꽤 되는 듯하다. 알고 보니 이미 온라인상에서 유명해진 집들이었다. 진부한 얘기가 되어버렸지만, 온라인 마케팅은 비교적 적은 비용으로 높은 효과를 거둘 수 있는 마케팅 수단이다. 마케팅 자원이 부족한 제주도 내 중소기업으로서는 온라인 마케팅에 민감해져야 한다.

**공동 브랜드 마케팅에 주목하자**

제주도에는 제주도 중소기업 공동브랜드 '제주마씸'이 있다. 2004년에 특허청에 상표를 등록하고 5개 업체로 출발한 이후,

2018년 현재 105개 업체 767개 품목이 제주마씸을 사용하고 있다. 10여 년 동안 많은 발전이 있었지만 제주마씸에 대한 중국인의 인지도는 그리 높지 않은 것 같다.

해외 시장, 특히 중국 시장을 공략하기 위해서는 공동 브랜드가 효과적일 수 있다. 공동 브랜드란 독립된 브랜드를 육성할 만한 자원과 역량이 부족한 다수의 기업이 하나의 브랜드를 만들어 공동으로 사용하는 것을 말한다. 그런 차원에서 '제주마씸'의 중국어 버전을 만들어보면 어떨까? 우선 제주를 방문하는 중국인을 대상으로 시장조사를 진행하고, 중국인이 즐겨 찾는 제품군을 중심으로 제주도 내 기업들이 중국 시장에서 사용할 수 있는 중문 공동 브랜드를 만들어 공동 마케팅을 시도해보는 것이다. 개별 중소기업으로서 중국 시장에 적합한 브랜드 네이밍과 마케팅이 어려운 처지에서 나쁘지 않은 방안으로 보인다.

# 제주와 중국의 교역을 전망하다

## -한국무역협회 베이징지부 김병유 지부장
## vs KIEP 세계지역연구센터 양평섭 소장

두 분 모두 20~30년 가까이 중국 경제와 한중 관계에 관한 연구 및 한중 교류 업무에 매진해오신 것으로 알고 있습니다. 역시 지난 20여 년은 한중 경제 교류가 폭발적으로 증가한 시기였습니다. 최근 한국에서는 중국의 고급 소비재 시장에 대한 관심이 높습니다. 또 화장품, 식품 등 일부 성공적인 품목도 있습니다. 중국에서 성공한 우리 소비재의 성공 요인 세 가지를 꼽아본다면 무엇일까요?

**양평섭 소장**  우선 중국에서 다양한 가격대의 소비재 시장이 생겼다는 점이 중요합니다. 공기청정기를 예로 들어볼 수 있겠네요. 급속한 경제발전 과정에서 중국의 대기오염이 심해졌습니다. 공기가 안 좋아지니까, 공기청정기 시장이 크게 열리는 거죠. 식품 같은 경우도 마찬가지입니다. 구매력 있는 소비자들은 중국 식품의 안전성에 대해 의문을 가지게 되었습니다. 좀더 깨끗하고 안전한 수입 식품을 찾는 겁니다. 대표적으로, 중국에서 호평 받는 우리의 우유 제품이 그렇습니다.

둘째, 한국 제품이 가격대비 성능이 좋다는 겁니다. 공기청정기를 예로 들어볼까요. 유명한 유럽 제품이 많이 있지만 가격이 매우 높습니다. 중국인들이 가격대비 성능을 중시하는데, 한국 제품은 적정한 가격이면서도 일정한 품질을 보장받을 수 있다고 생각합니다.

셋째, 한류의 영향이 있다고 봐야 합니다. 한류로 한국에 대한 호감도가 높아져 한국 제품의 인지도와 선호도에도 긍정적인 영향을 미치고 있습니다.

**김병유 지부장** 1992년 한중 수교 이후 한국 기업의 성공 방식은 생산기지의 중국 이전을 통한 우회수출 방식이 주종을 이루었습니다만, 점차 중국 내수시장이 양적·질적인 면에서 커지면서 외국산 고급 소비재에 대한 관심이 매우 높아지고 있습니다. 특히 탄탄한 구성과 마케팅으로 무장하여 중국 시장에 상륙한 한류가 중국인들의 마음을 사로잡은 것이 우리 소비재의 성공 요인 중 하나입니다. 무엇보다도 이러한 환경 변화를 선제적으로 잘 이해하고 어려운 상황에도 맞춤형 상품을 개발하여 중국 진출에 성공한 우리 기업들의 노력이 가장 큰 공이라고 하겠습니다. 지금과 같은 추세라면 미국, 유럽, 일본 제품에 쏠려 있는 중국 소비자들의 선호도가 조만간 한국산 고급 소비재로 이전될 것으로 예상됩니다.

최근 수년간 제주도에는 중국의 녹지그룹, 람정그룹 등이 조 단위의 투자를 진행하고 있습니다. 많은 고용 기회를 창출하는 등 제주도의 새로운 성장 동력이 될 것이라는 기대도 있지만 중국 기업의 관광산업 집중투자라는 부분에 대한 우려가 공존하고 있습니다. 제주도가 중국 자본과 함께 공동 발전하기 위해서는 어떤 점에 특히 주의와 관심을 기울여야 할까요?

**양평섭 소장** 최근 중국의 해외투자는 크게 세 가지 특성을 가지고 있다고 볼 수 있습니다. 자원개발 투자, 기술획득을 위한 M&A 투자, 그린필드형 투자가 그것입니다. 제주도는 좀 다릅니다. 부동산 개발투자 위주가 되었죠. 제주도에서는 부동산이 가장 투자가치가 있다고 본 것입니다. 중국 기업의 해외투자는 거버넌스 측면에서 미국이나 유럽의 기업들과는 조금 다릅니다. 해외투자 결정에서 기업의 사장 또는 대표의 리더십이 강한 편입니다. 또 자원개발이든, 기술획득을 위한 M&A 투자든 단기적 수익의 관점에서 투자를 진행하는 경우가 많습니다. 최근에 약간 바뀌고는 있습니다만, 중국 기업의 해외 투자는 기본적으로 단기적 목적 달성을 가장 중요하게 생각하고 있습니다. 아프리카의 자원개발 투자에서 보듯 현지화가 어려운 이유도 그 때문입니다. 제주도에 투자하는 기업도 어떤 목적을 가지고 있는지 살펴보아야 할 것입니다. 제주도의 경우에는 중국의 하이난처럼 호텔과 콘도를 짓고 장기적으로 운영을 해서 제주도와 함께 성장하겠다는 기업도 있을 겁니다. 중국 투자기업이 제주도민과 함께 성장할 수 있는 제도적 틀을 만드는 것이 좋습니다. 투자기업이 투자환경의 측면에서 지나치게 어려움을 겪지 않는 한도에서 말이죠. 현재 제주도에서 추진하고 있는 방안들, 예컨대 도내 업체 참여 보장, 도내 대학생 취업을 위한 교육 프로그램 등과 같은 것들이 좋아 보입니다.

**김병유 지부장**  역사적으로 제주도는 중국과 밀접한 관계를 가지고 있습니다. 진시황 시절 불로초가 나는 동쪽 끝에 있는 나라로 알려졌으며, 몽골군과는 끝까지 항전한 지역입니다.

2000년대 중반부터는 중국인의 무비자 입국이 가능해지면서 중국인 관광객과 투자가 크게 증가하고 있습니다. 제주도는 누가 보아도 매우 매력적인 투자 지역입니다만, 지금 중국 자본의 투자 내용을 살펴야 할 필요가 있습니다. 중국 자본이 제주도와 중국의 공동 발전이라는 장기적인 목표 아래 투자되고 있다면,

앞으로 그러한 목표를 달성하기 위해 제주도가 준비해야 할 것들이 많습니다. 그러나 제주도가 중국인의 일시적인 투자 지역으로 변모할 경우 오히려 제주도의 미래에 부담으로 작용할 수도 있습니다. 지금이라도 투자가 제주 경제에 장기적이고 구조적으로 긍정적인 영향을 줄 수 있는 방향으로 조정되어야 할 것입니다.

2015년 11월 한중 FTA가 발효된 지 햇수로 3년째가 되었습니다. 국내 각 지자체에서도 한중 FTA를 활용할 수 있는 방안을 찾고 있습니다. 제주도는 제조업 기반이 약한 반면, 일부 농산물(감귤 등)과 수산물을 일본과 홍콩 등지에 수출하고 있습니다. 제주도가 한중 FTA 효과를 극대화하기 위해서는 어떤 전략이 필요할까요?

**양평섭 소장** 한중 FTA가 발효된 지 1년이 지나서, 한중 FTA가 실제 우리의 대중 수출에 얼마나 영향을 끼쳤는지 살펴보았습니다. 상대적으로 효과를 보고 있는 품목들이 발견됩니다. 일부 농산물이 그렇습니다. 그리고 수산물도 단계적으로 관세가 철폐되고 있기 때문에 효과를 볼 수 있을 것 같습니다. 특히 베이징, 상하이 등 대도시에서는 식품 안전에 대한 관심이 높고 소득 수준이 높기 때문에 제주도 농산물 또는 수산물이 깨끗하고 안전하다는 인식을 심어줄 수 있다면 충분히 가능성이 있습니다.

수 년 전 중국 기업이 전남 진도군에 투자해서 전복, 해삼 등 수산물을 양식하고 가공해서 중국으로 수출하게 된 케이스가 있습니다. 마찬가지로 제주도가 중국의 수산물 시장에 밝은 중국 기업과 협력해서 제주도의 수산물 또는 수산물 가공품을 중국에 수출하는 기획도 가능할 겁니다.

**김병유 지부장** 중국 수입식품의 안전을 책임지는 공무원이 이런 한탄을 한 적이 있습니다. 서해에서 잡히는 물고기는 한 가지인데 잡는 국가에 따라서 가격이 달라진다고 말이죠. 그때 식품 산업은 신뢰와 안전을 담보로 하는 가장 선진국 산업이어서 그렇다고 대답했던 기억이 있습니다. 우리가 수입 식품을 살 때 성분보다는 어느 나라 제품이냐를 먼저 물어보는 것은, 그 국가의 신뢰도가 상품의 신뢰도로 이어지기 때문입니다. 식품은 산업의 특성상 부가가치가 높고, 브랜드 가치에 따라 쉽게 구매선을 전환하기 어렵다는 특징이 있습니다. 그런 측면에서 제주도가 청정지역이라는 점에 농수산물을 브랜딩하는 것도 좋은 전략으로 보입니다. 지자체가 앞장서서 공동 브랜드를 만들고 제주도와 해당 브랜드를 동시에 중국 지역에 홍보한다면 효과가 클 것으로 생각됩니다.

중국은 수입식품의 안전 문제에 대해 매우 엄격한 법규를 적용하고 있습니다. 제주도가 품질을 관리하고 보증한다면 제주 중소기업이 이러한 어려움을 뚫고 중국 시장에 훨씬 수월하게 진출할 수 있을 것으로 보입니다.

최근 우리 정부의 사드 배치에 대해 중국은 관광, 문화교류를 규제했을 뿐만 아니라 한국투자기업 감독 강화, 한국제품 통관 강화 등 경제 분야에도 영향을 미쳤습니다. 중국 관광객이 많고(연간 300만 명 수준), 중국의 투자가 활발한 제주도의 입장에서 이러한 외부 요인의 영향을 최소화하기 위한 방안은 무엇일까요?

**양평섭 소장** 중국 정부는 한국의 사드 배치에 강경한 입장이지만 평범한 중국 국민들은 관심이 높지 않습니다. 중국도 공식적으로 사드 배치 때문에 경제 보복을 한다고 할 수는 없습니다. WTO 정신에 위배되는 것 아니겠습니까? 장기적으로 중국인 개별 관광객이 제주를 찾고 싶도록 만드는 노력을 꾸준히 하는 것이 중요할 것 같습니다. 대중교통 인프라를 확충하고 중국인이 돈을 쓰기 쉽게 만드는 다양한 관광 프로그램을 개발할 필요가 있습니다. 예컨대 항몽 유적지와 같은 중국과 관련된 유적지

5장 한중 FTA, 제주 도약의 발판

를 더 홍보하는 것도 좋을 것 같습니다. 중국 상하이에 가는 많은 한국인이 상하이 시내에 있는 '대한민국 임시정부 청사'를 방문하는 것처럼 말입니다.

**김병유 지부장** 제주도가 가지고 있는 관광산업의 경쟁력을 재점검하고 구조적 체질을 개선하는 기회로 삼아야 할 것입니다. 현재 중국인들의 제주도 관광 프로세스가 관광객이 아닌 공급자의 입장에서 진행되는 것은 아닌지, 제주도민들의 관광객에 대한 배려와 관심에 대해 중국인 관광객들이 느끼고 만족할 만한 수준인지 재검토해볼 필요가 있다고 생각합니다.

중국인들의 관광 행태가 단체관광에서 개인관광으로 확연하게 바뀌는 과정이므로 개별 관광객의 니즈를 새롭게 창출하기 위한 노력도 동시에 살펴야 할 것입니다. 마리나베이와 야경 때문에 싱가포르와 홍콩을 찾는 외국인의 발길이 끊이지 않는다는 점을 벤치마크할 필요가 있습니다. 다보스포럼, 보아오포럼 등 세계 경제의 이슈를 논하는 행사는 아니더라도 환경 등 제주도가 자랑할 만한 분야를 선정하여 미래의 이슈를 선점할 연례 국제포럼을 개최하는 것도 고민해볼 만합니다. 제주도민, 관광업계, 지자체 등이 합심하여 제주도 관광산업의 경쟁력을 높인다면 중국인뿐만 아니라 동남아 또는 일본 등 제3국 관광객들도

더 많이 찾아올 것이고, 제주도는 명실상부하게 동북아 관광의
중심지로 거듭날 것입니다.

KIEP 세계지역연구센터
양평섭 소장

한국무역협회 베이징지부
김병유 지부장

5장 한중 FTA, 제주 도약의 발판

# 6장

# 제주도와
# 문화 콘텐츠

"나는 우리나라가 세계에서 가장 아름다운 나라가 되기를 원한다. 가장 부강한 나라가 되기를 원하는 것은 아니다. 내가 남의 침략에 가슴이 아팠으니 내 나라가 남을 침략하는 것을 원치 아니한다. 우리의 부력은 우리의 생활을 풍족히 할 만하고 우리의 강력은 남의 침략을 막을 만하면 족하다. 오직 한없이 가지고 싶은 것은 높은 문화의 힘이다. 문화의 힘은 우리 자신을 행복하게 하고 나아가서 남에게 행복을 주겠기 때문이다."

–김구

# 제주는 1만8000 신들의 땅

육지 사람들은 잘 모르지만, 제주도는 신들의 땅이다. 제주도에서 모시는 신이 1만8000이나 된다 한다. 셀 수 없이 많다는 뜻이다. 제주도 곳곳에 여전히 남아 있는 굿판의 심방들에 의해 아주 오래전부터 수많은 신화가 전승되어 왔다.

조선시대 제주도에는 행정구역상 행정권과 병권을 함께 가진 목사牧使가 중앙에서 파견되었고, 목사가 근무하던 관아官衙는 현재 구제주 중심부에 자리 잡고 있다. 제주목사 중 가장 유명한 이는 1702년 6월부터 약 1년간 제주를 다스린 이형상李衡祥으로, 보물 652-6호 「탐라순력도耽羅巡歷圖」를 남겨놓았다. 그의 재임기간 '절 500개, 당 500개'를 파괴했다는 기록이 전해진다. 물론 이형상 목사가 절과 사당 500개를 정확히 세어 파괴했다는 뜻은 아닐 게다. 다만 이로 미루어 몇 가지 사실을 유추해볼 수는 있다.

첫째, 조선시대 제주도에는 불교와 무속신앙이 매우 번성했던 것 같다. 18세기 초 제주도의 인구는 4만5000명 수준으로 추정되는데, 사찰과 사당이 수백 개나 되었다니 말이다. 어떤 이유에서든 제주도민의 대다수가 불당이나 사당을 일상생활의 일부로 받아들였음을 알 수 있다. 조선의 '억불숭유抑佛崇儒'가 17세기까지는 제주도에서 힘을 발휘하지 못한 듯하다.

둘째, 이형상 목사는 조선의 통치 이념인 유교를 통해 제주도를 '교화敎化'시키고자 했던 것으로 보인다. 글을 읽고 고기를 잡고 밭을 갈아 일해야 할 사람들이 절과 사당에서 시간을 보내는 것이 옳지 않다고 판단했을 것이다. 그는 많은 절과 사당을 파괴하고 승려를 환속시키는 다소 과격한 방식을 사용했다.

셋째, 제주도에 지금까지 전해져 도민의 삶에 영향을 미치고 있는 민간신앙과 관련된 풍습이 꽤 오랜 역사를 가지고 있으며, 육지의 그것과는 다른 문화적 가치를 가지고 있다는 점이다.

## 신화의 땅, 제주

제주에 남아 있다는 신화는 무슨 이야기를 담고 있을까 하고 제주 신화를 모아놓은 책을 사면서 생각해보았다. '그런데 제주 신화가 있다면, 전라 신화, 경상 신화도 있을까? 아차! 경주 신화, 나주 신화겠지?' 다시 인터넷을 검색해 찾아보았더니, 그런 것은 없다. 육지의 다른 지역에는 고대 왕국의 건국신화 정도가 남아 있을 뿐이다.

반면 제주에는 큰굿 열두 본풀이(열두 가지 신화)와 함께 도내 여러 고장에 마을 본향당 본풀이가 남아 있다. 바위와 흙을 치마에 옮겨와 한라산과 제주도를 만들었다는 설문대할망과 제주 바다의 여신 영등할망, 신들의 어머니인 송당리 금백주에 관한 이야기들이 대표적이다. 그리고 수많은 전설과 민담이 전해진다.

제주도의 조상이 이토록 많은 신화와 전설과 민담을 남겨주었다면, 그 후손의 의무는 이야기에 담긴 의미와 상징을 보전하고 발전시키는 것이다. 이미 제주연구원, 제주학연구소, 제주전통문화연구소, 제주신화연구소 등 많은 연구기관과 단체들이

송당 본향당의 본풀이 굿

6장 제주도와 문화 콘텐츠

활발하게 활동하고 있다. 가장 한국적인 것이 가장 세계적인 것이라고 한다. 그렇다면 필자는 가장 제주다운 것이 가장 세계적인 것이라 말하고 싶다. 제주의 문화는 전 세계에 내놓고 자랑할 만한 보물들이다.

## 아직도 민간 신앙의 풍습이 남아 있는 제주

첫째, 한때는 미신 또는 전근대적인 풍습으로 지탄받은 적이 있지만 신들의 섬 제주에는 아직도 심방과 당굿이 살아 있다. 풍어豊漁와 안전을 기원하는, 유네스코 인류무형문화유산으로 등재된 '제주 칠머리당 영등굿'이 대표적이다. 제주의 해녀들, 선주들이 새해의 안녕과 풍요를 기원하기 위해 매년 음력 2월에 영등 할망(바람의 여신), 용왕, 산신 등에게 제를 올리는 것이다. 충청도와 전라도, 경상도 해안에도 유사한 형태의 민속신앙은 존재하지만 규모와 체계를 갖춘 채 지금까지 전승됨으로써 유네스코 인류무형문화유산에 등재된 것은 '제주 칠머리당 영등굿'이 유일하다.

둘째, 민간 신앙이 관혼상제 풍습에도 영향을 미쳤을까? 제주도에서는 결혼식을 치를 때 거의 하루 종일 피로연을 벌이곤 한다. 장례 절차도 3일 이상 소요되는 예가 적지 않다. 상주들은 삼베로 된 상복과 굴관屈冠, 상장喪杖까지 갖추고 있다. 도시에서는 이제 많이 찾아보기 어려운 모습이다. 아직 매장하는 경우가 많고 벌초를 중요하게 여긴다.

셋째, 제주도민들의 일상생활에도 일부 신화적인 요인이 남아 있다. 대표적인 것이 '신구간新舊間'이다. 지상에 있던 신이 하늘로 올라가고 새로운 신이 임무를 부여받아 내려오기 전까지의 기간으로, 절기상 '대한大寒' 이후 닷새부터 '입춘立春' 전 3일 사이에 해당한다. 집수리, 이사 등 집안의 큰일을 진행하기 좋은 기간이기 때문에 부동산 매매가 활발해지고 이사 비용도 오른다.


## 2    문화 생성의 섬, **문화 교류의 섬**

『종의 기원』으로 유명한 박물학자 찰스 다윈이 남아메리카 동태평양의 갈라파고스 제도에서 발견한 것은 대형 코끼리거북이나 초식 이구아나 등 대륙에선 볼 수 없는 특이한 종이었다. 또 갈라파고스 제도의 여러 섬들에는 각기 다른 부리의 모양새와 습성을 가진 여러 종의 핀치새가 흩어져 살고 있었다. 육지와 동떨어진 갈라파고스를 관찰하고 이 섬들에 살고 있는 동물을 관찰하면서 다윈은 진화론의 아이디어를 얻었다고 한다.

제주도가 고립되어 있었기 때문에 육지와 다른 고유한 언어, 문화, 신앙이 형성되었다는 설명도 그러한 관점으로 이해할 수 있을까? 100년 전만 해도 전라남도 해안에서 파도가 잠잠할 때를 기다려 배를 띄워야만 다다를 수 있는 곳이 제주도였다. 거센 바람과 파도에 배가 뒤집어져 물귀신이 된 사람도 적지 않았다. 조선시대에 제주도로 유배를 간다는 건 오늘날로 치자면 우주 밖으로 보내버리는 것과 같다고, 어느 국사 선생은 말했다. 그렇기에 육지와는 다른 제주만의 독특한 문화가 만들어지고, 살아남고, 이어져 내려왔다고 보는 관점이 타당하다.

## '국민화가' 이중섭과 '국민서예가' 김정희

대부분의 국민이 좋아하는 캐릭터가 있기 마련이라서, 우리는 '국민요정' '국민 여동생' '국민 MC'를 비롯해 수많은 '국민○○'를 가지고 있다. 제주도는 이제 '국민 휴양지'쯤 될 것 같다. 좀 속된 표현이겠지만, 만약 '국민 화가'가 있다면 누구일까? 아마도 화가 이중섭 아닐까? 그는 일제시대인 1916년 평안남도에서 부농의 아들로 태어나 일본으로 미술 유학을 했으나, 해방과 전쟁을 지나오는 동안 가난과 이별, 오해와 좌절을 겪으면서도 멈추지 않고 작품 활동을 해온, 그러나 살아생전에는 제대로 된 평가를 받지 못했던 불운한 예술가였다.

그러나, 1951년 약 1년간의 서귀포 생활은 이중섭의 짧은 40

년 생애에서 가장 반짝이는 순간이었다. 세 살, 네 살짜리 두 아들 태현과 태성 그리고 아내 야마모토 마사코와 함께 새섬과 문섬, 섶섬과 범섬이 내려다보이는 서귀포에서 살며 「서귀포의 환상」 「섶섬이 보이는 풍경」 등 서귀포 시대의 명작을 남겼다. 현재 서귀포시 서귀동에는 그가 살았던 집이 복원되어 있고, 도립 이중섭미술관이 건립되어 작품이 전시되고 있다. 그 일대는 이중섭거리로 지정되어 제주도민과 관광객들에게 많은 사랑을 받고 있다.

내친 김에 제주도에 '국민서예가'도 있었다 자랑해보자. '국

서귀포 서귀동에 조성된 이중섭거리

민예술가'라 해도 과언이 아니다. 우리나라에서 자신의 호를 딴 글씨체를 가지고 있는 유일한 인물, 추사 김정희가 제주도에서 살다갔다. 앞에서 언급한 것처럼, 김정희는 제주도에 유배당한 상태에서도 중국과 교류를 이어갔을 뿐만 아니라, 끊임없이 책을 읽고 시를 읊고 글을 썼다. 후대의 사람들은 그의 추사체가 제주도에서 완성되었다고 평가하고 있다.

## 제주도로 모여드는 젊은 문화예술인들

최근 들어 제주도에 대한 호감도가 급상승한 배경에는 비교적 이름이 알려진 젊은 문화예술인들의 제주 이주를 빼놓을 수 없다. 그중 가장 유명한 사람은 자신의 집을 '민박'으로 내놓고 숙박 손님들과 어울리는 스토리를 담아낸 TV 프로그램으로, 온 국민을 상대로 제주의 매력을 전파하고 있다. 어떤 음악인은 제주의 바다와 하늘을 모티브로 한 노래를 만들고 있고, 또 어떤 작가는 제주에서의 삶과 여행을 수필집으로 출간하기도 했다. 서귀포의 이중섭미술관 등에서 수개월 동안 머물며 제주의 자연을 화폭에 담고 있는 화가도 있고, 제주의 빛이 투영된 바다와 오름과 한라산을 카메라 셔터에 담는 사진가도 있다.

대중적으로는 이름이 많이 알려지지 않은 문화예술인들도

제2의 거처 또는 새로운 문화예술 활동의 공간으로 제주를 찾고 있다. 그렇다 보니 인구 60여 만 명의 섬 제주도에서는 사시사철 수많은 문화예술 공연과 행사가 이어지고 있으며, 보이지 않는 곳에서 작품 활동을 하는 예술인도 적지 않다. 그들은 때때로 자신이 거주하고 있는 마을 인근의 플리마켓이나 서귀포문화빵데리충전소 등지에서 전시하고 공연하고 즐긴다.

## 다양하고 개성 넘치는 문화 기반시설

제주도가 상대적으로 많은 문화 기반시설을 가지고 있다는 것은 통계로도 확인할 수 있다. 문화체육관광부가 발표한 '전국 지자체별 문화기반시설 현황2016'을 보면, 제주에는 모두 126개의 공공도서관, 박물관, 미술관 등이 있다. 수치로는 우리나라 전체의 5퍼센트에 해당한다. 제주도의 인구가 전체 인구의 1.3퍼센트 수준이니, 평균적으로 다른 지역보다 4배나 많은 문화 기반시설을 갖춘 셈이다. 관광객이 많기 때문에 제주도가 가지고 있는 문화의 원형이나 자원과 관계없는 상업용 박물관이 많기도 한 반면, 관광객과 무관한 도서관이나 미술관도 상대적으로 많다.

2017년 9월부터 12월까지는 제주도립미술관, 제주현대미술

제주비엔날레 작품들

6장 제주도와 문화 콘텐츠

관, 제주 원도심, 이중섭거리, 알뜨르 비행장 등에서 '제주비엔날레2017: 투어리즘'이 개최되었다. 제주도가 가진 풍부한 문화예술 자원을 활용하고자 하는 노력이 시작되고 있는 것이다. 2년마다 개최되는 비엔날레가 꾸준히 이어져 국내외 뛰어난 예술가들이 참여하는 문화예술 축제로 발돋움하기를 기원한다.

### 문화예술 '활동'에서 '교류'로 확대하자

제주연구원에서 2016년 발간한 『제주 문화예술의 섬 조성 전략』은 "제주의 가치 창조, 문화예술의 섬"이라는 비전과 함께 제주를 문화예술이 있는 섬으로 조성하는 전략을 제시했다. 필자는 이에 덧붙여 '문화 교류'라는 전략이 추가되었으면 하는 바람이다. 문화는 서로 교류하고 나눌 때 더 큰 힘을 발휘하기 때문이다. 그리고 새로운 문화는 교류와 나눔, 융합을 통해 창조된다. 『제주 문화예술의 섬 조성 전략』도 분명하게 지적하고 있다. '제주 지역에서는 문화예술 창작 활동은 활성화되어 있는데, 이를 국내·외에 전파할 수 있는 유통과 다양한 소비자를 만날 수 있는 소비구조가 원활하지 않'다는 것을.

오랜 기간 제주도라는 섬은 앞을 가로막은 바다로 인해 육지로부터 격절隔絶되어 있었다. '섬'이라는 말을 호흡과 함께 내뱉

| 지자체 | 총계 | 공공도서관 | 박물관 | 미술관 | 문예회관 | 지방문화원 | 문화의 집 |
|---|---|---|---|---|---|---|---|
| 경기 | 492 | 228 | 139 | 49 | 34 | 31 | 11 |
| 서울 | 356 | 146 | 120 | 37 | 19 | 25 | 8 |
| 강원 | 206 | 53 | 96 | 11 | 18 | 18 | 10 |
| 경북 | 196 | 64 | 65 | 11 | 26 | 23 | 7 |
| 경남 | 190 | 65 | 60 | 9 | 20 | 20 | 16 |
| 전남 | 181 | 64 | 46 | 25 | 19 | 22 | 5 |
| 충남 | 154 | 58 | 46 | 9 | 18 | 16 | 7 |
| 전북 | 149 | 56 | 40 | 13 | 15 | 14 | 11 |
| 제주 | 126 | 21 | 63 | 19 | 3 | 2 | 18 |
| 충북 | 126 | 42 | 45 | 8 | 12 | 11 | 8 |
| 인천 | 97 | 46 | 30 | 4 | 8 | 8 | 1 |
| 부산 | 87 | 36 | 19 | 6 | 11 | 14 | 1 |
| 대구 | 72 | 33 | 16 | 4 | 11 | 8 | – |
| 광주 | 56 | 21 | 10 | 9 | 7 | 5 | 4 |
| 대전 | 56 | 24 | 16 | 5 | 3 | 5 | 3 |
| 울산 | 39 | 17 | 9 | – | 4 | 5 | 4 |
| 세종 | 12 | 4 | 6 | – | 1 | 1 | – |
| 총계 | 2,595 | 978 | 826 | 219 | 229 | 228 | 114 |

자료 : 문화체육관광부

으며 천천히 '서~엄'이라고 발음할 때에도 '전체적으로 그런 느낌'이 온다.

그러나 지금은 다르다. 제주도는 시내버스만큼 자주 운행하는 비행기로 하루에 몇 번이든 왕복할 수 있는, 대한민국의 특별법으로 규정된 국제자유도시다. 국제, 자유, 도시라는 개념 하나하나는 고립, 폐쇄, 낙후와는 정반대의 의미를 가지고 있다. 2002년에 수립된 제1차 제주국제자유도시 종합계획 발전 모델에서 국제자유도시라는 개념은 원래 '사람, 상품, 자본의 자유로운 이동이 보장되는 국제적 경제, 관광 거점'을 말하는 것이었다.

사람, 상품, 자본의 자유로운 이동. 말이 쉽지, 구체적으로 실천하자면 그 어느 하나 쉬운 게 없다. 국제금융센터를 설립하겠다, 외국 자본의 제주 투자를 이끌어내겠다, 많은 관광객을 유치하겠다는 전략은 자칫하면 제주도를 '검은 돈'의 세탁소로 만들거나, 외국인 불법 체류를 양산하는 곳으로 만들 수도 있다.

## 아시아 문화 교류와 유통의 자유지대

문화는 양상이 좀 다르다. 제주도에서 여러 나라의 다양한 문화가 자유롭게 만날 수 있다. 제주도는 대한민국에 속해 있지만 지리적으로나 심리적으로 육지에서 한 걸음 비껴서 있다. 한 걸음 비껴서 있기 때문에 오히려 많은 육지 사람들이 제주도를 찾는다.

제주도는 중국과 일본에서도 가깝다. 서울에서 제주도가 470

킬로미터인데, 제주에서 상하이는 530킬로미터, 오사카와는 860킬로미터 거리에 있다. 서울, 상하이, 오사카 모두 비행기 1~2시간 거리다. 상하이 이북에서 뱃길로 일본을 가려면 제주도 앞바다를 지나게 된다.

나름의 고유한 문화를 구성해온 제주도는 한국 문화의 일부이지만, 다소 이색적인 멋과 맛을 지녔다는 점 또한 국가 간 문화 교류의 좋은 여건이라 할 수 있다. 생각해보라! 한국인이든, 일본인이든 베이징에 간다면 자금성, 이화원, 경극이 표상하는 중국 문화를 수입해와야 할 것 같은 느낌이 들 것이다. 중국인이나 일본인이 서울에 놀러와도 마찬가지일 터. 싸이의 말춤을 추면서 '강남 스타일'을 배워가야 할 것 같지 않겠는가? 한·중·일 한가운데 바다에 우뚝한 휴양지 제주에서는 어떤 나라의 어떤 문화도 용납될 수 있다. 제주도가 사람, 상품, 자본의 이동이 자유로운 곳이 되어야 하는지, 그것이 가능한지에 대해서는 논쟁이 분분할 수 있지만, 문화의 교류와 이동이 자유로운 곳이 되어야 한다는 점에서는 이론의 여지가 없을 것이다. 제주에서 문화의 유통은 한없이 자유로워야 한다.

## "문화예술이 밥 먹여주는 시대"

우연 속에 필연이 있고, 필연 속에 우연이 있다고 했던가. 중국 고위층과 우연처럼 맺어진 인연이 20여 년간 이어지고 있는 '생각하는 정원'의 성범영 원장은 "문화예술이 밥 먹여주는 시대가 왔다"고 했다.

지난 수십 년간 제주도는 관광이 밥 먹여주는 시대를 보냈다. 내외국인 관광객을 위한 외식업, 호텔업, 유통업 등이 도내 주요 산업으로 가장 많은 일자리를 만들어냈다. 양적으로 제주도의 관광산업 및 관련 산업은 크게 성장했다.

하지만 지금은 다르다. 관광으로 밥을 먹을 수는 있겠지만, 언제까지나 배를 채우는 정도에 머물 수는 없다. 관광객에게 서비스를 제공하는 것도 그렇다. 좀더 고급스러운 서비스는 반드시 문화와 예술이 접목되어야 한다. 관광의 질을 높여줄 뿐만 아니라 삶의 질까지 높여주기 때문이다. 예컨대 식당에서 밥을 먹는 것은 일상이지만, 예술작품이 전시된 곳에서 아름다운 음악과 함께 밥을 먹는 경험은 새로운 문화적 체험이다.

2013년 이후 한국과 중국이 인문 교류를 강화하기 위한 사업들을 전개하고 있는 것도 같은 맥락이다. 1992년 한중 수교 이후로 양국 간 투자와 무역은 폭발적으로 성장했지만, 문화·예술교류는 훨씬 못 미치고 있다. 제주와 중국의 교류도 마찬가지다. 2010년 이후 중국인의 제주 관광과 중국계 기업의 제주 투자가 한 흐름이었다면, 앞으로는 경제 외적인 교류가 있어야 한다. 특히 문화·예술 교류가 중요하다.

한중 양국의 문화예술 교류는 몇 가지 형식이 가능하다. 첫째, 기본적으로 양국의 문화예술인들이 직접 만나 소통하는 기회가 필요하다. 중국의 문화예술인을 제주로 초청하고 제주의 문화예술인들이 중국을 방문하여 동양의 정서를 공유함으로써 예술인 네트워크를 구성할 필요가 있다.

둘째, 제주에 중국의 문화예술인을 초청하여 전시회, 연주회 등을 개최하는 문화 교류를 확대해야 한다. 한국과 중국의 문화예술인들이 각종 행사를 공동 추진하고 참여하는 방식도 가능하다. 2017년 초봄 베이징 방문 당시 명품 브랜드, 아트센터, 세계적인 미슐랭 식당, 6성급 부티크 호텔을 포함하고 있는 베이징 최고의 복합쇼핑몰 '파크뷰 그린 팡차오디Parkview Green FangCaoDi'에서 만난 극사실주의 화가 강형구의 '관우 초상'은 매우 신선한 즐거움을 가져다주었다. 붉은 톤으로 묘사된 가로 3.7미터, 세로 6미터의 대형 관우 초상은, 보는 이의 시선을 압도하는 눈빛과 인상을 뿜어내며 거대한 쇼핑몰 출입구 안쪽 면

베이징 최고의 복합쇼핑몰 '파크뷰 그린 팡차오디'에 걸린 강형구 화가의 '관우 초상'

에서 전체 분위기의 중심을 잡아주고 있었다. 이 그림은 제주현대미술관의 특별기획 '2016한중국제교류전: 아리랑 랩소디'에 출품되었던 것으로, 제주와 베이징의 전시회를 거쳐 '파크뷰 그린 팡차오디'의 사장이 구매했다고 한다. 제주와 중국의 미술관이 공동으로 주관한 전시회에 출품된 국내 화가의 작품이 중국 현지로 진출한 문화 교류의 좋은 예라 할 수 있다.

셋째, 제주가 가지고 있는 문화 자산이 중국인들을 포함한 외국인들도 감상할 수 있는 형식으로 재해석·재창조되어야 한다. 제주도에는 가공되지 않은 원석과도 같은 이야기와 노래와 정서와 풍습이 있다. 이러한 문화 원형 속에서 중국인에게 익숙한 감성 코드를 발굴하고, 중국인 예술가와 기획자들이 참여하여 예술적 가치가 높은 문화상품을 구성하는 것도 좋은 방법이다. 예술적 가치가 높은 상품은 대개 경제적 가치도 높다.

## 제주도 '디자인 부지사'를 제안한다

문화 산업, 문화 상품을 발굴하고 지원해야 한다고 하지만, 수준 높은 문화예술 작품은 공장에서 물건 찍어내듯이 만들 수 없다. 자원과 시간과 노력과 환경이 필요하다. 제주도가 문화예술 산업을 적극 지원하고 제주도를 문화예술의 섬으로 만들겠다는 의지를 실천으로 강력하게 뒷받침해야 한다. 그런 점에서 제주연구원이 제시한 '문화부시장' '문화부지사' 제도는 신중하게 검토할 만하다. 또는 좀 더 폭넓게 임무를 부여받는 '디자인 부지사'가 필요할 수도 있다. 디자인 부지사는 문화와 미적 측면뿐만 아니라 도시 발전의 측면을 함께 고려하는, 즉 개발과 환경의 조화 측면에서 제주도를 통합적으로 디자인하는 역할을 맡아야 한다. 이름을 무엇이라 부르든, 국내의 어떤 지자체보다도 제주도에는 예술적 감각과 행정적 감각을 고루 갖춘 리더십이 필요하다. 제주도는 문화예술의 섬이기 때문이다.

## 한중 문화 교류의 장, 공자학원

중국인과 중국 관광객이 많은 제주도에는 2012년에 중국총영사관이 설립되었다. 주제주중국총영사관의 가장 큰 임무는 제주도 내 자국민을 보호하는 것이지만, 그 밖에도 주재국과의 친선 및 경제·문화 교류 지원 등의 역할도 하고 있다.

중국은 주제주총영사관 이외에도 제주한라대학교과 함께 공자학원Confucius Institute을 제주대학교와 함께 상무공자학원Business Confucius Institute을 운영하고 있다. 공자학원은 전 세계에 중국어, 중국문화, 중국의 가치관을 전파하고자 중국 정부의 지원을 받아 운영되는 비영리 교육기관이다. 독일의 괴테인스티투트나 한국의 세종학당과 유사한 개념이다. 2004년 세계 최초로 서울에 공자학원이 세워졌고, 이후 불과 10여 년 만에 전 세계 140개 국가에 500여 개가 넘는 공자학원이 운영되고 있다.

2009년에 설립된 제주한라대학교 공자학원은 중국어 보급과 한중간 문화교류를 중심으로 다양한 활동을 활발하게 전개하고 있다. 가장 중요한 프로그램은 역시 일반 도민과 학생, 산업체 재직자를 대상으로 한 중국어 교육이다. 중국인이 많이 찾다 보니 도민들의 중국어 학습 수요가 상대적으로 많다. 2016년 제주대학교에 설립된 상무공자학원은 그 명칭에서 알 수 있듯이 중국어, 중국 문화 보급 프로그램과 함께 중국 비즈니스에 특화된 교육 프로그램을 진행하고 있다.

제주한라대학교 공자학원은 중국 정부가 공인하는 HSK 시험도 매월 주관하고 있다. 그 밖에도 제주도 내 두 개의 공자학원에서는 중국어 말하기대회, 중국어 작문대회, 한중가요제, 중국전문가 초청 특강, 학술포럼 등 제주도를 기반으로 하여 한중간 교류를 넓히기 위한 여러 가지 프로그램이 진행되고 있다. 제주도에서 중국 문화를 전파하고 교류하는 데 매우 중요한 역할을 하고 있다.

인터뷰

# 중국인에게 제주를 알린 민간 외교관, 생각하는 정원
– 생각하는 정원 성범영 원장

성범영 원장님은 1960년대부터 맨땅을 일궈 지금의 '생각하는 정원'을 만들어냈습니다. 그 과정과 이야기가 중국의 중학교 교과서에도 실리게 되었구요. 장쩌민 전 주석, 후진타오 전 주석, 시진핑 주석을 비롯한 수많은 중국의 고위급 인사가 정원을 찾았다고 들었습니다. 중국과의 교류는 어떤 계기로 시작되었는지요? 또 어떤 의미 있는 교류들이 있었는지요?

1995년 중국의 장쩌민 주석이 방문한 이후 중국의 정계, 학계,

문화계 인사들이 많이 다녀갔습니다. 생각하는 정원은 국내 관광객도 많이 찾지만 중국과 일본은 물론 미국, 유럽 등 해외에서 온 손님들도 많이 찾습니다.

장쩌민 주석의 방문은 우연이었습니다. 1995년 10월, 지금은 작고한 판징이範敬宜 인민일보 총편집장이 우리 정원을 방문한 뒤에 정기보고를 통해 장쩌민 주석에게도 소개했다는 사실을 나중에 알게 되었습니다. 그다음 달에 장 주석께서 한국을 방문했고, 마지막 일정으로 이곳을 들르게 된 것입니다.

1995년 11월 17일, 장쩌민 주석이 우리 정원을 방문한 바로 그날 판징이 총편집장은 인민일보에 「신 '병매관기'新 '病梅館記'」라는 글을 게재합니다. 원래 「병매관기」는 청나라 학자인 궁쯔전?自珍이 인위적으로 매화나무를 다듬는 분재에 빗대어 당시 권력자의 지식인 억압을 비판한 글입니다. 그 이후로 분재 문화의 발상지인 중국에서는 매화 분재에 대해 부정적인 인식이 생겼습니다. 특히 문화대혁명을 거치면서 모든 분재 문화가 사라져버렸습니다. 그런데 판징이 총편집장이 우리 정원을 방문하고 저와의 대화를 통해 분재 문화를 새롭게 조명한 글을 인민일보에 발표한 것입니다.

장쩌민 주석이 이곳을 방문한 뒤부터 후진타오 주석을 비롯한 수많은 정치 지도자들, 분재 예술과 정원 문화를 연구하는 중국의 학자들, 노벨문학상을 받은 모옌莫言과 같은 문인이나 예술가들이 우리 정원을 다녀갔습니다. 그들은 우리 정원의 분재 하나하나를 세심히 살펴보았고, 몇몇 분재에 저 나름의 생각을 적어놓은 글들도 꼼꼼히 읽어주었습니다. 그분들이 마음을 담아 제게 선물해준 글씨와 그림만 해도 수천 점이 됩니다. 감사하게도 2001년에는 민간외교의 공을 인정받아 외교통상부의 공로패도 받았습니다.

2007년에 생각하는 정원에서 '한중수교 15주년 기념행사'를 개최했고, 2012년 9월에는 '한중수교 20주년 기념행사'를 개최하게 되었습니다. 그리고 중국 상하이의 백불원百佛園, 중국 하남성의 대향산국학문화원大香山國學文化園과 자매결연을 맺어 서로의 문화와 예술 그리고 분재에 관한 지혜와 경험을 나누며 함께 발전하기로 했습니다.

저는 그저 하루하루 나무를 돌보고 가꾸는 일을 했을 뿐이고, 그건 제가 해야 할 일을 한 것입니다. 그런데 송구하게도 그 일을 높이 평가해주더군요. 제 노력을 먼저 알아봐준 중국인들, 중국에 있는 저의 친구들에게 감사할 따름입니다. 지난 50년 간 나무를 키우며 많은 것을 배웠습니다.

2010년 이후 수많은 중국인이 제주를 방문하고 있고, 녹지그룹과 (주)람정제주개발을 비롯해서 제주도에는 많은 중국계 기업이 활발하게 사업을 진행하고 있습니다. 이에 대해 일부 제주도민은 이해 부족이나 입장 차이로 인해 중국과 중국인에 대해 좋지 않은 시선을 보내는 경우가 있습니다. 오랜 기간 중국과 좋은 관계를 맺어온 원장님의 의견을 듣고 싶습니다.

저의 개인적인 의견을 말씀드리기는 매우 조심스럽습니다. 다만 국제자유도시를 만든다면 좀더 장기적인 안목이 필요하다고 생각합니다. 물론 미래의 모든 변화를 정확히 예측해서 장기적인 계획을 세우기가 어렵다는 것은 잘 알고 있습니다.

저는 제주도가 지구상에서 가장 아름답고, 기후 조건도 뛰어난 섬이라고 생각합니다. 보물섬 중의 보물섬입니다. 사계절이 뚜렷해서 인간도 살기 좋고 나무도 살기 좋습니다. 중국의 하이난은 연중 내내 여름이라서 잠시 해수욕을 즐기기에는 좋지만, 장기적으로 거주하기에 썩 좋지는 않습니다. 위도가 좀더 높으면 춥습니다. 그래서 계획을 잘 세워 제주도를 개발하면 대한민국 전체를 먹여 살릴 수 있도 있다고 저는 생각합니다.

제주도 인구 계획을 60만 명이다, 요즘에는 100만 명이다 하면서 계획을 세운다고 들었습니다. 그런데 싱가포르는 제주도 크기의 3분의 1에 불과한데 500만 명이 살고 있습니다. 제주도 면적이 서울의 3배가 되니 도시계획을 잘 세우면 제주도에 300만 명은 살 수 있지 않겠나 생각합니다. 상하수도 문제, 고도제한 문제 등을 섬세하게 계획하여 30만 명 정도 살 수 있는 중소도시를 여럿 육성하면 가능하다고 봅니다. 인구 포화라고 말하지만 제주도가 좋아서, 살고 싶어서 온다는데 막을 도리가 있겠습니까?

저는 1963년부터 제주도에 다녔고, 1968년에 첫 삽을 떠서 지금까지 50년간 생각하는 정원을 가꿔왔습니다. 처음 시작할 때 주위 사람들은 저를 보고 미쳤다고 했습니다. "이곳은 백년 가도 발전할 곳이 아니다"라고 했습니다. 전기도 수도도 없었고, 제주에서 버스타고 오려면 비포장도로로 네 시간 걸렸습니다. 1980년대 말에는 당시 홍영기 제주지사께서 한번 둘러보시더니 제주시와 서귀포시에서 접근성이 좋지 않은 부지라며 제주 시내의 땅 2~3만 평과 바꿔주겠다는 제안도 하셨지만 거절했습니다.

백년 가도 발전할 수 없을 것이라던 곳이 지금 이렇게 바뀌었습니다. 중국을 비롯한 세계 여러 나라에서 찾아옵니다. 일반 관광객들도 많습니다. 꽃의 향기가 좋으면 벌과 나비들은 아무리 험한 곳이라도 찾아갑니다. 장기적인 관점을 가지고 제주도를 잘 발전시켜야 하는 이유가 여기에 있습니다.


최근 중국과의 정치적 문제로 관광이나 문화 교류 등에 악영향이 있습니다. 물론 머지않아 다시 예전처럼 많은 중국인이 제주도를 찾을 것으로 생각합니다만, 제주도를 방문하는 중국인에게 어떻게 하면 제주도를 좀더 깊게 즐길 수 있는지 한 말씀 부탁드립니다.

중국 내륙에는 바다가 없어서인지 중국인들은 제주에 오면 바다를 참 좋아합니다. 그리고 공기가 맑지 않습니까? 중국에 비하면 제주도는 그야말로 청정 지역이죠. 아기자기한 볼거리들도 많고요. 그러다 보니 얼마 전부터는 중국인들이 제주도가 좋아서 아파트를 사고 빌라를 짓고 살러 옵니다. 조금 살아보니 대도시가 제공하는 다양한 문화와 즐길 거리가 없는 것을 아쉬워하는 것 같습니다. 중국에서 늘 먹었던 다양한 음식도 그리울 테죠.

저는 생각하는 정원에 자주 놀러오라고 말씀드리고 싶어요. 평화롭고 조용하고 안락한 제주도에 왔으니 그 자체를 즐기고 쉬는 생활에 익숙해지라고 얘기해주고 싶습니다. 요즘은 제주에서도 서울이나 중국, 일본으로 쉽게 날아갈 수 있는 항공편도 많아졌으니까 언제든 중국이든 서울이든 다녀올 수 있지 않나요?

제주도는 그 자체로 아름다운 섬이지만 많은 문화적인 자산을 보유하고 있습니다. 해녀 문화를 비롯해서 신화와 전설도 많이 전해지고 있습니다. 중국과 교류의 폭을 넓히면서도 깊이 있는 교류를 이어가기 위해서는 문화와 예술을 통한 교류가 중요하다고 생각합니다. 이와 관련해 원장님은 어떤 아이디어를 제안하고 싶은지요?

저는 이제 문화예술이 밥 먹여주는 시대가 왔다고 생각합니다. 우리가 가지고 있는 문화예술을 전 세계에 내놓을 수 있는 최고의 자산으로 만들어야 합니다. 개인적으로는 중국의 많은 문화예술인들이 제주도에 와서 활동할 수 있도록 만드는 것이 제 꿈입니다. 공간이 넓지는 않지만 현재 우리 정원 한쪽에 미술관도 크게 짓고 한중문화관도 만들어서 한국과 중국의 문화예술인들이 교류할 수 있는 장을 만들고 싶습니다.

제주관광의 질을 높인다 하는 방향은 맞습니다. 난개발로 수준 낮은 것들을 만들면 안 되고요. 세계적인 수준의 문화 예술품, 문화 상품을 만들어야 합니다. '한국 문화이면서도 세계적

6장 제주도와 문화 콘텐츠

으로도 일등인 것'을 찾아야 합니다. 한국에서만 볼 수 있는, 제주도에서만 볼 수 있는 세계적인 작품을 만들 수 있어야 합니다. 그렇게 하면 관광객들이 그걸 보러 오고 관광의 수준은 저절로 높아지게 될 겁니다.

생각하는 정원의
성범영 원장

인터뷰

## 높은 중국의 진입장벽을 뚫고
## 한류를 전파하다
### —전 CJ E&M 김성훈 상무

중국과 대만에서 오랜 기간 거주, 근무하신 것으로 알고 있습니다. 특히 최근 수년간은 CJ 중국 본부에서 한국의 문화 콘텐츠를 중국에 전파하고 관련 사업을 진행하는 데 큰 역할을 하신 것으로 알고 있습니다. 중국에서 우리의 문화 콘텐츠(영화, 드라마, 예능 프로그램, 아이돌 그룹 등)가 성공할 수 있었던 요인 세 가지를 꼽아본다면 무엇일까요?

중국은 자국의 문화 산업을 개방하지 않은 국가입니다. 기본적으로 문을 닫아놓은 상태에서 필요한 것만 선별적으로 받아들이는 방식을 취하고 있습니다. 중국공산당 선전부가 문화 산업 발전을 총괄 지휘하고 있으며, 선전부의 지휘를 받아 국무원 산하의 행정부서인 광전총국과 문화부가 문화 산업 전반을 관장하면서 방송·영화를 비롯한 모든 문화 콘텐츠를 심의 감독하고 있습니다. CJ는 이렇게 보수적인 중국의 문화 산업 환경을 대전제로 놓고 어떻게 하면 영화 시장에 진출할 수 있을지, 방송 콘텐츠는 어떻게 수출할 수 있을지를 고민했습니다. 이와 동반하여 프랜차이즈나 영화관 같은 관련 산업을 어떻게 진출시킬 수 있을지 연구했습니다.

저는 우선 중국의 입장에서 생각해보려 했습니다. '외국 기업이 중국 시장을 점유하여 이익을 챙기고 가버리겠다?' 중국의 방송·영화 책임자라면 허용할 수 없는 상황입니다. 그래서 저는 우리의 사업이 중국의 산업에 어떻게 기여할 수 있을 것인가를 고민했습니다.

CJ의 프랜차이즈 산업, 예컨대 GCV 멀티플렉스나 비비고가 중국에 진출하여 성공적으로 안착하면 해당 CGV 또는 비비고 점포 일대의 부동산 가치가 상승하는 효과를 얻을 것이라 설득했습니다. 문화 콘텐츠를 통해 부동산의 가치를 높이자! 이것이 바로 CJ가 중국 최대의 부동산 개발회사인 '완다萬達'에게 제시한 개념입니다. 우리가 가진 콘텐츠의 내용과 질도 중요하지만, 중국에서 그것을 어떻게 확산시킬 것인가 하는 전략이 더 중요합니다.

둘째, 첫 번째 방안과 연계된 것으로, 중국에서의 CSR (기업의 사회적 책임) 활동에 적극 나서고 있습니다. 예를 들면 CGV 영화관 진출 지역 중심으로 농민공 자녀 학교를 선정해 문화 시설을 지원하거나 영화제를 개최했습니다. 또 중국 영화 산업 인재양성 프로그램도 추진하였습니다. 큰 비용을 들일 수는 없었지만, 가지고 있는 콘텐츠를 활용해 중국의 대도시에 꼭 필요한 농민공 자녀를 위한 학교를 지원하는 사업이 큰 호응을 얻었습니다. CJ 임직원들이 일상적으로 사업장 인근 지역, 양로원이나, 보육원, 자매결연학교 등을 방문하는 것은 물론이고요……. CSR은 중국에서 사업을 하는 데 일종의 '보험'과도 같은 것이 아닐까 생각합니다. 아마 제주도민도 제주도와 함께 성장하려는 중국 투자기업에 더 많은 성원을 보내겠죠? 사회주의 국가인 중국에서는 이러한 경향이 좀더 강하다고 볼 수 있습니다.

셋째, 중국인들과의 교류를 통해서 중국에 어떤 콘텐츠가 맞을까, 어떤 소재가 좋을까, 어떤 주제가 중국인들도 좋아하고 중국 정부에게도 우호적일까 하는 것들을 파악해냈습니다. 중국에서 공연 사업은 문화부가, 신문·방송과 관련된 것은 광전총국이 관할합니다. 그리고 앞서 말씀드린 대로 중국공산당의 선전부와 조직부가 이 두 기관을 '영도領導'합니다. 문화 콘텐츠에 대한 관계당국의 관리가 비교적 강력한 중국 시장에서는 이들 기관 담당자 및 책임자들과 네트워크를 형성해 관리하는 것이 중요합니다. 일상적인 교류를 통해 이들을 '친구'로 만들어놓으면 중국 정부의 문화 콘텐츠 정책 방향이나 관련 사업 전략에 대해 매우 중요한 정보를 제공받을 수 있습니다.

마지막으로, 역설적이게도 중국이 문화산업 시장을 전면 개방하지 않았기 때문에 우리의 문화 콘텐츠가 중국에서 성공할 수 있었다고 봅니다. 투자 규모가 다른 미국의 할리우드 자본이나, 경쟁력 있는 일본의 애니메이션이 규제 없이 중국에 들어올 수 있었다면, 우리의 문화 콘텐츠는 지금과 같은 성공을 거두기 힘들었을 것입니다. 미국이나 일본의 문화 산업이 콘텐츠 경쟁력, 자금력, 중국에 대한 이해도 등 여러 측면에서 우리나라보다 뒤떨어져 있다고 말할 수는 없습니다. 기본적으로 외국의 문화 콘텐츠에 대한 장벽이 높은 중국 시장을 우리 기업들이 성공적으로 공략했다고 보는 것이 정확합니다.

최근 사드 배치 결정의 여파로 아이돌 그룹의 중국 공연과 예능 프로그램의 제작 협력 등이 무산되고 있을 뿐만 아니라 클래식 음악, 발레 공연까지 영향을 받고 있는 것으로 보도되었습니다. 한중 간의 안보 이슈로 인한 갈등의 불씨가 문화 교류 쪽으로 뛴 것 같습니다. 이러한 외부 요인의 영향을 최소화하기 위한 방안은 무엇일까요?

지금은 한중 관계가 온통 사드 문제로 엉켜버린 것처럼 보이지만, 제가 중국에서 근무했던 20여 년 동안 위기가 아닌 적은 없었습니다. 언제나 살얼음판 위를 걷는 것 같았습니다. 한 가지 문제를 해결하면 또 다른 과제에 직면했습니다. 중국에서의 사업 환경은 늘 변화무쌍했고, 외국 기업에 늘 호의적이지 않았습니다. 사드 배치 문제로 인한 일시적인 어려움도 우리가 극복해야 하는 과제입니다.

21세기에는 한미 관계 못지않게 한중 관계도 중요합니다. 중국은 미국에 이어 세계적인 수퍼파워로 떠오르고 있으나, 스스로의 표현에 의하면 '미완성의 사회주의 국가'입니다. 롤모델이 없으니, 스스로 길을 찾아나가야 하는 어려움이 있습니다. 우리도 중국의 그 점을 이해해야 할 필요가 있습니다.

제주가 가진 문화적인 요인들(섬문화. 유배문화. 신당. 해녀 등)을 어떤 방식으로 세계에. 특히 중국에 널리 알릴 수 있을까요? 또 중국과의 문화 교류라는 측면에서 제주도가 어떤 전략을 가져야 할까요?

최근 너도 나도 제주도가 보물섬이라 선전하고 있는데, 저는 10여 년 전부터 중국 사람들에게 제주도는 '보물섬'이라 주장했습니다. 지식재산권이 제게 있는데 사람들이 허락도 안 받고 마음대로 쓰고 있습니다.(웃음)

잘 아시는 바와 같이, 제주도는 중국에서의 접근성이 굉장히 좋습니다. 직선거리가 서울에서 제주도는 약 450킬로미터고, 상하이에서 제주도는 530킬로미터로 큰 차이가 없습니다. 상하이에서 하이난섬은 1670킬로미터, 타이완섬의 타이베이까지도 690킬로미터나 됩니다. 실제로 공항과 항구를 통해서, 비행기로 크루즈 선박으로 많은 중국인이 제주도에 들어오고 있습니다.

제주도의 **빼어난** 자연환경을 제가 다시 설명할 필요는 없을 것 같습니다. 대기질도 두 말할 나위 없이 좋고, 산과 바다가 가까이 있으면서도 사계절이 뚜렷한 제주도 같은 곳이 중국에는 없습니다. 그리고 제주도를 포함하여 한국은 중국과 유사한 문화적 전통을 가지고 있습니다. 같은 한자문화권이고 유교 문화를 공유하고 있습니다. 지리적으로 문화적으로 가깝고 자연환경이 좋기 때문에 국제학교나 헬스케어타운도 중국인들에게 어필할 수 있었다고 봅니다.

제주도는 자신이 가지고 있는 문화유산에 대한 스토리텔링 능력이 약한 것 같습니다. 그동안 한국에서도 제주도가 문화의 변방으로 취급되어서 한국의 문화 콘텐츠 제작자들 중에 제주도를 제대로 이해하는 사람이 적은 것 같기도 합니다. 해녀 문화, 다양한 신화, 서복의 전설 등 많은 이야깃거리를 영화, 연극, 뮤지컬 등 보다 대중적인 문화 콘텐츠로 만들기 위해서는 새로운 노력이 필요합니다.

특히 제주가 가지고 있는 문화 자산을 중국인들이 좋아하는 형식으로 재창조한다면 제주 관광의 질적 발전을 이룰 수 있을 것이라 생각합니다. 최근 중국의 유명 영화감독인 장이모우張藝謀가 이끄는 I THINK 그룹이 제주도에 큰 규모의 상설 공연시설 투자를 계획하고 있는 것으로 알고 있습니다. 장이모우 감독은 10여 년 전부터 구이린桂林, 항저우杭州, 리장麗江, 하이난海南과 같은 중국의 주요 관광지에 '인상印象' 시리즈라 이름붙인 초대형 공연예술을 기획 제작해 관광객들에게 수준 높은 볼거리를 제공하고 있습니다. 장이모우 감독의 공연 기획과 제주도가 만난다면 제주도와 중국의 새로운 문화 협력 모델이 탄생할 수 있을 것이라 생각합니다.

전 CJ E&M
김성훈 상무

6장 제주도와 문화 콘텐츠

# 세계 평화의 섬
# 제주도

## 1          제주도는 **평화의 섬**

### 보물섬, 신들의 섬, 평화의 섬

제주도는 많은 애칭을 가지고 있다. 우선 제주도는 '보물섬'이다. 오랫동안 한국의 문화 콘텐츠를 중국에 전파하는 일을 해온 전 CJ E&M 김성훈 상무는 항상 중국인들에게 '제주도는 보물섬'이라고 자랑해왔다고 한다. 제주도가 보물섬이라는 데에 이의를 제기할 사람은 없다. 지금은 언론에서도 학자들도 '제주도=보물섬'론을 설파한다. '보물섬'은 제주도가 가지고 있는 것을 가장 잘 나타내주는 애칭 중의 하나다.

제주도를 '신들의 섬'이라 하는 사람도 있다. 제주에는 1만 8000이 넘는 신이 함께하고 있기 때문이다. 실제 수치가 그렇게 많은지는 알 수 없지만 신들을 모시는 사당이 마을 곳곳에 있고, 지금도 여기저기에서는 때마다 당굿이 펼쳐진다. 제주도민과 수천 년을 함께해온 신과 신당, 민간 신앙의 중요성에 대해서는 앞에서 다루었으니 다시 부연할 필요는 없을 것 같다.

좀더 현실적이며 역사적인 의미와 상징을 지닌 명칭도 있다. 제주도는 평화의 섬이다. 울릉도나 거제도가 아니라 제주도를 평화의 섬이라 부르는, 또는 제주도가 평화의 섬이 되어야 하는 충분한 이유가 있다.

## 왜 세계 평화의 섬인가

평화. 평평할 평平, 화목할 화和. 수확한 벼禾를 여럿이 나누어 먹으며, 서로 큰 차이 없이 고르다는平 뜻일 게다.

평화학자 요한 갈퉁Johan Galtung은 두 종류의 평화를 이야기했다. 첫째, 전쟁과 같은 직접적·물리적 폭력이 없는 상태인 소극적 평화negative peace가 있다. 국가와 국가 또는 세력과 세력 간 대결이라면 물리적 억지력으로 소극적 평화는 달성할 수 있다. 둘째, 적극적 평화positive peace가 있다. 소극적 평화에 기반하되 인

　　　　　　　　　　　7장 세계 평화의 섬 제주도

간과 사회, 자연에 가해지는 모든 종류의 폭력의 부재를 말한다.

2005년 1월 27일 우리 정부는 제주도를 세계 평화의 섬으로 공식 지정했다. 제주 현대사에 가해졌던 대표적인 국가폭력인 4·3사건을 기억하여 다시는 그러한 폭력이 발생하지 않도록 하겠다는 다짐이자, 세계가 인정하는 아름다운 자연유산과 인문유산을 보존 확산하겠다는 국가적 선언이었다. 김연철 통일연구원장은 이를 역사적인 측면과 미래지향적인 측면으로 풀이했다. 4·3의 아픔을 극복하는 과정에서 추구해야 할 가장 중요한 가치가 평화이며, 관광객이 안심하고 찾아와 평화롭게 즐길 수 있는 미래가치로서의 평화라는 것이다.

## 제주는 평화의 상징이다

역사적으로 제주도는 평화롭지 못했다. 원나라가 직접 지배하던 탐라 시기부터 고려, 조선에 이르기까지 제주도는 때로는 원나라와 명나라를 비롯한 중국 대륙의 국가들에게, 때로는 고려와 조선에게 해산물과 말을 수탈당하던 작은 섬이었다. 봉건시대 서민들은 대개 빈곤하고 고달프게 살아가긴 했지만 화산지형으로 산물이 풍부하지 않았던 제주도 백성은 특히 더욱 수탈의 고통이 심했다.

외부의 수탈과 그에 대한 제주도민의 항거가 근대사에 새겨진 대표적인 예로, 일제강점기인 1932년 구좌읍 하도리의 해녀들이 중심이 된 '해녀항일운동'을 들 수 있다. 일본인 해녀어업조합장과 일본 상인에게 형편없는 가격으로 해산물을 빼앗기다시피 하자 하도리와 인근 마을 해녀들은 호미와 빗창을 들고 일어섰다. 연인원 1만7000명이 궐기한 국내 최대 여성 주도의 항일운동이었다.

지정학적인 이유로 제주도는 중일전쟁 말기에 일본군 중국침략의 다리가 되기도 했다. 제주도 내 100여 개의 오름에 만들어진 군사용 참호·땅굴, 알뜨르 비행장, 송악산 해안의 일제 동굴 진지, 곳곳의 고사포 진지에서 그 잔재를 찾아볼 수 있다. 당시 수많은 제주도민이 일본군의 전쟁 준비에 끌려가 강제 노역에 시달렸다.

그러나 제주도 현대사의 가장 큰 슬픔과 상처는 역시 제주 4·3사건이다. 1947년 3·1절 기념식에서 경찰이 민간인을 향해 발포한 사건을 계기로 도민들의 총파업과 경찰의 강경대응이 이어졌고, 이어서 1948년 4월 3일 남로당 제주도당이 무장봉기하자 검거에 나선 토벌대가 민간인을 마구잡이로 학살하고 방화하는 사태가 벌어졌다. 섬이었기 때문에 외지로 탈출할 수 없

겨울 한라산

었던 양민은 한라산으로 올라가 자연동굴로 피신했다. 1948년 겨울, 추위와 굶주림으로 또 많은 사람이 죽었다. 1948년 봄부터 1년 남짓 기간에 당시 인구의 약 10퍼센트에 달하는 2만~3만 명이 희생된 것으로 추정된다.

　필자가 제주도에 정착한 2015년 봄, 어느 날이었다. 마을 리사무소 사무장의 안내방송이 동네에 울려 퍼졌다. "○○읍 4·3 유족 한마음대회를 개최합니다. 우리 ○○리에서 참석하실 4·3 유족께서는 버스가 준비되어 있사오니……" 방송이 끝나자 마을 할머니들이 우르르 나오는 모습을 볼 수 있었다. 관광명소로 유명해져서 마을 사람보다 지나다니는 렌터카 숫자가 더 많은, 필자가 살고 있는 마을에도 4·3사건의 유족이 그토록 많았다는 데 깜짝 놀랐다.

독재정권이 살아 있던 1980년대 중반까지 한국 사회에서 제주 4·3사건은 금기어였다. 2000년 4·3특별법이 제정되고, 2003년 정부를 대표해 노무현 대통령이 제주도민에게 공식 사과하고 나서야 4·3사건 희생자의 유족이 상처를 치유할 수 있는 계기가 마련되었다. 4·3평화재단이 설립되었고, 제주시 봉개동에는 4·3평화공원이 조성되었다. 4·3평화공원 안에는 기념관과 사료관은 물론 희생자 위령탑과 위령제단, 봉안관 등이 마련되었다.

21세기에 들어서는 해군기지 건설로 서귀포 강정마을이 또한 차례 홍역을 치렀다. 외부의 적을 막고 평화를 지키기 위해 들어온 군대가 지역 주민들의 마음을 얻지 못했다. 일부 주민들과 평화운동가들은 제주도가 괌이나 오키나와처럼 군사 기지화될 것을 걱정하고 있고, 일부에서는 제2공항이든 어디든 공군 비행장이 들어설 것이라 예측하기도 한다.

군사전략적으로 중요한 위치, 그로 인한 전쟁과 고통의 기억, 평화와 안녕에 대한 각성과 다짐, 그러나 평화를 지키지 위한 군부대 설치……. 이러한 제주도의 역사와 경험은 역설적으로 평화를 정착시키는 것이 얼마나 어려운지, 또 얼마나 중요한지를 말해주고 있다.

## 강정마을과 해군기지 논란

서귀포 중문 관광단지에서 1132번 도로(일주도로)를 타고 서귀포 시내 방향으로 가다 하원동 교차로에서 남쪽으로 꺾어져 내려가 바다와 만나면 강정항이 나온다. 강정항의 공식 명칭은 제주민군복합형 관광미항이다.

제주에 해군기지가 들어서는 것을 반대해온 일부 지역주민과 평화운동가들은 그냥 '강정해군기지'라 부른다. 이름을 길게 짓는다고 해서 강정항의 군사적 용도가 감춰질 수는 없을 것이다. 반대로 해군기지를 강조한다 해서 민간 여객선이나 크루즈선의 운용을 부인할 수도 없다. 그저 강정항은 오래전부터 강정항 또는 강정포구로 불렸으니 필자도 강정항으로 부르고자 한다.

1993년 제주에 해군기지의 필요성이 제기된 이후, '민군복합형 관광미항'으로 결정되어 강정항에 해군기지가 본격적으로 건설되기 시작한 것은 2007년이었다. 그리고 항만공사에 이어 민군 공동시설, 군사 시설, 군인 관사가 건설이 이어져 2016년 2월에 준공되었다. 이어서 해군 제7기동전단과 93잠수함전대로 구성되는 제주기지전대가 창설되었다. 강정항 크루즈터미널은 최근 완공되었지만, 공식 개장이 늦어지고 있다.

해군기지 건설은 순조롭지 않았다. 천주교 제주교구 교구장 강우일 신부는 '평화의 섬 제주를 염원하는 평화기도회'를 열어 반대에 앞장섰다. 이에 대해 고 노무현 대통령은 "무장 없이 평화가 유지되지 않는다"고 설득했다. 강정 주민들도 찬성과 반대로 엇갈렸다. 반대를 의식해서인지 당시 정부는 공사 추진을 서둘렀던 것 같다. 마을 주민들끼리 갈등을 빚고 시위가 이어지자 공사가 순조롭게 진행되지 못했다. 이어도를 포함한 우리나라 남쪽 해역을 지키고 북한의 해상 도발에 신속하게 대응하기 위해 해군기지가 필요했다지만, 시위가 벌어지는 과정에서 수백 명이 연행되거나 기소되었다. 마을 공동체도 파괴되었다.

평화의 섬 제주도에 군사시설이 들어선 것은 슬픈 일이다. 언젠가는 모든 무기를 녹여 농기구와 어구를 만들 날이 올 것이라 믿는다. 그런 이상理想을 품어야 한다. 그러나 한편으로 우리의 평화는 우리의 힘으로 지킬 수 있는 능력을 갖추고 있어야 한다. 아쉬운 점은 그 과정에서 해당 지역에 터 잡고 살아온 주민들의 마음을 제대로 달래지 못한 것이다.

해군기지를 완공한 해군은 "불법적 공사 방해 행위로 제주해군기지 공사가 14개월여 지연돼 추가 비용 275억 원이 발생했다"며, 강정마을회장 등 116명과 5개 시민단체를 상대로 34억 5000만 원의 손해배상 청구소송을 제기했다. 공사를 맡았던 삼성물산과 대림

강정해군기지

산업이 각각 131억 원, 231억 원의 손해배상금을 요구했다. 주민들에 대해 강경한 입장이었던 지난 정부와는 달리, 문재인 정부가 들어서자 법원의 조정안을 받아들여 강정마을에 대한 구상금 청구소송을 취하했다.

주민들에 대한 소송 철회는 잘된 일이다. 불법 점거 시위로 공사를 지연시킨 시민들에 대해 해군은 손해배상 책임을 추궁할 법적 권리가 있다 하더라도, 이미 공사가 끝난 이상 상처 입은 주민들의 마음에 소금을 뿌릴 필요는 없지 않은가.

국가 전체의 안보 이익을 위해 군사기지 건설이 불가피했을 것이다. 수용 토지에 대해서는 적법하고 적절한 수준의 보상은 이뤄졌을 것이다. 그러나 대대로 살아온 땅과 바다를 내줘야 하는 이들의 마음을, 돈의 많고 적음으로 달랠 수 없는 심리적 박탈감을 정부는 헤아릴 수 있어야 한다.

강정의 문제를 해결하기 위해서는 합리合理나 법리法理보다는 정리情理를 생각해야 한다. 마을 곳곳에는 지금도 '강정마을 공동체 파괴 해군! 꼴도 보기 싫다! 마을 안에 들어오지 마라!'와 같은 현수막이 걸려 있다. 하지만 해군의 아이들은 강정마을 아이들과 같은 학교를 다니고 있다. 앞으로도 군인들은 마을 주민들과 함께 살아가야 한다. 해군기지가 완성된 지금, 그 과정에서 찢기고 갈라진 상처를 다스리지 못하면 강정마을 뿐만 아니라 해군에도 좋지 않다. 외부의 적을 막는 과정에서 내부의 적을 만드는 어리석음을 범해선 안 된다.

## 제주는 지정학적으로도 평화에 안성맞춤이다

제주도가 세계 평화의 섬일 수밖에 없는 또 다른 이유가 있다. 동아시아의 평화를 도모하는 데 매우 중요한 역할을 맡고 있기 때문이다. 제주도는 지리적으로 중국과 일본의 가운데에 위치해 있고, 서울에서도 비행기 한 시간 거리다. 뿐만 아니라 제주도는 정치적으로나 심리적으로도 동아시아 주요 국가들과 일정한 거리를 유지하고 있다.

작은 섬small islands의 관광산업을 연구한 캐나다의 문화관광학자 버틀러Richard W. Butler는 섬의 네 가지 핵심요소를 제시했는데,

그 중의 하나가 '정치적 자율성'이다. 예를 들어 홍콩은 중국의 특별행정구이고, 제주도는 한국의 특별자치도이다. 홍콩이나 제주도는 주권국가는 아니지만 본토 중국이나 한국의 내륙과는 조금 다른 정치적 지위 또는 권한을 가지고 있다. 그러한 정치적 자율성이 제3국으로 하여금 좀더 쉽게 접근할 수 있는 기반을 마련해준다.

2017년 6월 제주도에서 개최된 아시아인프라투자은행AIIB 제2차 연차총회는 상징적이었다. 세계은행World Bank과 아시아개발은행ADB에 대항하기 위해 중국 주도로 설립된 AIIB에 수 년 만에 80여 개 국가가 회원국으로 참여했고, 2016년 베이징의 창립총회에 이어 두 번째 회원국 총회가 제주도에서 개최된 것이다. 개최 장소로서 서울은 정치적 부담이 있다. 중국 주도의 AIIB에 대한민국 전체가 힘을 실어주는 모양새가 되기 때문이다. 중국은 중국대로, 한국은 한국대로 AIIB에는 참여하지 않는, 그러나 각각 세계은행과 ADB를 주도하고 있는 미국과 일본과의 관계도 고려해야 하지 않겠는가? 이것이 바로 정치의 중심에서 한 걸음 떨어진 섬 관광지 제주도의 이점이다.

이미 제주도 스스로 평화 조성을 위해 많은 노력을 해오고 있다. 근현대사를 통틀어 한반도 그 어떤 곳 못지않게 아픔과 곡절이 많았던 제주도에 평화를 정착시키기 위해 짧게는 지난 10여 년간, 길게는 수십 년간 제주도민과 제주도, 중앙정부 모두 많은 노력을 기울였다. '제주 4·3사건 진상 규명 및 희생자 명예 회복에 관한 특별법'을 제정하고, 4.3평화공원을 조성하여 4.3사건의 아픔을 극복해왔다. 국제평화재단과 제주국제평화센터, 제주평화연구원을 세워 평화문제를 연구·확산하는 역할을 하고 있으며, 2001년부터는 평화와 번영을 위한 제주포럼(이하 제주포럼)을 개최해 제주도가 세계 평화의 섬임을 알리고 있다.

## 제주에 들어선 국제평화재단International Peace Foundation

2005년 제주도가 정부로부터 '세계 평화의 섬'으로 공식 지정되면서, 서귀포시 중문관광단지 내에 국제평화재단이 자리 잡았다. 재단 산하에는 제주국제평화센터와 제주평화연구원, 제주국제연수센터가 운영되고 있다.

제주국제평화센터는 일반인을 대상으로 한 평화 홍보, 교육, 전시를 위한 공간이다. 제주 평화 정신의 배경, 실천 사례, 제주도를 방문한 각국 사절의 밀랍인형 등이 제1~3 전시실에 전시되어 있다.

외교부와 제주특별자치도가 공동으로 설립한 제주평화연구원은 한반도 평화 정착과 동아시아 지역협력을 목적으로 연구 및 교육과 교류 활동을 활발하게 전개하고 있다. 제주에서 매년 봄 개최되는 '평화와 번영을 위한 제주포럼'도 제주평화연구원에서 기획·개최하고 있다. 제주평화연구원은 『한경 BUSINESS』가 선정한 2018 대한민국 싱크탱크 순위 조사에서 외교·안보 분야 10위에 올랐다.

제주국제연수센터는 국제평화재단과 유엔훈련연구기구UNITAR의 파트너십으로 설립된 비영리 정책 전문 연수기관이다. 환경 지속성, 평화, 지속가능 관광, 글로벌 사회통합 등의 아젠다를 중심으로 아태지역 개도국 지방정부의 역량을 강화하는 데 목표를 두고 있다.

서귀포시 중문관광단지 내에 자리 잡은 제주국제평화센터

## 평화의 자원을 보유한 섬

과거 동아시아 지역 분쟁과 전쟁의 아픔을 온몸으로 겪은 제주도에는 아직도 아픔의 흔적이 많이 남아 있다. 부끄럽게도, 제주에 정착한 지 반년이 지나서야 서귀포시 대정읍 상모리 바닷가 인접한 곳에 알뜨르 비행장이 있다는 것을 알게 되었다. 이곳은 중일전쟁(1937~1945)을 일으킨 일본이 중국의 난징, 상하이 등을 폭격하기 위한 거점으로 건설한 군용 비행장이다.

현재 비행장의 넓은 활주로 인근에는 주민들이 농사를 짓고 있어, 한때 이곳이 전투기가 뜨고 내리던 곳이라는 사실을 한눈에 알아차리기는 어렵다. 그러나 지금도 일부 형태가 남아 있는 알뜨르 비행장 관제탑에 올라 사방을 둘러보면, 남쪽으로 네모 반듯한 너른 밭과 그 반대쪽에 다소 기괴한 모습으로 남아 있는 19개의 일본군 전투기 격납고를 볼 수 있다. 관제탑에서 서쪽으로 50미터 지점에는 일본군의 지하벙커도 남아 있다.

제주도에는 일본이 대륙 침략을 목적으로, 나중에는 일본 본토 방어를 위해 구축해놓은 군사시설 15개가 등록문화재로 등록되어 있다. 물론 문화재로 등록되지 않은 곳이 훨씬 더 많다. 그 중에서도 알뜨르 비행장을 중심으로 서귀포시 대정읍 상모리에 일본군 지하벙커, 동굴 진지, 탄약고, 훈련소 건물 등 10개

※일제 강점기 건설된 제주도 내 군사시설 현황(등록문화재)

| 등록번호 | 명칭 | 소재지 |
|---|---|---|
| 제39호 | 남제주 비행기 격납고 | 서귀포시 대정읍 상모리 |
| 제306호 | 제주 사라봉 일제 동굴진지 | 제주시 사라봉동길 건입동 |
| 제307호 | 제주 어승생악 일제 동굴진지 | 제주시 해안동 |
| 제308호 | 제주 가마오름 일제 동굴진지 | 제주시 한경면 청수리 |
| 제309호 | 제주 서우봉 일제 동굴진지 | 제주시 조천읍 북촌리 |
| 제310호 | 제주 셋알오름 일제 동굴진지 | 서귀포시 대정읍 상모리 |
| 제311호 | 제주 일출봉 해안 일제 동굴진지 | 서귀포시 성산읍 성산리 |
| 제312호 | 제주 모슬포 알뜨르비행장 일제 지하벙커 | 서귀포시 대정읍 상모리 |
| 제313호 | 제주 송악산 해안 일제 동굴진지 | 서귀포시 대정읍 상모리 |
| 제314호 | 제주 모슬봉 일제군사시설 | 서귀포시 대정읍 상모리 |
| 제315호 | 제주 이교동 일제군사시설 | 서귀포시 대정읍 상모리 |
| 제316호 | 제주 모슬포 알뜨르비행장 일제 고사포진지 | 서귀포시 대정읍 상모리 |
| 제317호 | 제주 송악산 외륜 일제 동굴진지 | 서귀포시 대정읍 상모리 |
| 제409호 | 제주 구 육군제1훈련소 지휘소 | 서귀포시 대정읍 상모리 |
| 제410호 | 제주 구 해병훈련시설 | 서귀포시 대정읍 상모리 |

자료 : 문화재청

가 모여 있다. 일본군이 알뜨르 비행장을 보호하기 위해 셋알오름에 구축한 포대와 탄약고는 한국전쟁 발발 시 제주도 내 예비검속자들이 집단학살을 당한 곳이기도 하다. 이렇게 제주 현대사의 아픔은 겹치고 포개져 있다.

제주 4·3사건의 유적도, 일본군의 군사 시설도, 한국전쟁의 유적도 모두 아픈 역사의 흔적이다. 그런 흔적의 기억들은 제주도를 평화의 섬으로 거듭나게 해주는 교육의 현장이 될 수 있다. 그 현장을 어떻게 활용할 것인가가 우리의 몫으로 남아 있다.


## 2 _____ 제주평화대공원을 **만들자!**

평화는 눈에 보이지 않지만, 그 자체로 굉장히 중요한 자원資源이다. 평화와 사랑은 항상 함께 한다. 평화로운 바다, 평화로운 마을, 평화로운 노을빛이 있기 때문에 서로 사랑하는 사람들은 제주도로 여행을 온다. 자연 경관이 아무리 아름답다 해도 연인과 함께 평화롭지 않은 곳으로 여행을 가는 사람은 없다.

아름다우면서도 평화로운 곳이기에 수많은 내외국인이 제주를 찾는다. 우리가 살고 있는 지구에는 다양한 특색을 가진 아름다운 곳이 많지만 그중에서는 평화롭지 않은 곳도 적지 않다. 전쟁이나 분쟁, 억압과 빈곤이 뛰어난 자연환경을 배경으로 하고 있는 경우가 많다. 또 상당수는 지리적으로 접근이 쉽지도 않다. 시간과 돈이 많고 체력과 정신력이 좋은 젊은이들이 찾을 수 있는 '지구의 끝자락'과 같은 곳은 물론 아름답다. 하지만 제주처럼 자연환경과 인문환경이 아름답고, 사람들의 삶이 평화로우며 접근성도 훌륭한 곳은 그리 많지 않다.

지금은 누구나 아이들과 함께 제주를 찾아와 잔잔하고 파란 협재해수욕장에 발을 담그고 싶어 하지만, 그리 오래지 않은 과거에 제주는 떠나고 싶은 곳이었다. 제주의 작가 현기영의 「해룡이야기」에서 제주는 제주 젊은이들에게 "백성을 위한 행정은 없고 말을 위한 행정만이 있던 천더기의 땅, 저주받은 땅, 천형의 땅"이었고, "찌든 가난과 심한 우울증밖에는 가르쳐준 것이 없는 고향"이었다.

일 년에 몇 번이라도 아이들을 데려와 바닷물에 발 적시고 놀게 만들고 싶은 제주와 떠나버리고 싶은 우울증만을 심어준 고향 사이에 바로 '평화'가 숨어 있다. 제주에 평화대공원을 만들자는 생각은 아마도 그런 고뇌에서 출발했을 것이다.

## 알뜨르 비행장을 제주평화대공원으로

알뜨르 비행장과 일본 전투기 격납고가 남아 있는 서귀포시 대정읍 상모리 일대 약 60만 평을 평화공원으로 조성하자는 아이디어는 오래된 것이었다. 지난 2005년 제주도가 세계 평화의 섬으로 지정되었을 때 후속 조치로 추진하려던 사업이었는데, 토지 문제 등으로 흐지부지되었던 듯하다.

다행히도 다시 제주도를 '남북 화해와 동아시아 협력을 위한 평화대공원(이하 평화대공원)'을 조성하는 사업이 문재인 대통령의 공약에 담겨 있다. 아이디어 제공 차원에서 필자도 몇 가지 구상을 제안해보고자 한다.

평화대공원은 일본 전투기 격납고 19개가 있는 지역을 포함하는 알뜨르 비행장 일대에 조성되었으면 한다. 기존 평화대공원 계획도 아마 이 지역을 중심으로 구상되었던 듯하다. 현재는 인근 주민들이 격납고 주위의 토지를 공군으로부터 장기 임차하여 밭작물을 기르고 있다. 2017제주비엔날레의 작품이 전시되기 전, 일부 격납고는 농기구나 농사용 자재들 창고로 쓰이다시피 했다. 격납고들은 등록문화재 제39호로 지정되어 있으나, 관리 상태를 보면 문화재라고 하기에 민망한 형편이다.

19개의 전투기 격납고를 최대한 이용하자! 공원이라 하여 천편일률적으로 담장을 둘러 격납고 안과 밖에 전투기 모형을 넣어 구경시키고 전시관(또는 기념관)을 짓는 방식은 상투적이다. 넓은 곳을 다 둘러볼 마음도 생기지 않는다. 격납고와 지하벙커 그 자체로는 특별한 볼거리가 안 된다. 문화재로 지정되어 있지만 찾는 사람 없이 방치되어 있는 이유다. 19개 격납고를 원형 그대로 살리면서 다양한 공간으로 활용하는 것이 좋겠다. 다행이라 해야 할지, 문화재보호법에 따르면 등록문화재는 지정문화재와는 달리 내부를 소유자가 원하는 대로 개조해서 활용할 수 있다.

① **원형 전시**: 물론 격납고 원형이 한두 개는 전시되어야 한다. 보존 상태가 가장 좋거나, 크기가 큰 격납고 하나는 비바람을 맞도록 원형 그대로 바깥 공간에 전시되어야 할 것이다. 알뜨르 비행장에서 가장 가까운 격납고 안에는 전 제주문화예술재단 박경훈 이사장이 지난 2010년 제작한 철제 설치미술 작품 '알뜨르의 제로센'이 전시되어 있다. 70년 전 이곳을 드나들었던 바로 그 일본군 전투기다. 이 격납고를 조금 정리하고 다듬어 그대로 전시용으로 활용해도 좋을 듯하다.

② **공연 무대**: 격납고는 소규모 공연 무대로도 활용 가능하다. 격납고의 모양을 보면 무대를 설치해 음악, 연극 등 다양한 장르의 작은 공연을 펼치기에 잘 어울릴 것 같다. 실제로는 격납고를 실내로 끌어들이는 형태의 건축물을 설계하는 것이다. 사방을 투명한 재질로 만들어 건축물 바깥이나 하늘에서도 격납고가 보일 수 있도록 하고, 격납고를 중심으로 콘서트홀을 구

성해 다양한 공연을 기획하는 것은 어떨까?

③**평화 도서관**: 격납고 두세 개를 다시 하나의 건축물 안으로 끌어들여 평화 도서관을 만들자! 격납고의 내부와 외부를 평화·통일·외교·환경 등 평화 관련 서적을 갖추어놓은 커다란 서가로 활용할 수도 있다. 때로는 격납고 안에서 작은 모임을 갖고 '평화의 시 낭송회'를 할 수도 있을 것이다.

④**평화 전시관**: 역시 몇 개의 격납고를 포함하는 투명 건축물을 짓고, 그 안에 평화의 A부터 Z까지 상상해낼 수 있는 모든 것을 전시해 보여주자! 그 전시물의 출발점은 물론 일본군 전투기 격납고와 제주도 내 일본 군사시설이 될 것이다. 인근에는 섯알오름 학살터와 같은 한국전쟁 유적지도 있다. 평화가 훼손되었던 상처를 고스란히 마주하는 것으로부터 상처는 치유될 수 있다. 평화를 확산시키기 위한 제주도의, 대한민국의, 나아가 인류의 노력을 모두 보여줄 수 있는 멋진 평화 전시관을 만들자!

⑤**숙박 시설**: 가칭 '제주평화마을'을 조성하자! 적절한 규모와 수준의 공공 숙박시설을 만드는 것이다. 제주를 방문하는 도외의 중고등학생, 해외 청소년, 젊은이들이 묵어갈 수 있는 유스호스텔 형태의 숙박시설이면 좋겠다. 물론 테마는 '평화'여야

1 서귀포시 대정읍 상모리 일대에 남아 있는 알뜨르 비행장과 전투기 격납고 유적.
2 알뜨르 비행장의 관제탑.
3 일본군이 파놓은 지하 벙커.

할 것이다. 역시 두어 개의 격납고는 체험형 숙소로 개조할 수도 있을 것이다. '옛 전투기 격납고에서의 하룻밤!' 근사하면서도 의미 있는 기억이 되지 않을까?

⑥ **평화 학교**: 세계 평화의 섬에 자리한 평화대공원이라면 평화를 가르치고 배울 수 있는 평화학교가 필요하다. 제주도로 테마학습 여행을 오는 육지의 고등학생들이 참여할 수 있는 일일학교, 제주도내 중고등학생들이 여름과 겨울방학을 이용하는 여름(겨울)평화학교, 토요일 시간을 활용하는 주말 평화학교 등 다양한 프로그램을 만들 수 있다. 국내외 대학에서 학점을 부여하는 평화학 과정을 만들 수도 있고, 나아가 평화대학원을 설립할 수도 있을 것이다.

## 중국과 일본의 협력이 필요한 제주평화대공원

평화대공원을 꾸미면서 중국과 일본의 협력을 얻을 수 있으면 좋을 것이다. 알뜨르 비행장 자체가 과거의 한중일 모두와 관련된 유적이며, 미래에도 평화는 한 나라의 힘만으로는 가능하지 않기 때문이다. 평화대공원의 일부 지역 또는 사업을 중국, 일본과 협력해서 구성할 수 있다면 동아시아 평화대공원으로 그 의미를 확장시킬 수 있다. 중국과 일본의 관광객들에게는 뜻깊은 방문지로 기억될 것이다.

일본은 과거 자신들의 잘못을 드러내는 형태의 평화대공원에 대해 거부반응을 보일 수도 있다. 그러나 자신의 과오를 되돌아보고 반성함으로써 화해와 상생을 이룰 수 있다는 점으로 일본을 설득해야 한다. 제주도가 과거 일본 군사시설을 보존해 기념하는 것은 현재의 일본을 단죄하려는 뜻이 아니다. 과거 경험의 반추를 통해 현재와 미래의 평화를 다짐하고자 하는 것이다.

일본의 참여가 어렵다면, 어떤 방식으로든 평화대공원 조성에 중국의 협력을 얻는 것이 좋다. 처음부터 예산을 포함한 공동 사업의 형식으로 기획하는 방법도 가능할 테고, 그것이 어렵다면 중국으로부터 평화대공원 조성에 참여하는 마음을 담은 특정한 상징물(또는 기념물)을 제공받아 전시하는 방법도 생각할 수 있다. 어떤 방식이든 양국이 힘을 합쳐 제주도에서 아시아의 평화를 위한 사업을 진행한다는 의미를 살릴 수도 있고, 제주도에서의 양국 관계를 더욱 공고히 하는 계기를 만들 수도 있다.

## 일본군의 지하요새가 숨어 있는 거문오름
## –제주전쟁역사평화박물관

일제 침략 말기인 중일전쟁 시기에 일본군은 제주도 전역을 군사 기지화하면서 섬 전체에 일본군의 진지를 만들어놓았다. 세계자연유산인 거문오름에도, 성산일출봉 해안 절벽에도 일본군이 파놓은 진지가 있다. 제주도에는 360여 개의 오름이 있는데, 현재까지만 해도 113개 오름에 일본군의 진지 또는 땅굴이 발견되었다 한다. 그 수많은 군사시설을 짓기 위해 얼마나 많은 제주도민이 강제 동원되었을까? 1943년 21세 나이로 일본군의 지하요새 건설을 위해 강제 노역에 끌려간 고 이성찬 씨는 고된 노동과 고문으로 실명했다. 그의 아들 이영근 씨는 아버지의 증언에 따라 1996년부터 현 박물관 부지인 가마오름 일대 1만2000여 평을 매입해 현장 발굴과 박물관 건설에 나섰다. 그것이 지금 제주시 한경면 청수리의 제주전쟁역사평화박물관(이하 평화박물관)이다. 순전히 개인의 힘으로 발굴하고 복원하여 만든 민간 박물관이다.

평화박물관은 2004년 개관했다. 전시실에는 동굴 진지에서 이영근 씨가 직접 출토한 유물과 민간인들로부터 수집한 일제 관련 기록물 및 기물 350여 점이 전시되어 있고, 전시동에는 이영근 씨의 발굴 경위 및 과정을 담은 영상이 상영되고 있다. 전시동을 나서면 가마오름 2호 동굴진지(약 100미터)에 들어가볼 수 있다. 아쉬운 점은 2006년 12월 문화재청 등록문화재308호로 등록된 가마오름

가마오름 평화박물관의 동굴진지

1호 동굴진지가 지난 2013년 7월 안전사고 예방을 위한 기반시설 정비를 이유로 폐쇄되었다는 것이다. 현재 공개되고 있는 2호 동굴 진지와는 달리, 330미터 길이의 1호 동굴진지에는 당시 징용되어 노역했던 조선인과 그들을 감독하는 일본군의 모습을 실물 크기로 재현해놓았다고 한다. 평화박물관 측의 얘기를 들어보면, 지난 4년 간 어떤 정비도 이루어진 바 없고, 오히려 소나무 재선충 방제작업 을 하느라 대형 포클레인이 가마오름을 오르내린 탓에 동굴진지 일 부가 훼손되지 않았을지 걱정이라 한다.

평화로운 삶은 개개인이 향유하는 감정과 생활의 영역이겠지 만, 평화를 기억하고 유지하는 일은 공적 자원의 투자가 필요하다. 2017년 여름에 찾아가본 평화박물관은, 솔직히 말하자면, 낡았다.

문화재청이든 제주도든, 평화박물관을 현 소유자로부터 매입하거나 현 소유자와 협력하는 방식으로 전면 개보수해서 공공의 자원으로 활용해야 할 것이다. 물론 박물관을 일군 개인의 노력을 박물관 전시물의 일부로 분명히 기록해두어야 한다. 그것이 성숙한 국가가 국민과 함께 평화와 안보를 책임지는 자세다.


## 3 _____ 평화는 천천히 **함께 오는 것**

매년 봄, 흔한 들풀처럼 피어나는 제주도의 유채꽃을 보기 위해 육지에서 관광객이 밀려오고, 제주시 전농로와 애월읍 광령리, 장전리에 왕벚꽃이 피어날 즈음이면 4월 3일이 된다. 제주시 봉개동에 자리잡은 4·3평화공원에서는 4·3사건으로 희생된 영령들의 넋을 위로하고, 남아 있는 유족들의 마음을 달래는 4·3 희생자 추념식이 열린다.

제주에 놀러오는 이들은 제주도가 유채꽃 피는 봄으로, 월정리 여름 해변으로, 억새 휘날리는 가을 다랑쉬오름으로, 눈꽃 휘날리는 한라산 겨울왕국으로 기억되겠지만, 제주도에 오래 사는 이들은 이런 모든 평화로움이 영원히 제주도에 깃들기를

7장 세계 평화의 섬 제주도

출처 VISIT JEJU                                           산굼부리의 억새

소망한다. 그럼 어떤 마음을 가져야 할까?

첫째, 먼저 우리 마음의 평화를 찾아야 한다. 과거의 아픔은 잠시 접어두더라도, 제주도에는 지난 5~6년간 급속한 변화의 바람이 불었다. 내국인 관광객과 중국인 관광객이 늘고, 투자가 늘고, 사람이 늘고, 차량이 늘었다. 그러자 땅값이 오르고, 물가가 오르고, 환경 파괴에 대한 우려도 높아졌다. 제주도민들의 스트레스 지수도 올라가는 것 같았다. 보유하고 있던 토지 가격이 폭등해 부유해지기는 했지만, 해안, 중산간을 가리지 않고 개발이 진행되어 오래전부터 이어져 내려온 제주의 옛 모습이 사라져가는 것을 보는 심정이 편할 리 없다.

세상 어느 곳이나 그렇듯, 제주도에도 해군기지 건설에 대해, 신공항 개발에 대해, 카지노에 대해, 외국의료기관 개원에 대해, 각종 투자프로젝트에 대해 정부와 제주도민 간에, 도민 상호간에 이견과 이해관계의 대립이 있다. 정부는 정부대로 문제를 해결하고 상처를 보듬는 노력을 해야겠지만, 제주도민들도 스스로의 마음을 다독여 좀 더 냉정해져야 한다. 제주도의 미래를 어떻게 만들어가야 하는가에 대해서는, 제주도민들이 가장 큰 책임과 권한을 가지고 있기 때문이다.

둘째, 정부와 민간이 합심해야 한다. 세계 평화의 섬을 만들기 위해 제주도가 앞장서 가야 하는 것은 당연하지만, 한편으로는 민간 차원의 평화운동과 큰 틀에서 같이 가야 한다. 민간의 유적 발굴과 탐사, 강정마을의 평화운동과 같은 민간의 노력은 정부 차원의 평화운동과 방향을 달리하고 있을 뿐, 서로 맞서야 할 필요는 없다. 평화는 공공의 법령과 제도만으로도, 민간의 노력만으로도 쉽게 얻어질 수 없다. 서로의 길을 인정하면서 최대한의 공통분모를 찾아 때로는 어깨 걸고 나가야 한다.

셋째, 제주도를 평화의 섬으로 만들기 위해서는 주변국들과의 협력이 또한 필수적이다. 평화의 열망이 높은 만큼, 동아시아 지역은 역내 국가들 간 분쟁의 불씨도 많이 남아 있기 때문이다. 일본은 독도가 '자기네 땅이라고 억지로 우기'고 있고, 일본과 중국, 대만은 센카쿠 열도(댜오위댜오)를 사이에 두고 대립하고 있다. 우리나라와 중국도 서해안 배타적경제수역EEZ 획정이나, 이어도 영유권을 둘러싼 논쟁이 언제든 재연될 수 있다. 중국은 남중국해를 빙 둘러싸는 9개의 점선을 그어놓고 그 모든 해역이 자신의 소유라고 주장하고 있지만, 남중국해 안의 상당수 섬은 주위의 동남아시아 국가들이 실효지배하고 있다.

동아시아 지역 해양 분쟁의 불씨가 남아 있는 바다 위에서 대한민국의 남쪽을 지키고 있는 곳이 바로 제주도다. 지정학적으로 해결이 쉽지 않은 그러나 평화 정착을 위해 풀어야만 하는 숙제를 하기에 가장 적합한 곳이 제주도가 될 수 있다.

매년 봄 전 세계의 리더들과 함께 하는 제주 포럼이 동아시아 지역의 평화와 안녕, 번영을 위한 논의를 주도하고 있다. 주변 국들과 평화를 만들어나갈 수 있는 대화의 기반은 가진 셈이다. 중국의 보아오Boao 포럼이 경제 발전, 경제 협력을 중시하고 있으므로, 제주 포럼은 평화·안보·통일로 특화해 아시아의 양대 대화 채널의 하나로 육성하는 것도 좋겠다.

중국과 일본은 물론 주변 여러 나라의 리더와 전문가들이 편하게 자주 만나 토론하고, 밥을 먹고, 문화행사를 즐기고, 함께 제주 앞바다를 바라보는 과정에서 동아시아 지역의 평화와 안보도, 북핵문제도, 영토 분쟁도 해결의 실마리를 찾아나갈 수 있을 것이라 믿는다. 제주도는 그러한 만남을 위해 가장 좋은 공간과 환경을 제공하고 있다.

# 동북아시아의 평화와 공동 번영에
# 제주도의 역할이 크다
–통일연구원 김연철 원장

한국의 사드 배치 발표 이후, 중국은 지속적으로 압박의 수위를 높이고 있습니다. 방한 관광객의 수량을 통제하고, 한국 방송·연예 콘텐츠의 중국 유통을 제한하거나 세무 조사, 소방 조사 등의 방식으로 한국 기업을 압박하고 있는 것으로 보입니다. 중국은 공공연하게 아직 본격적인 대응조치를 취하지 않고 있다고 말합니다. 사드 배치 문제는 어떻게 해결해야 할까요?

사드에 대한 중국의 입장은 크게 보면 두 가지 우려에서 비롯된 것 같습니다. 첫째, 사드는 동북아 지역 질서의 변화를 가져오게 될 것이라는 우려입니다. 한국에 설치될 X–band 레이더 1개와 일본에 있는 2개의 X–band 레이더가 통합 운용될 테고, 이것이 한·미·일 삼각 군사협력의 강화를 가져온다고 보는 겁니다. 이러한 동북아 지역의 전략구도 변화, 지역질서의 변화를 중국은 심각하게 생각하는 것 같습니다.

둘째, 중국은 사드로 인한 군비 경쟁의 악순환을 우려합니다. 사드를 필두로 육상, 해상, 공중에서 북한에 대한 대응전력은 점점 강화될 수밖에 없고 필연적으로 중국의 대응 수준도 높아질 수밖에 없습니다. 중국은 북핵 문제를 6자회담이라는 다자적인 틀로 해결하려 하는데, 사드로 인한 군비 경쟁이 다자적 논의 시스템 형성을 불가능하게 만든다고 보는 겁니다. 중국은 동북아시아에서의 군비 경쟁을 바라지 않습니다.

사드 문제를 풀기 위해서는 결국 북한 핵문제를 풀어야 합니다. 북핵 문제의 출구를 찾기 위한 외교적 노력이 필요합니다. 그리고 장기적으로 볼 때 대화로 문제를 풀어나가는 것이 미중 관계를 위해서도 좋다는 점을 미국에게 설득시켜야 합니다.


강정항에 해군기지가 건설되었고, 앞으로 신공항이 건설되면 유사시 군용 비행장으로 쓰일 가능성도 언급되고 있습니다. 이에 대해 일부 도민들은 제주도가 평화의 섬이 아니라, 긴장의 최전선에 서게 되는 것이 아닌가 하는 우려를 가지고 있습니다. 안보는 국가적 문제이기는 하지만, 제주도 차원에서는 어떻게 대응하는 것이 좋을까요?

제주도를 평화의 섬으로 선포한 것은 두 가지 차원입니다. 하나는 역사적인 측면입니다. 4·3의 아픔을 극복하는 과정에서 '평화'의 중요성에 대한 공감대가 형성되었습니다. 또 하나는 미래 지향적인 측면입니다. 제주도는 관광, 생태, 환경이라는 장점을 가지고 있지 않습니까? 관광객이 안심하고 찾아와 평화롭게 즐길 수 있는 '미래가치로서의 평화'를 말합니다. 과거에 대한 성찰과 동시에 미래가치로서의 평화를 제주도에 정착시키자는 취지에서 2001년부터 제주평화포럼도 개최되고 있고, 제주특별법도 제정되었고, 제주4·3평화기념관도 만들었습니다.

2000년대 들어와서는 제주도를 둘러싼 국제 정세가 변화하게 됩니다. 중국이 부상하기 시작했고, 동중국해의 중요성이 높아졌습니다. 이어도와 독도, 센카쿠열도를 비롯한 영토 문제가 불거지면서 제주도의 군사전략적 가치도 높아졌고, 논란 끝에 해군기지가 들어서게 됐습니다. 이러한 흐름이 평화의 섬이라는 정체성을 훼손하는 선까지 가는 것은 바람직하지 않습니다. 특히 고대로부터 제주도는 지정학적으로 중국과 일본을 이어주는 다리 역할을 하고 있습니다. 한·중·일 3국이 편하게 접촉하여 평화를 확산시키기 위해서는 제주도의 군사전략적 가치를 과도하게 강조하면 안 됩니다. 물론 중앙 정부는 나름의 전략을 가지고 있겠지만, 제주도민들은 '평화의 섬'이라는 정체성을 지키고자 하는 입장을 가졌으면 합니다.

하와이의 사례도 있습니다. 하와이는 세계적인 휴양지·관광지이면서도 태평양함대와 태평양사령부가 있습니다. 그렇지만 세계인들은 유명한 휴양지로 하와이를 기억하고 있습니다. 마찬가지로 제주도 역시 군사기지의 역할과 평화의 섬이라는 이미지를 조화시킬 방안이 필요합니다.

제주도는 매우 평화롭게 보이지만 역사를 보면 언제나 평화롭지만은 않았다는 것을 알 수 있습니다. 고대부터 제주도는 중국과 일본을 잇는 해로 상에 위치하고 있었습니다. 고려와 몽골이 강화를 맺으면서 삼별초가 제주도로 들어왔고, 몽골과 연합한 고려정부가 삼별초를 토벌하러 들어와 난리를 겪었습니다. 조선시대에는 전복과 말을 수탈당했고, 해방 후에는 4·3 사건을 겪었습니다. 2001년부터는 제주평화포럼(현재는 '평화와 번영을 위한 제주포럼'으로 명칭 변경)을 개최해왔습니다. 이러한 지리적 특성과 역사의 교훈을 토대로 할 때 제주도는 동북아시아의 평화와 공동 번영을 위해 어떤 역할을 할 수 있을까요?

동북아시아에는 오키나와, 대만 같은 제주도와 유사한 역사적 경험을 가진 섬들이 있습니다. 이런 섬들과의 연대가 필요합니다. 특히 원폭의 경험이 있는 히로시마는 스스로를 '비핵평화도

7장 세계 평화의 섬 제주도

시'라 선포하고, 매년 8월 다양한 행사를 진행합니다. 일본 전역에서 찾아온 시민과 평화운동가들이 평화에 관한 토론회와 예술행사, 퍼포먼스 등을 벌입니다. 이를 '다크 투어리즘'이라 합니다.

제주도도 이러한 섬들, 도시들과 연대하고 다양한 행사와 이벤트를 통해 제주도가 '평화의 섬'이라는 것을 대내외에 분명히 알려나가는 것이 좋을 것 같습니다. 그것이 제주도를 찾는 관광객들에게도 좋습니다. 제주도의 자연환경을 즐기는 것 외에도 의미 있는 체험을 줄 수 있을 테니까요. 제주도가 '평화의 섬'으로 인식될 때, 제주도의 택시 운전기사들이 '평화'를 얘기할 때, 제주 역사의 아픔도 치유되고 내부적인 화해와 통합도 이루어질 수 있을 것입니다.

개인적으로 제주포럼을 지속적으로 발전시켰으면 좋겠습니다. 포럼의 주제와 범위를 넓게 잡지 말고 끈기 있게 '평화'와 '제주'라는 정체성에 집중해야 합니다. 이것이 정부나 지자체장의 변동에 관계없이 일관성 있게 추진되기 위해서는 제주포럼에 지속가능한 거버넌스가 갖추어져야 합니다. 제주도의 입장에서도 제주포럼을 국제사회에서 경쟁력 있는 포럼으로 키우기 위해서는 거버넌스 구조에 관심을 가질 필요가 있습니다.

제주도의 발전을 위해 추가적으로 하시고 싶은 말씀은?

제주도와 제주도민은 현재 중요한 선택의 순간에 직면한 것 같습니다. 최근 수년간 제주도는 양적인 발전에 치우쳤고, 그로 인해 여러 가지 문제에 봉착한 것으로 알고 있습니다. 저는 제주도가 여러 측면에서 속도를 늦출 필요가 있다고 생각합니다. 제주도가 어떻게 하면 '지속가능한 발전'을 할 수 있을 것인가 고민해야 합니다. 그 하나는 환경 보존입니다. 또 다른 하나는 제주도가 장기적으로 추구해야 할 가치가 필요한데, 그것이 바로 '평화'가 아닌가 합니다. 그리고 이러한 가치 또는 장기적인 발전전략에 대해 관심을 공유하고 공감대를 만들어 나가야 할 것입니다.

김연철 통일연구원장

7장 세계 평화의 섬 제주도

지정학Geopolitics과 지경학Geoeconomics은 사람들의 생각보다 훨씬 중요하다. 2000년 전이나 1000년 전에도 그랬고, 지금도 그렇고, 미래도 그러할 것이다.

날씨 좋은 날에는 이쪽에서 저쪽이 보인다는 황해를 사이에 두고 한국과 중국은 수천 년을 살아왔다. 수만 년 혹은 수십만 년 뒤에 한반도가 유라시아 대륙으로부터 북태평양으로 떨어져 나간다면 모를까, 그 전까지는 지난 수천 년의 세월과 마찬가지로 중국을 곁에 두고 크고 작은 영향을 주고받으며 살아야 한다. 그 누구도 부정할 수 없는 제주도의 지정학이고 지경학이다.

## 서복의 이야기가 남겨준 유산

중국 대륙을 최초로 통일한 진시황제, 그가 불로초를 찾기 위해 수천의 사자使者를 제주도로 보낸 사건은 2000년 전 한반도와 중국 대륙을 포함한 동북아시아의 지정학적 관계를 상징적으로 드러내고 있다.

서복의 일행이 정말 제주도에 왔는가 하는 문제는 결국 신화에 속하겠지만, 중국의 역대 지도자들이 서귀포의 서복전시관을 찾아와 방명록에 글을 남기거나 사진을 찍고 기념수를 심는 일들은 우리가 중요하게 다루어야 할 현재에 속한다. 믿을 수도 안 믿을 수도 없는, 오랜 역사책에 담긴 간략한 기록이며 알쏭달쏭한 전설일 뿐이라고 치부하기에는 서복의 이야기가 우리에게 남겨준 것이 참으로 많다. 그 유산을 어떻게 가치 있게 활용하느냐는 온전히 우리의 몫으로 남아 있다.

## 제주와 몽골의 만남

칭기즈칸의 몽골제국이 활약하던 13세기의 유라시아는 격동했다. 중앙아시아와 동유럽을 넘어 서유럽 일부와 남아시아까지 뻗어나갔던 몽골 세력이 한반도를 가만히 둘 리는 만무한 터이다. 1231년부터 칭기즈칸의 아들 우구데이칸이 고려를 침략했다. 고려의 무신정권은 강화도로 천도하여 수십 년 항전했지만 유라시아의 패자覇者를 막아내기에는 역부족이었다. 고려는 몽골과 강화를 맺고 부마국이 되었다.

제주도가 1000년 만에 다시 중국과 조우하게 된 건 최후까지 항전했던 삼별초를 쫓아 몽골 군사들이 제주도에 상륙하면서다. 제주와 중국의 평화롭지 않았던 두 번째 만남이었다. 전쟁이라는 충돌을 통해 이루어진 만남 속에서 몽골은 제주 사회에 깊은 영향을 남겨놓았다. 13세기 말부터 약 100년 동안 제주 토착민과 함께 목호로 살았던 몽골인의 흔적은 제주의 언어에, 목마 기술에, 항몽 유적에 뚜렷하게 새겨져 있다.

## 제주와 중국의 세 번째 만남

그리고 700년의 세월이 흘러 제주와 중국은 다시 만났다. 제주와 중국의 이번 세 번째 만남은 크게 세 가지 특징을 보여준다. 첫째, 만남의 규모가 매우 크다. 2000년 전의 제주 인구가 얼마나 되었을지를 추정하는 것은 어려운 일이나, 서복이 데려왔다는 3000명은 당시로서는 엄청난 규모였을 터다. 실제 3000명이나 되었을지는 모르지만 말이다.

13세기 말, 삼별초를 제압한 뒤 제주를 직할통치하며 몽골로

송출할 말을 기르기 위해 적지 않은 몽골인이 제주에 들어왔다고 기록에 남아 있다. 목호, 군사, 관리, 죄수 등을 모두 합쳐 약 1500명에 달했다 한다. 당시 제주도 인구에 비하면 적은 수는 아니며, 특히 대부분 남성이었을 테니 상당수는 제주도의 여성과 가족을 이루어 살았을 것으로 추정된다. 그렇게 몽골인과 제주인이 100년의 세월을 함께 보냈다고 역사는 전한다.

다시 600~700년의 시간이 흐른 2010년대 후반 제주와 중국의 만남 규모는 차원이 다르다. 2016년 기준으로 연간 제주 인구의 5배에 달하는 300만 명의 중국인이 제주를 찾는다. 이 수치는 더 늘어나면 늘어나지 줄어들지는 않을 것이다. 사드나 메르스와 같은 돌발변수만 아니라면, 앞으로 더 많은 중국인이 제주에 올 이유는 많지만 그 반대 이유는 적다. 그러니 대형 호텔과 카지노에 중국 자본이 투자하고, 중국인 환자와 관광객을 겨냥한 병원과 테마파크를 만든다. 중국인 관광객의 급증이 아니라면, 제주도가 새로운 공항과 크루즈항 건설 준비를 그렇게 서두르지는 않았을 것이다.

세 번째 만남의 두 번째 특징은 민간의 자발적인 교류가 중심이라는 점이다. 물론 제주에는 중국 총영사관이 있고, 중국 정부가 다양한 민간의 교류를 지원하고 있기는 하다. 사드 문제로 인한 교류의 경색에도 중국 정부가 주도적인 역할을 했다는 사실을 부정할 수는 없다.

그러나 중국이 단기적으로는 중국에 투자한 한국 기업을 압박하고 단체여행을 중단시킬 수는 있겠지만, 일 년도 못되어 양국이 모든 분야의 관계복원에 합의한 것은 오히려 작은 정치적 차이가 양국의 민간 교류를 언제까지나 억제할 수만은 없다는 점을 보여준다. 개인의 여행지 선택과 같은 비정치적인 사안에서는 중국 정부의 장악력이 점차 약해질 것으로 예측할 수 있다. 시간이 흘러 세대가 바뀌고, 중국인의 해외여행 스타일에도 변화가 생기면 '사드 보복' 시기에도 여전했던 10퍼센트가 넘는 개별 관광의 비중 또한 점차 커질 것이다.

2010년 이후 급증하고 있는 제주도 내 중국 자본 중에는 중국 지방 정부의 지분도 상당히 포함되어 있지만, 그렇다고 해서 그 기업들의 제주 투자가 정치적이었다거나 지방 정부의 주도로 추진된 것이라고 볼 수는 없다. 중국 자본이 제주도에 호텔, 테마파크, 분양형 콘도 등에 투자할 때는 현재와 미래 시장 수요 예측에 따른 손익계산서 검토를 마친 뒤다.

마지막으로, 제주와 중국의 이번 만남은 평화적이다. 무력과 전쟁, 반강제적인 융합이 이루어졌던 700년 전과는 다르다.

2010년대의 중국인들은 제주도에 놀러 온다. 제주의 아름다운 자연환경을 맘껏 즐기고, 제주에 사는 한국인들과 교류하기 위해 제주에 온다. 평화로우니 제주에 온다. 또 그들 자체가 평화의 사절이다. 개인 간의 사소한 다툼이나 개별 사안에 대한 의견 불일치는 있을지언정, 제주에서의 만남 자체는 우호를 기반으로 한 평화적인 교류가 목적이고 전제다.

## 만남의 깊이가 깊어지면서

제주도 내 중국 투자기업 건설 현장 크레인의 움직임이 바빠지면서 중국인과 중국 투자기업을 바라보는 제주도민들의 속내도 복잡해졌다. 길게는 수십 년간 버려지다시피 했던 곳에 외부의 투자를 유치하기 위해 적극적으로 뛰었고, 다수의 중국계 자본이 들어왔다. 2011년부터 거의 매년 1억 달러 이상의 투자가 진행되었다. 빌라, 호텔, 테마파크가 만들어졌고 지금도 만들어지고 있다.

문제는 중국계 기업을 바라보는 제주의 마음과 제주에 투자하는 중국 투자자의 입장이 조금 다르다는 데 있다. 일부 제주도민은 중국계 기업의 투자가 아름다운 제주 환경을 훼손해가며 부동산을 개발해 이득을 챙기고는 결국 '먹튀'하지 않겠느냐는 걱정을 하고 있다. 최근의 제주지역 부동산 광풍의 주범도 결국 중국계 기업, 중국계 자본이 아니냐는 의구심도 있다. 제주도민들은 국내 최초로 설립되는 투자개방형 병원에도, 이미 이전하여 확장했거나 또는 앞으로 확장이 예상되는 카지노 사업에도 기대와 동시에 우려를 나타내고 있다.

반면 중국 투자자들은 제주도 투자환경의 변화에 대한 불만을 드러내기도 했다. 제주도의 적극적인 유치 노력으로 투자했는데 법적 절차까지 완료된 사업의 규모를 조정하라는 요구를 받기도 했고, 특정 사업은 예정에 없던 '자본 검증'도 요구받고 있다. 중국계 기업의 카지노 사업에 대한 정책 방향도 명확하지 않아 보인다. 제주도의 입장에서는 제주의 미래가치를 훼손하지 않는 투자 유치가 중요하겠지만, 투자자들의 입장에서는 화장실 들어갈 때 다르고 나올 때 다른 것 아니냐는 볼멘소리가 나올 법도 하다.


**협력의 원천은 신뢰다**

한중 양국의 신뢰가 중요하다. 법률이든, 조례든, 정책이든 제도가 만들어지면 그 제도와 관계된 모든 이는 최대한 제도를 존중하고, 제도에 맞춰, 제도의 틀 속에서 문제를 해결해나가려는 자세를 가져야 한다. 물론 '법대로 하자'거나, '위법·불법만 아니면 된다'는 것은 아니다. 어떠한 제도든 허점이 있을 수 있고, 정해진 제도로 해결할 수 없는 문제가 발생할 수도 있다. 실무진이 융통성을 발휘하거나, 고위층에서 정치력을 발휘해야 하는 경우도 있다. 그러나 그 예외는 최소한에 그쳐야 한다. 제도가 존중받지 못할 때, 그 제도에 기반한 사회활동은, 특히 경제 거래 활동은 안정적으로 진행되기 힘들다.

협력은 신뢰를 기반으로 한다. 제주와 중국은 앞으로 더 많은 분야에서 더 많은 협력이 필요하다. 지난 수년간 관광과 투자 중심으로 협력이 이루어졌지만 앞으로는 무역, 문화예술, 평화·안보 분야에서 더욱 의미 있는 협력이 진행되어야 한다. 그 협력을 위한 가장 중요한 사회적 자본social capital이 바로 신뢰다.


## 제주와 중국의 새로운 기회, 한중 FTA

제주도를 찾는 중국인이 하루가 다르게 늘어가던 2014년 12월, 한중 FTA가 체결되었다. 한중 FTA는 1992년 한중 수교 이후 지속적으로 발전해오던 한중 관계를 경제적인 측면에서 더욱 긴밀하게 만들어가자는 약속이다.

최근 들어 한국과 중국의 산업구조는 상호보완적인 단계에서 점차 경쟁적인 단계로 발전하고 있다. 반도체·자동차·핸드폰·철강·석유화학·조선과 같은 전통적인 산업에서 한중 기업 간 경쟁력 격차가 축소 또는 역전되고 있으며, 바이오·신재생 에너지·온라인 유통·물류 및 관련 어플리케이션 산업과 같이 미래가치가 큰 분야 간의 경쟁도 심화되고 있다. 동시에 일부 산업 분야에서의 양국 간 격차도 여전해서, 한중 FTA로 인한 시장 개방에 따라 양국 모두 자국 내에서는 이해득실의 소재가 엇갈리게 된다.

제주도로 한정해서 보자면, 한중 FTA가 감귤을 비롯하여 국내에서 많이 생산 소비되는 과실류 대부분을 모두 양허에서 제외함으로써 일단 최소한의 시장 보호에 성공했다는 평가를 받는다. 제주도가 풀어야 할 더 큰 과제는 '어떻게 한중 FTA를 적극 활용할 수 있는가?' 하는 점이다. 자유무역협정의 가장 기본적인 목적은 관세 인하다. 그렇다면 중국의 수입관세 인하로 제주도가 대중 수출을 늘릴 수 있는 제품을 발굴하는 것이 첫 번째 숙제가 된다.

## 제주의 유망 품목은 무엇인가

무엇보다 제주도가 강점을 지닌 농수산 식품의 대중 수출 가능성을 가늠해볼 필요가 있다. 제주도의 땅과 바다에서 생산되는 농수산물의 품질 경쟁력에 의구심을 가질 필요는 없다. 식품 안전성에 대한 기대 수준이 높은 일본에 매년 4000만~6000만 달러의 농수산식품을 수출하고 있기 때문이다. 반면 대중 수출은 그 20분의 1 수준인 130만~260만 달러에 불과하다.

제주도의 전복, 키위, 한라봉, 과실주스, 먹는 샘물을 중국 수출 개척 가능성이 있는 품목으로 점검해보았다. 제주도의 수출 경험, 중국의 수입 시장 규모 및 가능성, 한중 FTA로 인한 관세인하를 고려했다. 물론 이미 중국에 수출하고 있는 품목도 있고, 시장 가능성을 타진해보았으나 가격·물류·검역 등에서 조건이 맞지 않는 품목도 있을 수 있다. 그러나 시장 상황은 유동적이다. 중국 소비자의 구매력이나 중국 시장에서의 상대가격은 계속 변하기 마련이다. 물류 시스템도 검역 문제도 개선되거나 호전될 수 있다. 더욱이 한중 FTA로 위에 열거한 품목들의 중국 수입관세(14~20퍼센트)가 10년~20년에 걸쳐 전면 철폐된다. 그만큼 중국 시장에서 해당 제품의 가격경쟁력을 올릴 수 있는 기회를 얻은 셈이다.

중국 시장을 개척하기 위해서는 중국 기업과의 협력도 적극 모색해야 한다. 중국 농수산 식품 시장에 익숙하고 현지 유통채

널을 가지고 있는 중국 기업과의 협력을 통해 경쟁력을 배가시키고 이익을 나누는 전략이 필요하다. 한중 FTA 제17장 6조는 양국 간의 어류 및 수산물의 교류 촉진은 물론 어업 및 양식 분야의 발전을 위해 R&D, 정보 교환 등 다양한 방식의 협력 추진을 제시하고 있다.

### 'Made in Jeju'의 브랜드 파워는?

한중 FTA는 상품·서비스 교역 확대를 포함해 다양한 분야에서 한중 양국 간 경제협력 수준을 높이기 위해 만들어진 제도에 불과하다. 구불구불한 2차선 도로를 4차선 고속도로로 닦아놓은 것에 비유할 수 있다. 그런데 고속도로 위를 쌩쌩 달릴 자동차가 없다면 잘 닦아놓은 고속도로가 무슨 의미가 있겠는가? '제주도는 한중 FTA라는 제도를 이용할 만한 콘텐츠를 가졌는가?'라는 질문이 그래서 더욱 중요하다. 제주의 제품과 서비스와 인적·물적 자원에 경쟁력이 있다면 한중 FTA는 좋은 기회가 될 것이며, 그렇지 않다면 아무리 좋은 제도라도 '그림의 떡'일 뿐이다. 제품의 브랜드 가치가, 그 브랜드가 대표하는 품질과 경쟁력이 그래서 중요하다.

중국인들의 고급 브랜드 선호는 유명하다. 구매력 있는 소비자들일수록 유명 브랜드가 아니면 잘 믿지를 못한다. 음식이나 화장품 같은 신체·건강과 관련된 제품은 특히 그렇다. 중국 신흥부자들, 중산층에게는 부의 획득으로 인한 신분의 변화를 빨리 알리기 위해서라도 고급 브랜드가 중요하다.

'Made in Jeju'를 힘 있는 브랜드로 만들 수 있는 자산은 충분하다. 제주가 가진 자연환경, 신화·전통문화와 같은 고유한 미적, 인문학적 자산을 활용할 수 있다. 제주도가 싸구려 단체 관광지가 아닌 고급 관광지가 되기 위해서는 그에 걸맞은 브랜드를 가져야 한다. 다행히 최근 도내에 역량 있는 문화인, 예술인, 기업인들이 외부에서 합류하고 있다. 제주를 찾는 중국인과 세계인에게 자신 있게 내놓을 수 있는 고급 브랜드, 고급 제품을 만들어 내보자!

## 무궁무진한 제주의 문화적 자산

제주는 1만8000의 신이 사는 섬이다. 수많은 신들에 관한 얘기가 제주 신화 속에, 심방의 본풀이 속에, 때로는 제주인의 생활 속에 깃들어 있다. 오랫동안 육지와 단절되어 있었기 때문에 고유의 문화가 생성하고 발전하고 보존될 수 있었다.

조선시대에는 수많은 거물급 '정치범'들이 제주도로 유배되기도 했다. 국민 서예가 추사 김정희가 대표적이다. 제주도에서 그의 대표작 「세한도」가 제작되었고, 추사체가 완성되었다. 전란을 피해 제주에 온 예술가 중에는 국민 화가 이중섭도 있다. 그는 신산했던 짧은 생애에서 가장 행복한 시간을 제주에서 보냈고 주옥같은 작품을 남겼다.

루게릭병으로 몸이 굳어가면서도 카메라를 놓지 않고 제주의 아름다움을 필름에 담은 김영갑. 한라산과 오름을, 제주의 바람과 억새풀과 동백꽃을, 무엇보다도 한라산과 오름과 제주의 바람과 억새풀과 동백꽃 속에 제주의 아픈 역사를 그린 강요배. 그리고 제주도를 모티브로 작품활동을 하는 수많은 예술인들……. 문화와 예술에 문외한인 필자는 제주가 보유한 문화유산과 문화자산을 얼마나 더 열거해야 할지 모르겠다. 다만 분명한 건 문화예술인의 유입이 현재진행형이라는 점이다.

제주도민은 제주도에 문화시설이 부족하다고 볼멘소리를 하지만, 고급 술집과 영화관과 대형 아울렛과 값비싼 공연 프로그램이 적을 뿐이다. 오히려 제주도 내 곳곳에서 토착 예술인들과 이주한 예술인들이 따로 또 같이 왕성한 창작활동을 펼치고 있다. 도서관, 박물관, 미술관과 같은 문화 기반시설도 상대적으로 많은 편이다.

최근에는 최신 트렌드에 전혀 뒤지지 않는 카페, 음식점, 소품점, 문화 공간이 제주도내 곳곳에 들어서고 있다. 관광객과 이주민의 급증으로 제주의 옛 문화와 최신의 문화 트렌드가 빠르게 섞이고 있는 모습을 볼 수 있다. 오늘의 제주도는, 그 어느 때, 그 어느 지역보다 새로운 문화가 활발하게 생성되고 공유될 수 있는 조건을 가지고 있다.

## '문화 교류'라는 더 큰 가능성

제주도는 대한민국의 영토지만 육로로 오는 방법은 없다. 하지만 서울에서 비행기로 한 시간, 가장 가까운 전라남도 광주에서는 30분이면 닿는 거리다. 상하이나 베이징, 오사카나 도쿄에서도 한두 시간이면 제주공항에 닿을 수 있다.

제주도는 지리적으로 한중일 삼국의 가운데 있으면서도 세 나라의 정치적 중심지로부터 가장 멀리 떨어져 있다. 그 덕분인지는 모르지만 사드 배치로 인해 한국과 중국의 정상적인 교류가 전면 중단되다시피 했던 2017년 6월에도 중국이 주도하는 AIIB의 연차총회는 예정대로 제주도에서 개최되었다. 봄부터 가을까지 단체관광객의 방문은 없었지만, 양국 간 문화예술인의 교류 또한 차질 없이 진행되었다.

제주도는 동북아시아 문화예술 교류의 섬으로 기능할 수 있는 좋은 위치에 있다. 중국과 일본은 물론 전 세계의 문화예술인들을 초청해서 그들이 문화예술 작품을 나누고 배우고 전달하는 커다란 무대를 제공하는 것, 제주를 더욱 가치 있게 만들 수 있는 좋은 전략이 아닐까? 제주에서 경험할 수 있는 예술적 감흥을 높이고, 제주만이 제공할 수 있는 문화적 체험을 늘리는 것, 제주 관광의 질적 수준을 높이는 가장 좋은 방법이 아닐까?

제주도는 그 자체로 하늘이 내려준 가장 아름다운 예술작품이다. 그러니 그곳은 땅 위의 인간들이 모여 노래하고, 춤추고, 그림 그리고, 나무와 꽃을 가꾸고, 글을 짓고 이야기를 만들기에 가장 어울리는 장소가 될 것이다. '문화예술의 섬 제주도', 듣기만 해도 가슴 뿌듯하다.

## 제주도는 한·중·일을 잇는 다리

2000년 전부터 제주도는 동북아시아의 뱃길을 잇는 다리였다. 제주도와 일본에도 서복의 흔적이 남아 있으니, 그가 이끌었던 선단은 제주도를 거쳐 일본으로 갔을 테고, 다시 제주도를 거쳐 중국으로 되돌아갔을 것이다. 제주도를 바다 가운데의 정류장으로 삼아 고대 중국과 고대 일본이 왕래를 한 셈이다.

제주도를 거쳐간 서복의 일본 도래渡來가 당시 일본의 급격한 사회 변동을 초래했다는 주장도 있다. 서복과 3000명의 동남동녀가 가지고 간 선진 문물이 일본 철기문화 발전의 기폭제가 되어, 당시 일본이 조몬 문화에서 야요이 문화로 발전하는 계기가 되었다는 논리다.

일제강점기에 제주도는 좀 슬픈 의미에서 중일간의 다리가 되기도 했다. 일본군이 중국을 폭격하기 위한 전투기의 이착륙 기지로 제주도를 이용한 것이다. 당시 제주도민들은 산방산이 바라다 보이는 200만 제곱미터의 아름다운 들판이 일본군에 의해 군사공항으로 이용되는 것을 막을 수 없었다.

2017년 여름 유네스코 세계자연유산에 등재된 조천읍 선흘리의 거문오름을 찾았다. 하루에 400명만, 그것도 매 30분마다 사전 예약한 인원에 대해서만 해설자의 인솔로 탐방을 허락하는 '신령스러운 산'이자, 곶자왈의 생태계가 살아 있는 제주도의 심장과도 같은 곳이다. 화산폭발로 생성된 용암동굴, 식나무, 붓순나무와 같은 희귀식물과 노루, 오소리와 같은 야생동물을 보호하기 위해 지금은 음식물 반입도, 반려동물 입장도 막고 있는 이곳에 일본군은 전쟁 대비를 위한 갱도 진지를 건설했다. 한여름에도 차가운 '천연 에어컨' 바람이 나오는 거문오름의 풍혈風穴을 지나자, 해설자는 중일전쟁 시기 일본군이 파놓은 진지로 안내했다. 거문오름에만도 10여 곳에 갱도 진지가 남아 있다고 한다.

인터넷과 모바일을 이용한 국가 간 커뮤니케이션과 항공교통이 일상화된 오늘의 제주에 과거와 똑같은 지정학적 역할을 기대할 수는 없다. 그러나 과거 한국과 중국과 일본이 제주도에서 만났던 역사는, 제주도가 한중일 삼국을 포함한 동아시아의 평화 논의를 위한 의미 있는 장소가 될 수 있음을 일깨워준다.

## 제주도의 상징은 세계 평화다

제주도는 참으로 평화로운 섬이다. 무언가 가슴속에 하나씩 세워놓았거나 아니면 가슴속에 세워진 무언가를 내려놓기 위해 묵묵히 올레길을 걷는 탐방객의 뒷모습을 볼 때마다, 애월 바닷가 멀리 화산암 절벽으로 비치는 낙조를 조우할 때마다, 번잡한 제주공항에서 재잘거리는 테마학습여행 고등학생 손님들 옆을 지나칠 때마다, '제주가 참으로 평화로운 섬이구나!' 하고 느끼게 된다. 사람들은 아름답고 평화로운 곳으로 아이들을 여행 보내고, 꿀맛 같은 신혼여행을 즐기고, 몸과 마음의 평화를 얻기 위해 오랜 시간 길을 걷는다.

그러나 그리 오래지 않은 과거에 제주도는 원치 않는 폭력과 전쟁의 비극을 직간접적으로 겪어야 했다. 평화로운 오늘날에는 상상도 할 수 없는 잔혹한 일들이 일본 군대에 의해, 국가권력에 의해 자행되었다. 그런 과거를 잊지 않기 위해 2005년 정부는 제주도를 세계 평화의 섬으로 지정했다. 과거의 아픔을 기억하고 극복하는 과정으로서의 평화, 동시에 세계가 인정하는 제주도의 아름다움을 발전·보존시키는 과정으로서의 평화를 추구하자는 다짐이다.

　　실로 제주도는 평화를 안착시켜야 하는 섬이며, 평화 조성에 기여할 수 있는 섬이다. 제주는 정치적으로, 문화적으로 자유롭고 개방적이다. 또 평화롭지 못했던 역사가 있었기에 역설적으로 평화의 자원이 많이 남아 있다. 서귀포 대정의 알뜨르 비행장 인근을 제주평화대공원으로 조성할 수 있다면, 평화롭지 못했던 역사의 흔적을 평화의 자원으로 활용하는 가장 훌륭한 사례가 될 것이다. 생각해보라! 대한민국의 청소년들이, 젊은이들이 서귀포의 알뜨르 비행장 격납고 안에서 춤추고, 노래하고, 책 읽고, 평화를 얘기하고 마지막에는 하늘의 별을 바라보며 잠드는 그림을.

## 2018년은 제주 방문의 해

2018년은 제주 4.3사건 70주년이자, 제주도가 선포한 '제주 방문의 해'이다. 이를 기념하여 화해와 상생, 평화와 인권의 4.3 정신을 미래의 밝은 에너지로 승화시키겠다는 게 제주도의 의지다.

대한민국 국민의 제주도 사랑은 그 어느 때보다도 뜨겁다. 아내, 아이들과 일 년에도 몇 번씩 제주도에 놀러오는 서울 친구도 있다. 제주도 여행, 제주 살이, 오름, 올레길에 관한 책은 서점가의 핫 아이템이다. 유명 연예인의 제주 삶을 그리고 있는 TV 프로그램도 인기리에 방영되었다. 입도 4년차 제주도민으로서 점점 더 많은 한국인들이 그리고 중국인들이 제주도를 찾아주어 고마울 따름이다. 좀더 욕심을 내자면 제주도의 아름다운 모습뿐만 아니라, 잘 보이지 않는 제주도의 아픈 과거에도 관심을 가져주었으면 하는 바람이다.


## 제주도는 어머니의 섬

제주도로 건너와 제주도민으로 살면서 가족과의 나들이로, 때로는 제주도를 방문하는 친지·친구 안내하면서, 때로는 학교 일과 직장 일로 제주도 여기저기를 돌아볼 수 있었다. 물론 아

들불축제

글을 맺으면서

직 가보지 못한 곳이, 참여해보지 못한 축제가, 만나보지 못한 사람이 백배는 더 많다.

제주도에 관한 책과 자료도 살펴보았다. 제주도의 이곳저곳을 친절하게 안내하는 책도, 따뜻하면서도 환상적인 사진과 함께 제주도의 일상을 얘기하는 책도, 제주도의 아픈 역사를 정면으로 응시하는 책도 읽어보았다. 이런저런 제주도의 현안에 관한 자료도 조금은 살펴보았다. 물론 아직 찾아보지 못한 책과 자료가 백배는 더 많다는 것을 잘 알고 있다.

제주도를 형용하는 수많은 미사여구가 있고 그 일부는 본문에 옮겨놓기도 했지만, 마음속에서 떠나지 않는 문구가 있다. "제주도는 어머니와 같은 섬이다." 설문대할망 얘기를 처음 듣고 장난스럽게 그런 생각이 들기 시작했다. '응? 엄마가 만든 섬이구나!' 한라산을 바라보며 출퇴근할 때마다 보이는, 좌우로 천천히 뻗어 내려가는 산등성이는 흡사 모든 것을 감싸주는 어머니의 어깨로 보였다. 가족의 생계를 위해 숨을 참고 물질하는 해녀들과 70년 전 그날 '순이 삼촌'처럼 자신의 핏줄을 감싸 안고 쓰러졌던 이들이 왠지 모두 같은 제주의 어머니라는 생각이 들었다. 바쁘고 번잡한 도시를 떠나 제주를 찾는 사람들은, 뒤늦게 철들어 어머니의 소중함을 알고 찾아오는 자식들처럼 느껴졌다. 그럼에도 언제나 거부하지 않고 따뜻한 햇빛과 맑은 물과 신선한 공기를, 자신의 가장 좋은 것들을 한없이 자식들에게 나누어주는 모습이 바로 어머니라 여겨졌다.

어머니의 품은 이 세상에서 가장 평화롭다. 평화로운 곳에서 사람들은 만나고 섞인다. 사람들이 가지고 있던 생각과 감정, 문화도 만나고 섞인다. 그리고 새로운 문화가 잉태되고 창조된다. 제주도가 바로 그런 섬이다.

어머니 품의 깊이는 헤아릴 수 없다. 어머니 품이라면 서쪽 바다 건너오는 중국인도, 동쪽 바다 건너오는 일본인도 얼마든지 품어줄 수 있다. 다만 어머니의 섬의 아들과 딸로서 우리가 해야 하는 일은, 제주도가 언제까지나 어머니의 모습을 잃지 않도록, 아니 더욱 아름다운 모습이 되도록 관심을 가지고, 지켜주고, 가꿔주는 작업일 것이다.

# "제주도는 중한 교류의 선봉에 서 있습니다"

─제주와 중국(펑춘타이馮春臺 주제주중국총영사)

총영사님은 북한과 한국에서 10여 년간 근무한 덕분에 한국어도 유창하고 한국에 대해 한국인들보다 더 잘 아신다고 들었습니다. 제주도로 부임한 지 1년이 되어가는데 '아! 이것이 제주구나!' 하고 느낀 적이 있는지요?

제주의 독특한 자연경관이죠. "풍경여화, 인걸지령風景如畫, 人傑地靈(풍경은 그림과 같고, 사람은 걸출하며 땅은 영험하다)"라는 말이 머리에 떠오릅니다. 산수의 풍경이 아름답고 공기가 맑습니다. 저뿐만 아니라 중국인들이 제주도에 오면 인공적인 요소가 많지 않은, 있는 그대로의 자연미에 감탄하게 될 것입니다. 옛날부터 제주도를 '삼무도' '삼다도'라 했지만, 지금은 그보다는 하늘이 내려준 아름다운 자연경관이 가장 뚜렷한 특성인 것 같습니다.

저는 한라산과 곶자왈을 가장 좋아합니다. 한라산은 한국에서 가장 높은 산으로 독특한 매력이 있습니다. 작년 3월 성판악 코스로 9시간 만에 백록담까지 다녀왔습니다. 원시림과도 같은 곶자왈도 좋았습니다. 그래서 친한 친구가 제주도에 온다면 가장 먼저 세 곳을 추천할 수 있겠다고 생각했습니다. 첫째는 한라산, 둘째는 곶자왈을 지나가는 올레길, 셋째는 온천. 화산섬에는 분명 아주 좋은 온천이 있으니까요.

진시황이 파견한 서복의 제주 도래, 삼별초의 대몽항쟁 등 제주도는 오래전부터 중국과 관계를 맺어왔습니다. 서복전시관이나, 항파두리성 등 관련 유적지들도 남아 있습니다. 중국과의 관계를 발전시키려면 이러한 사실史實과 사적史蹟들을 어떻게 활용할 수 있을까요?

한국과 중국의 인적 교류는 오랜 역사가 있고, 제주도는 중한 교류의 선두에 선 지역입니다. 2200년 전에 서복이라는 중국 사람이 진시황의 명령을 받고 제주도에 찾아왔다는 역사 기록이 있기 때문에, 서복은 아주 유명합니다. 서복전시관이나 항몽 유적지는 문화적 가치를 지닌 관광지입니다만, 제주를 찾는 중국인들의 여행 트렌드와는 거리가 있습니다. 최근 중국인의 제주 여행의 가장 큰 특징은 쇼핑, 인센티브 관광이거든요.

중국인이 제주도를 많이 찾는 이유를 저는 다섯 가지로 꼽을 수 있습니다. 첫째, 제주도의 독특하고 아름다운 풍광입니다.

둘째, 문화적인 측면에서 중국과 제주도는 유사점을 가지고 있습니다. 제주도에는 1만8000이나 되는 신이 있다고 하지 않습니까? 중국 문화에도 도교나 원시 민간 신앙의 요소가 있습니다. 진시황이 제주도에서 불로장생약을 구했다고 하니 한번 가보고 싶다는 생각이 들 수 있습니다. 셋째, 지리적으로 가깝습니다. 넷째, 교통이 편리합니다. 크루즈도 다니고 직항 항공편도 많습니다. 서울을 거치는 여행객들은 말할 것도 없습니다. 다섯째, 비자 면제정책과 투자이민 제도입니다.

최근 수많은 중국인이 제주를 방문하고 있고, 제주도민들도 중국을 많이 방문하고 있지만, 여전히 서로에 대해 잘 모르는 것 같습니다. 제주도민과 중국인이 서로를 더 잘 이해하기 위해서는 어떤 노력이 필요할까요?

2016년 초, 제가 제주에 부임한 뒤 제주도와 중국의 교류 특성을 '삼다'로 요약했어요. '인적 교류가 많다, 투자 액수가 많다, 교류 분야가 많다'는 것입니다. 제주도를 찾는 중국인이 크게 늘어나기 시작한 건 2010년으로, 불과 몇 년 되지 않았습니다. 그 짧은 시간 동안 제주도민들은 급증하는 중국인을 받아들일 '마음의 준비'가 덜 된 것 같습니다. 제주도민들은 점차 이런 새로운 변화를 받아들이고 적응하는 과정이 필요할 것 같습니다.

대부분 외국인은 평생에 한 번, 잠깐 제주도를 방문합니다. 그 외국인 관광객들은 아름다운 경관이나 행복한 경험을 원할 뿐입니다. 하지만 제주도민의 입장에서는 지금까지와는 많이 다른 변화를 겪게 되었습니다. 그 새로운 변화와 현실에 적응해야겠지요. 예전보다 차량이 많아져 길도 막히고 소음도 늘어났을 테죠. 식당에서 줄 서서 밥을 먹어야 할 때도 있겠죠. 불편한 것도 많아지고 낯설고 어색한 것도 많아졌을 뿐만 아니라 원치 않는 경우에 맞닥뜨리기도 합니다. 따라서 거부감이 생기거나 반대하는 마음이 들 수도 있습니다.

요즘은 중국 관광객이 오지 않아 제주도의 관광산업에 타격이 크다는 기사들이 자주 보도되고 있습니다. 도내 정치인이나 관리들은 중국 정부에서 중국인의 한국 방문, 제주 방문에 제한을 가하면 안 된다는 말을 나에게 하기도 합니다. 그분들은 중국 관광객들이 오지 않은 원인에 대해서는 대수롭지 않게 생각한 채 그저 중국 관광객이 다시 찾아오기를 바라고 있습니다.

이러한 상황들은 무엇을 말하는 걸까요? 새로운 상황, 즉 관광객의 증가라는 전에 없던 상황에 적응하는 과정이라는 거죠. 그래서 한편으로는 갑작스런 관광객 증가에 불편함을 느끼고

글을 맺으면서

그에 수반되는 변화에 거부감이 들기도 하지만, 한편으로는 많은 관광객이 제주도를 찾기를 바랍니다. 그래야만 제주도가 발전할 수 있기 때문입니다. 그리고 사람들은 좀더 안락하고 개선된 삶을 원합니다. 사람들의 이러한 동력 또한 무시할 수는 없습니다.

녹지그룹과 (주)람정제주개발을 비롯해서 제주도에는 많은 중국계 기업이 활발하게 사업을 진행하고 있습니다. 제주신화월드, 헬스케어타운, 드림타워 등의 사업에 제주도 경제가 살아나고 많은 도민이 일자리를 얻을 수 있을 것이라는 기대가 큰 반면, 환경이나 교통 문제 등을 우려하는 목소리도 있습니다. 도내 중국계 기업과 도민이 서로 윈윈하기 위해서 중국계 기업과 제주도민이 각각 어떤 마음과 자세를 가지는 것이 좋을까요?

아주 중요한 질문입니다. 물론 쌍방의 문제입니다. 조금 전 질문과 주제는 다르지만 이치는 같습니다. 엄격한 의미에서 중국 관광객이든 중국계 기업이든 다 같이 제주도가 요청한 손님들입니다. 하지만 과거에 제주도에서의 경험이 없으니 문제들이 생겼습니다. 이 문제들을 해결하는 데는 큰 전제가 필요합니다. 우선 제주도의 발전에 관한 제주도 정부의 비전이 분명해야 한다는 겁니다. 제주도의 발전 방향을 명확히 하는 것이야말로 외국 투자기업과 제주도민의 관계를 회복하는 기준이자 방침입니다.

따라서 제주도의 발전 목표를 명확히 하는 것이 필요합니다. 그 후에 인구 목표를 얼마나 잡아야 할지, 외국인 투자자가 얼마나 필요할지 등을 결정할 수 있습니다. 특정 지역이 발전하기 위해서는 반드시 외부의 자금 유입이 필요한데, 그 자금 규모는 해당 지역이 받아들일 수 있는 능력과 비례하게 되어 있습니다. 자체 수용력을 고려하여 관광객과 투자의 정도를 결정해야 합니다.

물론 우리는 다른 나라의 내정에 간섭하지 않습니다. 또한 우리는 중국인 투자자들에게 현지의 풍속과 투자관련 정책, 법규를 준수해서 투자를 진행해야 한다고 언제나 말하고 있습니다.


제주도에서의 임기를 마치고 중국으로 돌아가실 때 제주도민에게 또 한국인에게 어떤 총영사로으로 기억되고 싶으신가요?

제주와 중국의 교류를 위해 역할을 잘 수행한 총영사로 기억되고 싶습니다. 큰 잘못 없이 맡은 역할을 해낼 수 있다면 그것으로 충분합니다. 개인적으로는 걸어서든 자전거로든 제주도 일주를 해보고 싶습니다. 유감스럽게도 제주에 부임한 지 1년 반

이 되었는데 아직 제주도 전체를 돌아보진 못했네요. 매일 뭐가
그렇게 바쁜지 모르겠습니다. 앞으로 시간이 나는 대로 제주도
여기저기 많은 곳을 돌아보고 싶습니다.

펑춘타이|馬春臺 주제주중국총영사

# 중국어 **잘하는 법**

"어떻게 하면 중국어를 잘할 수 있나요?"

필자가 직장 다니던 시절에 선배나 후배에게 많이 들었던 질문이다. 나는 웃으면서 이렇게 대답하곤 했다.

"저한테 돈 내고 맞으면서 배우면 됩니다."

더 이상의 귀찮은 대화를 생략할 수 있는 대답이었다. 상대방은 수업료를 얼마 받는지, 진짜 때릴 것인지 묻지 않는다. 상대방이나 필자도 그렇게 가볍게 오고 가는 대화로 질문자의 중국어 실력이 변하지는 않는다는 것을 잘 알고 있기 때문이다.

외국어를 배워서 편안하게 구사하는 일은 생각보다 쉽지 않다. 지난 30여 년간 필자가 학교와 학원에서 다양한 방식으로 영어를 배웠지만 대화가 술술 되지 않는 이유이며, 중국어를 배우기 시작한 100명 중에서 98명이 수년간의 노력에도 불구하고 제대로 된 중국어를 구사하지 못하는 이유이기도 하다.

여기서 '제대로 된'이란 의미는, 한자 10자 이상으로 이루어진 문장이 입에서 편하게 나오는 수준을 말한다. 예컨대 "지금 이 글을 쓰고 있는 카페 안에는 많은 젊은이가 이런저런 대화를 나누고 있다"라는 한국어를 중국인이 알아들을 수 있는 중국어로 5초 이내에 구사할 수 있느냐는 것이다. 중국어는 그렇다 치고, 영어 문장으로 바꾸어 표현해보라. 잘 되는가?

### 통째로 외워라!

본론으로 들어가자. 어떻게 하면 중국어를 잘할 수 있나? 다른 외국어는 모르겠지만, 중국어는 '암기 과목'이다. 머리가 좋으면 더 유리할까? 글쎄, 머리가 나빠서 한국어를 못하는 한국인이 없듯이, 중국어 어법을 이해하지 못해서 중국어를 못하는 중국인도 없다. 모국어란 수십 년간의 교육과 생활 속에서 저절로 '외워져' 필요한 순간에 저절로 나오는 말이다. 중국인과 결혼해서 10년 이상 중국어로 지지고 볶으면서 살 수 있는 여건이 아니라면, 중국어를 통째로 때려 외우는 것이 외국인으로서 중국어를 잘할 수 있는 '유일한 방법'이다. 좋은 교재, 나쁜 교재도 없다. 지금 주변에 굴러다니는 중국어 교재가 있다면, 그중에서 여러 개의 문장으로 이루어진 문단 전체를 외워버리면 된다. 몇 개의 토막 문장에 담긴 단어를 외우고, 문장을 해석하고, 어법을 따지는 것은 모두 부질없다.

　여기서 외우라고 하는 것은, 문장을 외워서 쓸 수 있는 정도를 말하는 게 아니다. 외워서 입으로 줄줄 말할 수 있어야 한다는 뜻이다. 외워서 말하는 속도는 빠르면 빠를수록 좋다. 중국어 문장을 통째로 외워버리면 중국어 공부의 거의 대부분이 해결된다. 예를 들어 "지금 이 글을 쓰고 있는 카페 안에는 많은 젊은이가 이런저런 대화를 나누고 있다"라는 한 문장을 중국어로 쉽게 외울 수 있다고 가정해보자. 여기서 '카페'라는 단어 대신 교실, 강당, 체육관, 술집, 호텔, 레스토랑, 운동장, 공원, 버스정류장, 서점, 영화관을 바꿔 넣으면 10개의 문장을 쉽게 말할 수 있다. 다시 '많은 젊은이' 대신 어떤 남녀, 노인들, 청소년들, 젊은 여성들, 대학생들로 바꿀 수만 있어도 내가 말할 수 있는 문장은 50개가 된다.

듣기는 어떤가? 말할 수 있는 외국어는 모두 들린다. 설령 "지금 이 글을 쓰고 있는 카페 안에는 많은 젊은이가 이런저런 대화를 나누고 있다"는 문장에서 '카페'라는 단어를 모른다 해도, 나머지가 쉽게 들리면 '카페'라는 중국어 단어의 뜻을 추정해낼 수 있는 시간적·심리적 여유를 가질 수 있다.

쓰기도 훨씬 쉬워진다. 대개 한자 쓰기를 어려워하지만, 중국어 글짓기는 쓰기보다는 문장 구성의 어려움이 더 크다. 위 문장의 단어들을 쓸 수 있다면, 역시 50개의 문장을 쓸 수 있게 되는 것이다. 다시 단어 몇 개만 더 익히면 쓸 수 있는 문장은 기하급수적으로 늘어난다. 중국어 읽기는 조금 다른 방식의 노력이 필요하지만, 말하기와 듣기를 잘하면 중국어 읽기에 대한 자신감이 붙는다.

많은 중국어 교재가 그런 식으로 구성되어 있기는 하다. 우리가 옛날에 배웠던 영어 교과서도 그렇게 만들어져 있었던 것 같다. 하나의 문장을 표현해놓고, 그 문장 안의 중요 단어를 다른 단어로 바꾸어 쓸 수 있다는 것을 알려주듯 여러 개의 대체 단어가 아래에 열거되어 있었다. 그러나 우리는 그 문장을 외우지 않았다. 단지 그렇게 바꾸어 쓸 수 있다는 것을 알기만 했을 뿐이다. 그것은 마치 '나는 목이 마르다. 저기 물이 있는 것을 안다. 가서 마시지는 않았다'는 내용과 같은 것이다.

통째로 중국어 문장을 외우기는 어렵다. 외워도 금방 까먹는다. 재미없고 짜증나고 지겹다. 잘 읽지도 못하는데 어떻게 외우며, 또 외우는 걸로 도대체 뭘 어쩐단 말인가? HSK(한어수평고사)를 잘 보려면 문제를 많이 풀어봐야 하는데 말이다.

그래도 한번 외워보겠다는 사람이 있다면, 잘 외울 수 있는 방법과 그 반대의 방법을 알려주겠다. 하지만 모두 잘 외워서 중국어 실력이 급상승한다면 필자의 밥그릇이 위태로워지니, 미안하지만 잘 외워지지 않는 방법을 알려줄 수밖에 없을 것 같다.

중국어 문장을 외울 때는 눈으로만 보면서 외우기를 시도해라. 아니면 아주 작은 목소리로 읽으면서 외우든지. 어차피 내 중국어 발음은 정확하지 않을 테고, 혹시 누가 듣기라도 한다면 얼마나 창피한가? 100데시벨의 목소리로 30번 읽으면 외워지는데, 20데시벨로 읽으면 150번 정도 읽어야 할 거다. 까짓것, 남들보다 5배 정도의 노력, 별 거 아니다.

학교에서 외우는 방식으로 중국어 수업을 진행하면서 살펴보면, 예외 없이 분명하게 확인된다. 크게 읽으면서 외우려고 노력하는 친구들이 금방 외우고 결국 발음도 좋아진다. 그런 친구들이 중국어에 좀더 자신을 갖게 되고 중국어도 더 잘하게 된다.

**사전을 사라!**

인공지능AI이 발달해 머지않아 굳이 외국어를 배우지 않아도 되는 시대가 온다고 한다. 영화 「설국열차」를 보면 열차 내 감옥에서 깨어난 남궁민수(송강호 분)가 뒤쪽 칸 사람들과 대화하기 위해 통역기를 목에 걸치는 모습을 볼 수 있다. 그 멋진 통역기는 심지어 남궁민수의 상소리 욕설까지 통역해낸다! 20년쯤, 어쩌면 10년 뒤에는 중국어를 전혀 몰라도 중국인과 실시간으로 자유롭게 대화할 수 있는 통역기가 개발될지도 모르겠다. 하지만 아직은 아니다. 구글 번역기? 특히 한·중, 중·한 번역은 신통치 않다.

요즘은 정보 기술이 넘치고 스마트폰이 일상화되어서인지 중국어를 배우는 이들이 중한사전, 한중사전을 사지 않는다. 스마트폰 안에 사전이 들어 있기 때문이다. 그렇다면 스마트폰 속의 사전으로 중국어 단어를 쉽게 외우고 익힐 수 있을까?

필자는 아날로그 시대에 중국어를 익혀서인지, 사전 없는 중국어 공부를 믿지 못한다. 모르는 글자가 나오면 중한사전을 펼쳐 부수를 이용해 해당 글자를 찾고, 형광펜으로 한자를 칠하고, 설명 부분을 밑줄 치며 읽고, 관계된 중국어 예문을 읽어보는 차분한 과정이 중국어 단어를 익히는 중요한 절차라고 필자는 확신한다.

중국어 단어는 한 번 찾아보고 외워서는 결코 오래 기억하지 못한다. 당연히 다시 찾아서 볼펜으로 밑줄 긋고 익혀야 한다. 세 번째 찾을 때는 본인의 머리를 한 대 쥐어박고 볼펜으로 해당 글자나 단어를 동그라미 치고, 그 다음에는 머리를 두 대 쥐어박고 별표 치고……. 반복되는 과정 속에서 하나의 글자, 하나의 단어가 내 것이 된다.

## 어학연수 지역을 잘 선택하라

중국어 공부를 하다보면 중국어를 뿌리 뽑기 위해서라도 중국에 한 번 가야겠다는 느낌이 올 때가 있다. 물론 중국어 관련 학과를 다니는 대학생이라면 재학 중에 중국으로 어학연수를 갈 수 있는 기회가 생기기도 한다.

단시간에 중국어 실력을 향상시키기 위해서는 어학연수가 좋은 기회가 된다. 다만 잘 다녀와야 한다. 어떻게 다녀오는 것이 잘 다녀오는 것인가? 무엇보다 장소 선택이 중요하다. 중국의 남쪽과 서쪽 대부분의 지역에서는 그 지역 언어를 쓴다. 사투리 수준이 아니다. 거의 알아들을 수 없는 말을 사용한다. 물론 상하이 사람도, 쓰촨 사람도, 광둥 사람도 외국인에게는 표준 중국어로 응대해준다. 대학교 언어교육 센터에서도 당연히 표준어를 사용해 표준어를 가르친다. 그렇지만 그건 '응대'이고 '교육'일 뿐, 자기들끼리는 자기들끼리만 통하는 지역 언어를 쓴다.

어학연수라는 것은 24시간 내내 자신을 외국어에 노출시키는 것이다. 교실 밖 현장에서 배우는 중국어가 중요하다. 교실에서는 오히려 박제된 교과서 중국어를 배울 뿐이다. 생생한 중국어는 시장 아주머니 또는 버스 옆 좌석 학생, 택시기사로부터 배우게 마련이다. 중국인들과 많이 대화하고, 발음을 따라하다가 실수도 하면서 실력을 키워나가는 것이다. 결국 교실 바깥에서 중국어를 배우기 위해서는 중국의 동북 3성(헤이룽장, 지린, 랴오닝)과 베이징, 톈진, 허베이 중에서 선택하는 것이 좋다. 산둥, 산시, 허난만 가도 사투리가 심하다. 그 아래쪽과 서쪽으로는 더 말할 것도 없다.

표준 중국어를 많이 접하고 사용할 수 있는 베이징 인근이나 동북 지역으로 가되, 가급적 한국어를 사용할 수 없는 환경을 찾아야 한다. 한국어를 사용할 수 없는 곳은 한국인이 없는 곳이다. 종합하자면, 중국어 어학연수는 중국 동북 지역중 한국인이 별로 없는 곳으로 가야 한다.

그런 이유로 베이징, 톈진은 중국어 어학연수에 썩 좋은 곳이 아니다. 동북 지역의 주요 도시인 하얼빈, 창춘, 선양, 다롄도 마찬가지. 중국 지도를 펼쳐놓고 동북 지역을 살펴보되 위에서 열거한 대도시 이외의 작은 도시들 가운데 대학이 있는 곳을 찾아보면 된다. 중간급 규모의 도시들, 이른바 3선이나 4선급 도시에도 비교적 규모 있는 대학이 있다. 그 대학들 중 대도시에서 가장 멀고 가장 살기 힘들 것 같은 곳을 찾아가면 된다. 한국에서나 중국 대도시로부터 멀고 살기에도 힘든 곳에는 한국 사람이 없다. 바로 그곳이 중국어 어학연수에 적당한 곳이다.

어학연수 기간에 어떻게 공부해야 하는지를 하나에서 열까지 알려줄 수는 없다. 잠을 충분히 자고 건강을 유지하면서 수업에 충실히 참여하는 것은 기본이다. 다만 필자가 중국에서 어학연수를 하며 깨달은 중요한 원칙이 하나 있다. 돈을 아끼는 방식으로 생활을 꾸려야 한다는 것. 무슨 말인가? 세상 어디에서든 돈을 아끼면 삶이 다소 피곤해진다. 삶이 피곤하다는 건 정신을 바짝 차리고 몸을 부지런히 움직여야 한다는 뜻이다. 그 과정에서 외국어 실력도 부쩍 늘어난다. 예를 들어보자. 밥값이 싼 식당과 비싼 식당이 있다. 밥값이 싼 식당은 맛이 덜한 반면 비싼 식당은 대충 골라도 먹을 만하다. 그래서 저렴한 식당에 가면 항상 신경 써서 음식을 골라야 하고, 맛없는 음식을 피하려면 새로운 음식을 계속 시도해보아야 한다. 메뉴판에 적혀 있는 한자를 사전으로 찾게 되고, 음식 이름을 혀로 익히게 된다. 반대로 좋은 식당에 가면 적당히 시켜도 맛이 있기 때문에 음식 고르는 수고를 덜게 된다. 요즘 좋은 식당에는 메뉴마다 컬러 사진을 잘 찍어놓은 곳도 많다. 한자를 보지 않고 사진 속의 메뉴를 손가락으로 가리켜 주문해도 문제없다. 당연히 중국어 공부에는 전혀 도움이 되지 않는다.

그렇다면 응용문제! 중국에서 어학연수를 시작했는데, 통학용 자전거를 살 계획이다. 자전거를 살 돈이 충분히 있다면, 튼튼하고 좋은 새 자전거를 사야 좋을까, 싼 중고 자전거를 사는 게 좋을까? 물론 정답은 중고 자전거! 물론 새 자전거를 사면 안전하고 편안하게 다닐 수 있다. 하지만 중고 자전거는 타이어에서 바람이 새거나 쉽게 펑크가 날 것이다. 달리는 중에 체인이 빠지거나 핸들이 옆으로 비틀어지기도 할 것이다. 피곤한 노릇이다. 자주 수리점을 찾아갈 수밖에 없을 테고 관련 중국어들을 익히게 될 것이다. 갈아줘라, 불편하다, 안 듣는다, 똑바로 맞춰줘라 같은 단어들을 배워야 한다. 새 자전거를 사면 불편 없이 타고 다니는 대신 자전거와 관련된 단어와 문장을 구사할 기회는 좀처럼 생기지 않는다.

편리함이냐 중국어 습득이냐. 중국에서의 어학연수라면 이 두 마리 토끼를 동시에 잡기는 힘들다. 어떤 토끼를 잡을 것인가?

# 제주에서 **중국 전문가 되기**

15년 전 처음으로 제주를 보았다. 아름다운 풍경에 한눈에 반한 나머지 함께 온 친구에게 "은퇴하면 제주에 와서 여생을 보내고 싶다"고 말했다. 그 꿈이 20년쯤 빨리 이루어졌다. 제2의 인생을 준비할 나이가 되어서가 아니라, 현역으로 제주도의 대학생들에게 '중국'을 가르치러 오게 된 것이다.

필자는 중국 전문가다. 넓은 중국 땅을, 많은 인구를, 긴 역사를, 거대한 경제를, 복잡한 사회를, 아리송한 정치를 네가 다 안단 말이냐 하고 물으면 할 말은 없다. 그러나 중국 대륙에서

13년 넘게 살고 공부하고 일했는데 '중국 전문가가 아니고 뭐냐?'고 따지면 또 할 말이 없다.

중국 경제 전문가, 중국 정치 전문가, 상하이 전문가, 화남 지역 전문가로 세분화, 전문화, 지역화해야 한다고 주장하는 분들도 있다. 맞는 말씀이다. 그런데 그렇게 전문화하면 정말로 '전문가'가 되어야 할 것만 같은 느낌이라 더욱 부담스럽다.

겸손이 미덕이겠지만, 겸손 뒤로 숨을 수는 없는 노릇이라 필자는 언젠가부터 누군가 중국 전문가라고 추어주어도 부정하지 않는다. 오히려 필자는 제자들을 중국 전문가로 성장시켜야 할 입장이다. 중국 전문가가 무엇이고, 어떻게 하면 중국 전문가가 될 수 있는지 필자 나름대로 정리해 제자들에게 제시하고 이끌어주어야 한다. 그런 차원에서 우선 제주도에서 공부하는 제자들을 위해 작은 조언을 하고자 한다. 또 중국에 관한 전문가가 되고 싶은데 어디에도 가르쳐주는 곳이 없어 답답해 하는 이들에게도 참고가 되었으면 좋겠다.

### 중국 전문가란?

그렇다면 중국 전문가란 무엇인가? 조금 추상적이나마 정리해보면 '중국어가 능숙하고 중국에 대한 지식이 풍부하여 자신의 영역에서 중국 관련 지식과 능력을 적절히 활용할 수 있는 사람'이 아닐까 싶다. 최소한 중국과 중국인을 이해하고 중국어 듣기, 읽기, 말하기에 능숙해야 한다.

중국을 이해한다는 말이 가장 어렵다. 첫째, 중국이라는 나라가 지리적으로 어떻게 생겼는지를 알아야 한다. 중국 지도를 펴놓았을 때 어디에 높은 산이 많고, 어디에 평야가 많으며, 어디가 춥고 더운지, 주요 도시들은 어디에 있는지 말할 수 있어야 한다. 이른바 '2선 도시'들까지는 알고 있어야 하고, '3선 도시'도 웬만큼은 기억해둘 필요가 있다. 31개 성급 행정단위가 대략 어디에 위치해 있고, 그 행정 중심지가 어디인지도 알고 있어야 중국인과 대화가 가능하다. 말하자면 충청도, 전라도, 경상도가 어디에 있으며 청주, 울산, 춘천이 광역시인지, 지자체의 행정 중심지인지 정도는 대답할 수 있는 외국인이라야 쉽게 대화를 이어갈 수 있는 것과 같은 이치다. 중국에서 가장 아름답다는 황산黃山이 어느 성에 있는지, 그 성이 대략 어디쯤에 있는지, 얼음 축제를 하는 도시가 어디에 있는지와 같은 것들을 꿰고 있으면 중국 친구와 즐겁게 수다를 떨 수 있다.

둘째, 중국 역사의 큰 줄기와 대표적인 사건은 알아둘 필요가 있다. 한국인 입장에서도 단군이 고조선을 세웠다는 역사를 알고 있는 외국인이라면 존중하게 되지 않겠는가? 특히 중국의 현대사를 어느 정도 알고 있어야 그들의 상처를 건드리지 않을 수 있다. 대약진과 문화대혁명, 톈안먼 사건이 언제 어떻게 왜 발생했는지 알고 있다면, 중국인 친구나 파트너가 지니고 있을 내면의 상처를 이해할 수 있다. 상대방이 나를 이해하고 있다고 느낄 때 나도 상대방을 이해하고자 노력하게 되는 법이다. 중국의 역사를 알고 중국인을 대한다면 나에 대해서도 이해받을 수 있다고 필자는 믿는다.

셋째, 중국 문화에 대한 식견도 필요하다. 사실 중국이라는 나라는 너무 넓고 인구도 많고 지역 격차가 크기 때문에, 무엇이든 '이것이 중국을 대표하는 문화다'라고 말하기 어렵다. 최근에는 급속한 경제 성장으로 인해 지역별, 세대별, 계층별로 그 문화가 더욱 다양해지는 경향을 나타내고 있다. 그러나 중국 전문가라면 그 변화를 지속적으로 따라가면서 배우려 노력해야 한다. 혐오 식품이 아니라면 중국의 음식은 다 먹을 수 있어야 한다. 김치, 청국장을 못 먹는다는 한국 전문가를 인정할 수 없는 것과 같다. 마찬가지로 식사자리에서 "나는 샹차이香菜는 못 먹는다"는 중국 전문가라면 중국인들은 겉으로는 이해하는 척해도 속으로는 웃을 것이다. 또한 모임에 적절하면서도 예산에 맞는 요리를 주문할 줄 알아야 중국인 친구를 식사에 초대할 수 있다.

넷째, 중국 전문가라면 중국의 경제와 정치에 대해서도 대략적으로나마 파악하고 있어야 한다. 특히 중국의 주요 산업은 무엇이며, 최근 40년간 빠른 경제 성장을 이루게 된 배경은 무엇인지 등은 상식에 속한다. 나아가 중국공산당 중앙위원회 정치국 상무위원 7명의 이름과 얼굴을 연결시킬 수 있어야 중국인과 대화가 통한다. 전공자가 아니라면 중국의 정치 또는 경제를 자세히 알기 어렵지만 역시 꾸준히 관심을 기울일 필요는 있다.

## 중국을 안다는 것은 중국인을 안다는 것

중국인에 대해 안다고 말할 때 우리는 어떤 중국인의 정형定型을 생각하거나 다수 중국인이 공통으로 가지고 있는 '무엇'을 생각하게 된다. 하지만 기후와 풍습이 다르고 다양한 민족을 포괄하고 있는 '중국인'을 한마디로 정의하기는 쉽지 않다.

외국인의 입장에서 중국인이라고 하면 우선 그들의 분류에 따라 전체 인구의 92퍼센트를 차지하고 있는 한족을 떠올리게 된다. 그렇다면 대략 12.5억 명 한족은 동일한 아이덴티티를 가지고 있을까? 그렇지 않다. 덩치가 크고 비음을 많이 사용하는 북쪽 지방의 한족과 동남아인에 가까운 체구에 매우 다른 언어를 사용하는 남쪽 지방의 한족은 의식주를 비롯한 사고방식, 생활습관 등 거의 모든 것이 다르다. 그에 비하면 전라도 사람과 경상도 사람의 차이는 아무것도 아니다. 차라리 중국의 동북 지역에 살고 있는 조선족과 그 지역 한족의 유사성이 훨씬 크다.

하지만 민족과 국적에 관계없이 유사한 부분도 많다. 상대가 겸손하면 좋아하고 오만하면 싫어한다. 나를 배려해주고 이해해주는 사람을 좋아하고, 무시당하거나 오해받기를 싫어한다. 중국인도 마찬가지다. 중국인은 내면에 동양적인, 유교적인 가치를 품고 있으면서도 서구적인 외양과 형태를 적극 받아들인다. 한국인도 그렇지 않은가? 아마 동아시아 국가의 사람들은 마찬가지일 것이다. 인간으로서의 보편성이 있고, 동아시아라는 지리적 위치로 인한 특수성이 있을 것이다. 이와 관련하여 『향토중국』을 쓴 페이샤오퉁費孝通 같은 사회학자는 중국인의 가족, 남녀관계, 혈연과 지연을 비롯하여 명분, 예절, 통치 등 사회질서를 구성하는 행위 형태들이 '땅에 뿌리박은 삶'으로부터 비롯되었다고 주장한다. 20세기 초중반 풀뿌리 중국인의 삶을 오랜 기간 살펴본 대학자의 통찰이다. 하지만 책이 출간된 지 70년이 지난 지금은 많은 중국인이 도시에서 태어나 자라고 있다. 바뀐 것이 바뀌지 않은 것 못지않게 많다.

따라서 중국인의 정체성에 대해 묻는다면, 몇 마디 추상적인 표현으로밖에는 나타낼 수 없다. 누군가 나에게 "중국인은 어때?"라고 물으면 나는 "뭐가?"라고 되묻는다. 중국인을 이해한다는 것은 중국 국경 내에 사는 사람들의 사고방식과 행동 양식을 이해하고 그들과 잘 어울릴 수 있는 능력을 가지고 있다는 정도로 정의해야 할 것 같다.

마지막으로, 중국어를 상당한 수준으로 구사할 수 있어야 중국 전문가라 할 수 있다. '상당한 수준'이란 간단하다. 한국어로 하는 말을 중국어로도 구사할 수 있으면 된다. 간단하다고 말했지만 쉽지는 않다. 동시통역까지는 필요 없다. 일반적인 교류에서 한국어와 중국어로 순차통역을 할 수 있으면 된다. 중국어로 된 신문과 잡지를 읽고 80퍼센트 이상 이해할 수 있어야 한다. 마찬가지로 중국어로 진행되는 뉴스를 듣고 역시 80퍼센트 이상 이해할 수 있어야 중국 전문가로서 지녀야 할 지식을 업데이트할 수 있다. 언어에 세상이 들어 있다. 중국어를 깊이 있게 이해할수록 중국과 중국인을 깊이 있게 이해할 수 있다.

## 좋은 여건이 조성된 제주도를 활용하라

제주도는 중국 전문가가 되기에 매우 좋은 여건을 가지고 있다. 왜 그런가? 가장 큰 이유는 중국 전문가가 필요하기 때문이다. 한국에 아프리카 전문가가 드문 이유는 지리적으로 멀거나 문화적으로 이질적이기 때문이 아니다. 단지 수요가 없기 때문이다.

2010년대 들어서 제주도와 중국 간의 인적, 물적 교류가 폭발적으로 늘어났다. 관광객이 몇 배나 증가했고, 중국 자본의 투자가 밀려들었다. 국내 타 지역에서 고대해마지 않는 일이다.

어떤 중국 자본이 얼마나 많이 투자했는지를 여기서 다시 언급할 필요는 없겠다. 어쨌든 이제 제주도에는 앞에서 길게 언급한 부분에 모두 능통한 '초특급 슈퍼 울트라 중국 전문가'부터 기본적인 중국어 구사가 가능한 '초급 중국 전문가'까지 다양한 수준의 '중국통'이 많이 필요해졌다. 최근 몇 년 사이에 필자를 포함한 중국 관련 박사학위자들이 제주도에 들어왔다. 특히 향후 수년간 제주에 투자한 중국계 기업의 프로젝트가 속속 완료되면 호텔업, 서비스업 분야를 중심으로 수천 명의 신규 인력 채용이 예정되어 있다. 중국인 상주인구와 유동인구가 급증하면서 관련 서비스 업종 종사자뿐만 아니라 도청 및 시청, 경찰

기관, 공공기관에서도 중국어 구사가 가능한 중국 전문가 수요가 늘고 있다. 이는 당연한 흐름이다. 간혹 정치적으로 민감한 문제가 불거지면 진통이 따르기도 하겠지만, 제주와 중국 간의 교류 확대라는 큰 물줄기는 멈출 수 없다. 앞으로도 많은 중국 전문가가 필요한 이유다.

중국 전문가로 성장하기에 제주도가 좋은 또 다른 이유는, 중국인을 많이 접할 수 있기 때문이다. 가장 많이 접하게 되는 중국인은 아무래도 시내에 돌아다니는 중국 관광객이다. 제주도를 찾는 중국인이 모든 중국인을 대표할 수는 없겠지만, 우리는 그들의 언어와 태도와 행동과 습관과 문화를 보면서 중국인의 한 면을 가늠할 수 있다. 중국어를 조금 익혔다면, 지도를 들고 길을 찾는 젊은 중국 배낭 여행객들에게 말을 걸어볼 수도 있다. 사심 없는 호의를 싫어하지는 않을 것이다. 우리가 해외로 배낭여행 갔을 때 길을 알려주는 현지인에게 느끼는 감정처럼 말이다.

## 어떻게 하면 중국 전문가가 될 수 있나?

그러면 어떻게 해야 중국 전문가가 될 수 있을까? 어떻게 시작하면 될까? 명문대 중문과 입학? 중국 유학이 지름길일까?

이제 중국어를 배우기 시작했거나, 중국 관련 공부를 시작하는 학생이라면 일단 책을 덮고 창밖의 먼 산을 바라보자! 먼저 생각의 정리가 필요하다. '나는 왜 중국 전문가가 되어야 하나?' 목적지가 분명해야 머뭇거리거나 길을 잘못 들어서지 않고 똑바로 찾아갈 수 있다.

'취업이 잘 될 것 같아서…….' 겉으로 드러내지는 못해도 내심 이런 생각이 많을 것이다. 필자도 학과 선택을 고민하는 고등학생을 상담할 때 많이 했던 말이다. '취업'이 학과 결정시 가장 중요한 고려 요인이 된다는 선배 교수님들의 조언을 따랐다. 제주도에서는 최소한 단기적으로는 맞는 말이기도 하다.

하지만 창밖의 먼 산을 바라볼 때 떠오른 대답이 이것이라면, 다시 한 번 잘 생각해보기를 바란다. 시간이 흐르고 상황이 바뀌면 취업 전망이 더 좋은 분야는 얼마든지 나타날 수 있다. 그렇다면 '취업을 위한 중국 전문가 되기'는 공염불이 된다. 어쩌면 취업 자체가 필요 없는 상황을 맞을 수도 있다.

'전망이 좋아서'라는 대답의 목적은 '취업'과 비슷하다. 무슨 전망이 좋다는 말인가? 전망이 좋아 어쩐단 말인가? 제주도에 전망 좋은 곳은 많다. 중국 전문가가 되고자 할 때 '~이기 때문에' '~을 위해서'라는 식으로 외부 조건을 설정하면 안된다. 조건은 언제나 변할 수 있기 때문이다. 그렇다면 '나는 중국 전문가가 되어서 ○ ○을 하고 싶다'는 문장의 '○ ○'에 해당하는 내용을 가져야 한다. 그리고 그것은 다른 것으로 쉽게 대체할 수 없는 것이어야 한다. 우선 중국 전문가가 되어야 하는 이유가 무엇인지를 곰곰이 생각해보자. 또 그 이유가 스스로 인정할 수 있는 중요한 가치를 담고 있는지 생각해보자!

1996년 여름, 중국 창춘長春의 지린대학吉林大學에서 필자는 '중국과 한국을 잇는 다리가 되고 싶다'고 생각했다. 수천 년간 초강대국이었고, 다시 초강대국으로 재부상할 국가 옆에서 스스로의 자존을 지키며 살기 위해 해야 할 일이며 하고 싶은 일이라 생각했다. 역시 막연한 목표였지만 다른 것으로 대체될 수 없었고, 그 힘으로 여기까지 오게 되었다.

중국 전문가가 되어야 하는 분명한 이유를 찾은 뒤에는 중국어 공부가 좀더 쉬워지고, 중국 역사는 더 흥미로워지고, 중국 관련 뉴스에도 관심이 더 깊어진다.

## 중국어를 잘 못하는 중국 전문가는 불가능하다

중국어를 잘하는 법은 앞에서 자세하게 다루었으니 부연하지 않겠다. 중국어를 왜 잘해야 하며, 얼마나 잘해야 하는지에 대해서도 나름의 의견을 제시했다. 분명한 것은 '전문가'라는 호칭이 스스로 부끄럽지 않을 만큼 중국어를 구사해야 한다는 점이다.

어떻게 하면 중국을 그리고 중국인을 잘 이해할 수 있을까? 중국이 어떤 나라인지, 중국인이 어떤 사람인지 어떻게 공부하면 좋을까? 사실 중국어에 대한 이해가 높고 수준 높은 중국어를 구사하는 것과 중국과 중국인에 대한 이해가 깊은 것은 별개의 문제가 아니다. 중국과 중국인에 대해 모르고선 수준 높은 중국어를 구사할 수 없기 때문이다. 반대로 '중국어를 잘 못하는 중국 전문가'란 말이 안 된다. 중국어를 한다고 중국 전문가가 되는 것은 아니지만, 중국어를 못하는 중국 전문가는 없다. 그러므로 중국과 중국인을 잘 이해하는 것이 당연히 중국어 공부에도 도움이 된다. 반대로 중국어를 열심히 공부하는 과정에서 중국에 대한 이해도 저절로 높아지게 된다.

## 중국을 온몸으로 느껴라

중국과 중국에 대한 이해를 높이기 위한 가장 좋은 방법은 체험하는 것이다. 온몸으로 받아들이고 느껴야 한다. 가장 좋은 체험은 여행이다. 중국 여행은 단기간에 많은 것을 느끼고 배울 수 있게 해준다.

중국 어디로 여행을 가면 좋을까? 아무 곳이나 가라! 관계없다. 그래도 어디로 가야 할지 잘 모르겠다면, 여행 목적지 결정을 위한 두가지 방법이 있다. 먼저 가고 싶은 후보지 여섯 군데를 정하고, 각 지역마다 일련번호를 붙인다. 예를 들면 1번 상하이, 2번 광저우, 3번 우루무치……. 그리고 주사위를 던져 나오는 숫자가 가리키는 지역으로 가는 것이다.

후보지조차 정하지 못하겠다면, 더 좋은 두 번째 방법이 있다. 우선 대형 중국 지도를 사서 펼쳐놓는다. 지도에서 세 걸음 뒤로 떨어져 선 다음, 100원짜리 동전을 꺼내 중국 지도를 향해 던진다. 동전이 떨어진 곳을 목적지로 정한다. 그곳이 베이징이어도 좋고, 구이린이어도 좋다. 어디든 다 중국이고 어디에든 중국인은 많다. 다만 중국을 배우고자 한다면 관광지는 피하는 게 좋다. 관광지를 원한다면 프랑스 파리나 미국의 디즈니랜드를 추천한다. 중국의 작은 도시면 더 좋다. 더 생생한 중국과 중국인을 만날 수 있기 때문이다.

언제 떠나면 좋을까? 중국어를 배우기 시작해 약간의 재미와 자신감이 붙기 시작했을 때 떠나보면 좋다. 내가 배운 중국어가 무엇인지, 그 중국어로 무엇을 할 수 있는지 절절하게 느끼고 돌아올 수 있다. 중국어 공부에 대한 의욕을 불태울 연료를 얻어오기를 바란다.

어떤 계절에 가면 좋을까? 어떤 계절이든 관계없이 아무 때나 가면 된다. 다만 처음 가는 여행길이라면 한겨울에 동북 지역에 가거나 한여름에 남방 지역을 가는 것은 좋지 않다. 추위와 더위를 피하느라 아무것도 체험하지 못할 수도 있다. 하지만 중국 여행에 익숙해진 뒤에는 관계없다. 추운 곳의 중국인은 어떻게 추위를 피하는지, 더운 곳의 중국인은 더위를 피하기 위해 무엇을 먹고 사는지 알 수 있는, 오히려 더 깊이 있는 여행이 될 수도 있다.


## 중국 여행은 혼자서!

중국을 체험하기 위해서라면 지역이나 계절은 대충 결정해도 좋지만, 누구랑 갈 것인가 하는 것은 중요한 문제다. 위험하니까 친한 친구랑 둘이서? 안 된다! 효도 차원에서 엄마랑 같이? 안 된다! 저렴하니까 패키지여행으로? 당연히 안 된다! 혼자 가야 한다! 나 혼자 느끼고 나 혼자 배우기에도 중국은 너무 넓고 여행 기간은 너무 짧다.

혼자서 자고 먹고 길을 헤매면서 '난 누구지?' '왜 여기 있지?' 등의 의문이 머릿속에 떠오르기 시작한다면 중국에서 제대로 된 여행을 하는 것이라고 할 수 있다. 처음부터 혼자 떠나는 여행에서 날것 그대로의 중국을 맛볼 수 있기 때문이다. 혼자만의 여행이 괴롭고 고달플 것이라는 걱정은 접어두자. 혼자 다니다보면 새로운 친구를 만날 가능성이 훨씬 높다.

1996년 5월, 어학연수 두 달 만에 창춘에서 14시간 동안 기차타고 도착한 베이징 시내 한복판에 필자를 남겨두고 "이틀 뒤에 만나자!"라며 손 흔들고 가버린 선배에게 고마움을 표한다. 해가 어스름해질 때가 되어서야 땀을 뻘뻘 흘리면서 저렴한 숙소('天放旅社', 우리로 치면 일종의 여인숙)를 찾을 수 있었고, 저녁에는 무슨 메뉴인지도 모른 채 주문한 '紅燒牛肉'을 한 접시 수북이 쌓아놓고 혼자서 맥주잔을 기울였다. 덕분에 필자가 두 달 뒤 여름방학을 이용해 베이징을 다시 찾았을 때는 그 '여인숙'의 여종업원들과 톈안먼 광장 산보도 같이 나갈 수 있었다. 그리고 필자는 지금 '중국요리 주문의 달인'이 되었다.

### 중국에 관한 책 섭렵하기

여행을 통해 많은 것을 배울 수 있지만, 전문 여행가가 아닌 바에야 여행만 하며 살 수는 없다. 대개는 평소에 시간과 돈을 모아두었다가 휴가나 방학을 이용해 여행을 다녀오곤 하는데,

적지 않은 비용이 필요하다.

비교적 저렴하게 중국을 체험할 수 있는 가장 좋은 방법은 책을 통한 여행이다. 책에는 나보다 먼저 중국을 체험하고, 연구하고, 고민한 선배들의 경험이 녹아 있다. 책을 통해 우리는 960만 제곱킬로미터의 중국을 일주할 수도 있고, 5000년 중국 역사를 훑어볼 수도 있다. 중국에 백 번을 가도 만나기 힘든 국가주석 시진핑을 만나볼 수도 있고, 마윈이 알리바바를 일으켜 세운 과정을 따라가볼 수도 있다. 중국에 관한 책은 많고, 좋을 책을 단번에 딱 골라내는 법은 없다. 대부분의 책은 장단점이 있고, 취향에 따라 책의 선호가 다를 것이다.

중국을 처음 공부하기 시작했다면 우선 중국어 공부와 함께 중국 역사책을 한 권 읽어볼 것을 권한다. 외워서 시험볼 일 없으니 마음 편하게 차근차근 읽으면 된다. 사진과 그림이 많은 책이 좋다. 서양인 저자가 쓴 중국사 책이 더 재미있을 것이다. 개인적으로는 고중세사보다는 근현대사를 좀더 자세히 다룬 책을 추천한다.

중국사 책을 읽었다면, 이제 도서관이나 서점에 가서 중국 관련 서적들을 훑어보고 가장 맘에 드는 것을 고르면 된다. 책을 자꾸 접하면 좋은 책, 나에게 맞는 책을 고르는 요령도 생긴다.

**363**

## 지도를 사라!

필자는 지도를 좋아한다. 중국 지도를 펼쳐보면 중국이라는 나라가 정말 닭 모양으로 생겼다는 것을 눈으로 확인할 수 있다. 필자는 방 안에 걸려 있는 지도를 볼 때마다 내가 가보았던 곳, 가보고 싶었으나 아직 가보지 못한 곳, 그리고 그 사이에 거미줄처럼 뻗어 있는 철도와 고속도로 노선까지 관찰한다. 중국과 국경을 맞대고 있는 나라들을 보기도 하고, 동해 바다를 여전히 '日本海SEA OF JAPAN'로 표기하고 있다는 사실도 바로 알 수 있다. 중국이 지리적으로 우리와 얼마나 가까운 곳에 있는지 지도를 봐야만 실감할 수 있다.

시내 대형서점에서 가장 큰 중국 지도를 구입해서 실내 벽에 붙여놓기를 바란다. 시시때때로 지도를 들여다보면서 중국의 성省과 도시들이 위치한 곳을 익숙해질 때까지 보는 것이다. 눈길이 닿는 곳에 중국 지도가 있어야 국내외 언론 보도에서 중국 지명이 나올 때 그곳이 어딘지 바로 확인할 수 있다.

지도에 익숙해지면 연필로 지도 모양을 그려낼 수 있고, 주요 행정구역을 표시할 수도 있게 된다. 그러고 나면 지리적 위치가 해당 지역 중국인의 삶에 미친 영향을 조금 더 깊이 있게 이해할 수 있다.

- 강만익, 「13~14세기 탐라목장의 변천과 영향」, 제주-몽골 교류 740주년 기념 제37회 한-몽 국제학술대회 발표자료집, 2016
- 고동원, 「제주 부동산 투자 영주권 제도의 개선 방향」, 제14차 제주국제자유도시 문화관광 학술 심포지엄 발표자료집, 2016
- 고태호, 「중국 대제주 투자현황 및 시사점」, 제주발전연구원 & 중국해외정경연구센터 국제학술세미나 발표자료집, 2015
- 관계부처합동, 「한・중 FTA 상세설명자료」, 2015.6
- 김순이, 「제주신화」, 여름언덕, 2016
- 김용민, 「중국자본의 제주투자, 현황과 문제점」, 중국지역학회 2016년 춘계학술대회 발표자료집, 2016
- 김흥규, 「중국의 對한반도 정책과 제주에 대한 함의, 제주특별자치도의회 의정정책개발 워크숍, 2016.11.24
- 마틴 린드스트롬, 「오감 브랜딩」, 랜덤하우스중앙, 2006
- 문순덕, 조현성, 「서귀포시 역사문화자원의 실태와 활용 방안」, 제주발전연구원 정책연구 2017-08, 2017
- 문화체육관광부, 「2016 전국 문화기반시설 총람」, 2017
- 박종선, 「제주관광 경쟁력 강화 방안」, 제주관광학회 2017 국제학술대회 자료집, 2017
- 박한제, 김형종, 김병준, 이근명, 이준갑, 「아틀라스 중국사」, 사계절, 2007
- 배영환, 「제주어 속의 몽골 차용어 연구」, 제주-몽골 교류 740주년 기념 제37회 한-몽 국제학술대회 논문집, 2016
- 서보혁, 정욱식, 「평화학과 평화운동」, 모시는 사람들, 2016
- 석태문, 「한중FTA 이후 경북농업의 대응전략」, 「유라시아 실크로드와 한국수출의 활로」, 2016전국무역학자대회 및 경북무역포럼 발표자료집, 2016
- 성범영, 「생각하는 정원」, 김영사, 2014
- 성범영, 「나무는 인생이다」, 자연과 생태, 2014
- 송성대, 「제주인의 海民精神 - 문화의 원류와 그 이해」, 각, 2001
- 신동일, 「중국인 관광객 유치에 따른 도민소득 증대 방안」, 제주발전연구원 정책연구 2016-06, 2016

- 안광호, 이진용, 『브랜드의 힘을 읽는다』, 더난출판, 2006
- 양일용, 「제주 카지노산업 법/제도 개선 방안」, 『2017 제주 국제카지노 정책포럼』 발표자료집, 2017
- 유홍준, 『나의문화유산답사기7』, 창비, 2012
- 유홍준, 『완당평전1; 일세를 풍미하는 완당바람』, 학고재, 2002
- 유홍준, 『완당평전2; 산은 높고 바다는 깊네』, 학고재, 2002
- 유홍준, 『완당평전3; 자료·해제편』, 학고재, 2002
- 이규엽, 이준원, 정민철, 「한·중 FTA 발효 1년의 평가와 시사점」, KIEP 오늘의 세계경제 Vol.16 No.36, 2016
- 이영권, 『제주역사기행』, 한겨레출판사, 2004
- 이이화, 『한국사이야기7』, 한길사.
- 이태철, 「濟州特別自治道 觀光分野 租稅制度 改善에 關한 硏究」, 제주대학교 경영대학원 석사학위논문, 2016
- 장세진, 『글로벌경영』 7판, 박영사, 2015
- 정지형, 「제주특별자치도의 중국자본 유치 확대방안」, 제주발전연구원 개원 18주년 기념 세미나 자료집 『중국 정책 변화와 제주의 대응방안』, 제주발전연구원, 2015
- 정지형, 「제주지역 생산품의 대중 수출전략」, 2015년도 지역경제세미나 자료집 『중국경제와 제주경제』, 한국은행 제주본부, 2015
- 정지형, 「제주지역 대중수출기업 실태조사 및 수출역량강화 방안」, 기본연구 2016-04, 제주발전연구원
- 조부연, 「제주관광의 질적 성장을 위한 교통인프라 선진화 전략」, 2016년 지역경제세미나 자료집, 한국은행 제주본부, 2016
- 조부연, 최재영, 박경수, 「제주지역 의료 관광산업 육성방안 연구」, 제주발전연구원 정책연구 2016-17, 2016
- 제주특별자치도, 「제2차 제국제자유도시 종합계획 수정계획안」, 2016
- 제주특별자치도 사회협약위원회, 「오라관광단지 개발사업에 대한 토론회 주제발표자료」, 2017. 1.20
- 제주포럼 리뷰 제4호, 『지속가능개발의 최전선, 제주』, 제주평화연구원 제주포럼 사무국, 2016
- 조현승, 「한중FTA 체결과 한중 의료협력 가능성」, 한국무역통상학회 정책세미나 및 학술대회 발표자료집, 2015

- 주강현, 『제주기행』, 웅진지식하우스, 2011
- 주홍콩대한민국총영사관, 『홍콩의 서비스산업 추진전략 및 시사점』, 2014
- 지인해, 장지혜, 「아시아 카지노는 지금?」, 한화투자증권 리서치보고서, 2017.6
- 한국무역협회 FTA종합지원센터, 『한중 FTA 활용 가이드북』, 2016.9
- 한국무역협회, 『무역상사와 통하라』, 2017
- 한국보건산업진흥원, 「외국인 환자 유치사업 현황 및 활성화 방안」, 2017년도 상반기 외국인환자 유치 활성화 및 한국의료 신뢰도 제고를 위한 사업 설명회 발표 자료, 2017.5.12.
- 한국보건산업진흥원, 「2016년 외국인환자 유치실적 조사 결과」, 2017
- 허영선, 『탐라에 매혹된 세계인의 제주 오디세이』, 서해문집, 2015
- 홍수성·고혜영, 「제주지역 부동산시장 점검」, 한국은행 제주본보, 2016
- Godfrey Baldacchino·주영민·정기은·서용건·윤동구·강은정·송재호·정승훈, 『섬 관광의 현재와 미래 발전전략』, 제주발전연구총서14, 제주발전연구원, 2013
- KOTRA 중국사업단, 「한중 FTA 업종별 효과와 활용 시사점」, 2015

# 섬 안의 대륙

© 김용민

| 초판 인쇄 | 2018년 10월 15일 |
|---|---|
| 초판 발행 | 2018년 10월 22일 |

| 지은이 | 김용민 |
|---|---|
| 펴낸이 | 강성민 |
| 편집장 | 이은혜 |
| 편집 | 박은아 곽우정 김지수 이은경 강민형 이수현 |
| 마케팅 | 이숙재 정현민 김도윤 안남영 |
| 홍보 | 김희숙 김상만 이천희 |

| 펴낸곳 | (주)글항아리 | 출판등록 2009년 1월 19일 제406-2009-000002호 |
|---|---|
| 주소 | 10881 경기도 파주시 회동길 210 |

| 전자우편 | bookpot@hanmail.net |
|---|---|
| 전화번호 | 031-955-8891(마케팅) 031-955-1934(편집부) |
| 팩스 | 031-955-2557 |

| ISBN | 978-89-6735-553-1 03300 |
|---|---|

이 도서의 국립중앙도서관 출판시도서목록(CIP)은 서지정보유통지원시스템 홈페이지
(http://seoji.nl.go.kr)와 국가자료공동목록시스템(http://www.nl.go.kr/kolisnet)에서
이용하실 수 있습니다.
(CIP제어번호 : CIP2018031932)